別冊アステイオン

「災後」の文明

サントリー文化財団
「震災後の日本に関する研究会」編
責任編集　御厨 貴／飯尾 潤

阪急コミュニケーションズ

「災後」の文明

別冊アステイオン　「災後」の文明　目次

第四部 グローバル化と災後日本

序

『「災後」の文明』のリアリティを求めて

御厨　貴
Takashi Mikuriya
東京大学先端科学技術研究センター客員教授、
放送大学教授、青山学院大学特別招聘教授

三・一一後のリアリティとは何か。あの大震災は、果たしてこの国にいかなる刻印を打ったのだろうか。三年たった今、『「戦後」が終わり、「災後」が始まる』と言い切ったフレーズのリアリティは、どこまでこの国に意識されているのか。あたかもこの疑問に答えるかのように、二〇一三年一一月一五日付の「日本経済新聞」の一面の「春秋」欄に、次のような記事が載った。

そして「戦後」が終わり「災後」が始まる――。

東日本大震災の直後、この国難は新時代の出発点になると説いたのは政治学者の御厨貴氏だった。巨大地震と原子力災害。強烈な共通体験を持った日本は転換期を迎え、新しい価値観の社会が生まれるという指摘である。

「災後」なる言葉はさほど広がらず、戦後的なさまざまなシステムは命脈を保っている。御厨氏の期待は裏切られたのかもしれない。しかし目を凝らせば世の中では「災前」にはあり得なかったことも起きている。

思えば3・11からまだ2年8カ月、「戦後」が始まった8・15からの時間経過になぞらえると1948年の春先ということになる。そういう混乱期だとすれば試行錯誤も当然で、行きつ戻りつ、この国は「災後」の像を探し求めている最中だといえる。もっと激しく、もっと熱く意見をたたかわせて見える道もあるだろう。

「災後」の今を語って、これだけ客観的な見解は他にない。巻き戻し感覚は確かにある。本書の基になった「災後日本研究プロジェクト」は、後述するように、三・一一から一カ月以内に構想された。当時、これから我々の眼前に否も応もなく立ち現われるであろう「災後」日本のリアリティを、一つ残らず捉えて、推進しようという積極的な姿勢と意欲に満ち満ちていた。

いや我々は「災後」日本と併走し、その行く末をワクワクしながら今か今かと待つ心境にあった。ところがいつのまにやら反転現象が到る所で起こり始める。そして一年もたつと『「戦後」は終わらず、「災後」は始まらず』と慨嘆したくなる気分が我々を襲った。あの二〇一一年末の「流行語大賞」選考において、ベスト10にこそ残らなかったものの、ベスト60の中に「災後」ははっきりとノミネートされるほど、状況規定的だったのにである。

でも我々の「災後」日本を考察する思いは、変わらなかった。「災後」の最初の段階に芽生えた問題意識を常にぶつけ合いながら、各々が専門領域から大胆に一歩を踏み出し、本書に配置される論文の中に、「災後」日本のリアリティを浮き彫りにすべく工夫している。二十代から五十代初めまでの若い研究者の意欲は止まる所を知らず、合宿二回を含む毎回の研究会の熱さに、私も、それから私とタグを組んでいた猪木武徳さんも、共々くたくたになった。そして、あろうことか、我が戦友猪木さんは「災後」日本研究にあてられたか否か、体調を崩されてしまった。そこで最終段階で編者を引かれ、後方支援にまわられたのである。しかし、私は編者の欄《らん》に目をじっと凝らしてみれば、猪木武徳と浮き出してくるものと信じている。それこそが我が「災後」日本研究のリアリティと言えよう。

そこで次に、「災後日本研究プロジェクト」が生み出されるに至る三・一一以来のリアルなこの国の印象と気分を、私なりにいくつかのカタチになったものに基づいて例証しつつ、本書全体のガイドラインの役目を果たしておきたい。

三・一一、東日本大震災の勃発直後、文字通り右往左往する中で、身近な研究仲間とメールのやりとりをくり返した結果、二日たった一三日の日記に私はこう記している。

震災政治をどうするか。内圧×外圧×自然災害圧という日本。皮肉なことにこれで世界の中の日本になりゆくわけだ。グローバルパワーとしての日本は災後対応として出てくるということだ。

同時に、「震災政治の始まりだ！」というキャッチフレーズを考えている。そして二日後の一五日に「「震災政治」の世界史的かつ日本史的な意味を加えて考察することにせん！」と方向性を出す。翌一六日にはさらに考察が進む。

時代認識の問題を、牧原出、竹中治堅、池内恵、佐藤信らとのiPad、ケータイのやりとりで進化させている。近代の終焉！　明治維新→占領改革と来て、「戦後」の終わりだ、政治の崩れた先には、恐ろしき大災害が来たというわけだ。「戦後」から「災後＝最期？」の始まりだ。

この後、災後一週間で読売新聞文化部の要請に応じて、二一日に一気呵成に書き下ろしたエセーが、二四日に掲載された。その主要部分を書き連ねよう。

「三・一一」は、日本をそして世界を変える。あたかも「九・一一」が、アメリカをそして世界を変えた以上に。大地震による大津波と、それによる原発事故という、未曽有《みぞう》の天災と人災の複合型災害は、この国をとことん打ちのめした。

「三・一一」は、これまでの日本近代を捉える文脈に激しい変動を及ぼした。まずはこれで、長い、あまりにも長かった「戦後」に、ようやくピリオドが打たれる。第二次世界大戦で負の刻印を押され、その後は戦争体験がないため、内外ともに日本近代を区切る節目となった「戦後」。今や、その「戦後」からの暴力的解放が生じた。共通体験が訪れない、ましてや〝平和憲法〟で「戦後」立国をした日本に、戦争体験の再来はあり得ない。

皆がそう思いこんできたところに、「三・一一」の到来である。大震災と原発災害という強烈な共通体験に刻印された日本は、「災後」の時代を歩み始めている。「戦後」から「災後」へ。それは、日本が「戦後」ずっと追及し実現してきた〝高度成長とその後〟の社会――、〝終わるべき〟と何度となく叫びながら、そこからついに脱出できなかった、高度成長型の政治・経済・文化の、突然の終焉に他ならない。

だがくり返すが、国土流失の事態はこの国全体に、「災後」としてのレベルの異なる難題をつきつけている。財政・金融上の問題、産業・エネルギー構造上の問題、情報通信上の問題、外交・安全保障上の問題、世界環境上の問題などなど。指折り数えれば十指に余る「災後」の課題が、待ったなしで迫っているのだ。

言うまでもなく、そこで一番問われているのは、今や「災後」を背負った日本の統治であり政治なのだ。「戦後政治」の常識はもはや通用しない。「災後政治」という非常識の始まりなのだ。与党民主党対野党自民党という「戦後」的対立は全く意味をなさない。「災後政治」を目指して大胆な発想の転換と、既成の法的しばりからの解放を行わねばならない。そして〝国土創造〟という前代未聞の課題に立ちむかうことこそ、「災後政治」の最優先のテーマなのだ。

（『読売新聞』二〇一一年三月二四日朝刊）

これをうけて、さらに「中央公論」編集部との対話の中で、考察は深まり、二八日のゲラチェックを終えて四月一〇日発売の五月号に掲載されたエセーから、次に抜粋引用しておこう。

二十一世紀に入った直後の二〇〇一年、「九・一一」事件が起こった。米国はもちろん、全世界に大きな衝撃を与えた出来事で、「九・一一以前／以後」で語られるように、米国も世界も大きく変わった。それから十年後の二〇一一年三月十一日に発生した東日本大震災もまた、「三・一一」として記憶され、日本と世界を大きく変えるきっかけとなるのではないか。

「三・一一」の特徴とは何か。それは人類にとって最大規模の自然災害という点にある。「九・一一」のように誰かが意図して起こした事態ではなく、人智を超えたところで、人類とその文明に対する警告の意味があったととらえることができるのである。

今回の「三・一一」はこれまでのさまざまな出来事にも増して、われわれ日本人に深い刻印を残すものとなるだろう。そして、長かった「戦後」の時代がようやく終わり、「災後」とも呼ぶべき時代が始まるのではないか。

一九四五年の敗戦以来、現在まで続いてきた「戦後」がいつ終わるのか、これまで多くの議論があった。「ポスト戦後」は論者によって、高度成長以降、オイルショック以降、ベルリンの壁崩壊以降、バブル崩壊以降……とさまざまに定義されてきた。政治についても、世界でも稀な高度成長と世界に冠たる行政官僚制に支えられ、五五年体制という枠組みのなかで、政治は強いリーダーシップを発揮せずとも済んできた。こうした「戦後政治」の特徴は昭和天皇が死去しても、五五年体制が崩壊しても、二十一世紀になってもなかなか壊れなかった。

その理由として、太平洋戦争以降、日本には国民の共通体験としての戦争がなかったことが挙げられる。そして「あの戦争」は、日本の内外ともに、日本を語る際の基軸となった。「戦後」は終わらず、延びていくばかり。日本で「戦後」が終わるためには、次なる共通体験が必要だったのである。けれども、誰もがうすうす感じてはいても、それを口に出すことは憚《はばか》られた。共通体験といえば戦争かもしれない、大きな自然災害かもしれない、けれどもそれを語るのは不謹慎である、と。そこに容赦なく「三・一一」がやってきた。

「三・一一」が今後、日本人の共通体験になると考えられるのは、天災と人災の複合した形だったことが大きな理由である。地震と津波そのものは天災である。けれども、福島第一原子力発電所の事故については、すでに指摘されているとおり人災の側面が大きい。天災と人災の複合により、直接の被害は大きくなかった東京をはじめとする東北以外の地域でも、電気やガソリンなど、あたかも空気と同じように享受してきたものが現実に止まったりなくなったりすることが実感されてしまった。多くの人はかなりのショックを受けたはずである。しかも、電気やガソリンをはじめ、食料や物資の供給の不安定な状態は相当程度続くのではあるまいか。このような状況で、「三・一一」は日本人の基本的なものの考え方や行動様式を、長期的には大きく変える契機とならざるを得ない。これが、天災であり人災でもある「三・一一」のあとに、「災後」というひとつの新しい時代が始まると考える所以である。

ただし、「戦後」から「災後」への転換は、契機こそ「三・一一」という不幸な事態の作用ではあったものの、実はすでに日本社会の実態がそれを求めていた点において、「偶然的必然」であったことに留意したい。明治維新以来、日本が走ってきた近代化路線、すなわち科学技術の発展、人口増加、高度成長路線の限界はすでに露呈していたにもかかわらず、これまでは何度指摘されようと新しい社会像への自己変革は到底実現できなかった。現状を維持せんとする力はそれほど強く働くものなのだ。それが今回は、外国勢力による「外圧」でも内乱や騒擾《そうじょう》といった「内圧」によるものでもなく、いわば「自然災害圧」によって否応なく変わらざるを得なくされてしまったのである。実は近代化路線からの転換を迫られていたことは、われわれも気づいていたはずだ。このことは、「日本社会の閉塞感」「日本人の内向き志向」といった議論をよく目にするようになっていたことから理解できる。

それでは災後社会とはどのような世界なのか。これまでの日本人は、時間厳守で勤勉に、外と張り合って生きてきた。国際化・情報化にともない、日本は変わらなければならない、さらに進歩しなければならないという強迫観念に常に追いつめられてきたのである。

災後社会においてはさらに世界に伍《ご》していこうとする人が出てこよう。もっとも、本当に伍していくとすれば日本を捨てなければならない面も出てくる。他方、日本が今後ＧＤＰで世界第一位になることはないし、数値で表される様々な指標が右肩下がりで落ちていくことは間違いない。こうした認識を前提に、外国はどうあれ、この国で腰を落ち着けて暮らせればよいのだという「スローライフ」的な生き方もますますはっきりと受け入れられるようになるだろう。社会のＩＴ化がいよいよ進展する一方で、高齢者の持つ経験や知恵が評価されて、日本が高齢社会であることを素直に認められるというように、無理なく共存する社会をめざすことになろう。

この間の二六日の日記に、「はたと思いつく。「戦後社会から災後社会へ」というプロジェクトを立ち上げられぬか、まずはサントリー財団で」とあり、さらに「私の「災後政治論」はどんどん色々なところでまわり始めた」とある。この研究プロジェクトは直ちに財団の今井渉専務理事にもちこまれ、四月八日の山崎正和副理事長とのパワーランチで大要が決まることになっていた。

しかし重なる時は重なるもの。四月に入って、東日本大震災復興構想会議が立ち上がるや、七日、五百旗頭真議長の指名で議長代理に就くことが、あっという間に内定する。そしてまことに運命的といえるが、「災後」日本の研究と実践とが、翌八日に相次いで決定する。日記の記述は生々しい。

大変な一日だった。朝、首相官邸から電話。九時二〇分ぐらい。昼すぎ二時以降に架電とのこと。

一二時－二時三〇分まで、ニューオータニ、一四階の中華個室にて山崎正和さんと今井渉さんとで昼食会、「災後の文明」研究会の件、話が進む。理事主導プロジェクトを「戦後・災後」をテーマにとのこと。連休前までに結論だ。二時一〇分に官邸からケータイに、そして二〇分に何と菅首相から直接の就任依頼。代理とのこと、受ける。その様を、山崎、今井の御両人が見てるわけ。

かくて「災後」一カ月にして、官邸の復興構想会議と、財団の「災後日本」研究会は、同時にスタートを切ることになった。さらにこの後私の問題意識は煮つまっていく。それは、二カ月半の集中審議の後、六月二五日に公表された『復興への提言』の前文に集約された。次にほぼ全文を引用しよう。

破壊は前ぶれもなくやってきた。二〇一一年三月一一日午後二時四六分のこと。

大地はゆれ、海はうねり、人々は逃げまどった。地震と津波との二段階にわたる波状攻撃の前に、この国の形状と景観は大きくゆがんだ。そして続けて第三の崩落がこの国を襲う。言うまでもない、原発事故だ。一瞬の恐怖が去った後に、収束《しゅうそく》の機をもたぬ恐怖が訪れる。かつてない事態の発生だ。かくてこの国の「戦後」をずっと支えていた〝何か〟が、音をたてて崩れ落ちた。

比較されるべき関東大震災、阪神・淡路大震災は建物倒壊と火災による被害であったのに対し、今回は津波被害に原発事故というまったく新たな災害であることを示している。

都市型の災害であったからこそ、関東大震災がおこった時、あるジャーナリストは、こう書いた。

「九月一日は赤い日であった」。「地震と火事を経て来た人々の頭は、余りに深く赤い色の印象を受けて、他の色を忘れたのであろう」。

では今回の震災における被災者には、果たして何色が印象づけられたであろうか。それはあるいは海岸からおし寄せた濁流うずまくどすぐろい色かもしれぬ。いやそれは津波が引いた後のまちをおおいつくす瓦礫の色かもしれぬ。パニックに陥《おちい》ることなく黙々とコトに処する被災した人々の姿からは、色味はどうであれ、深い悲しみの色がにじみ出ていた。その彼等のよき振舞いを、国際社会は驚きと賛美の声をもって受けとめた。そして国際社会からの積極的支援を促すこととなった。

そこへ、色も臭いもなく、それが故に捉えどころのない原発被害が生ずる。国内外に広がる風評被害を含めて、今回の災害は、複合災害の様相を呈するのだ。したがって復興への道筋もまた単純ではなく、総合問題を解くに等しい難解さを有する。

複合災害をテーマとする総合問題をどう解くのか。この「提言」は、まさにこれに対する解法を示すことにある。実はどの切り口をとって見ても、被災地への具体的処方箋の背景には、日本が「戦後」ずっと未解決のまま抱え込んできた問題が透けて見える。その上、大自然の脅威と人類の驕《おご》りの前に、現代文明の脆弱《ぜいじゃく》性が一挙に露呈してしまった事実に思いがいたる。

われわれの文明の性格そのものが問われているのではないか。これ程大きな災害を目の当りにして、何をどうしたらよいのか。われわれは息をひそめて立ちつくすしかない。問題の広がりは余りに大きく、時に絶望的にさえなる。その時、程度の差こそあれ、未曽有の震災体験を通じて改めて認識し直したことは何か、われわれはこの身近な体験から解法にむかうしかないことに気づくことだ。

われわれは誰に支えられて生きてきたのかを自覚化することによって、今度は誰を支えるべきかを、震災体験は問うている筈だ。その内なる声に耳をすませてみよう。

おそらくそれは、自らを何かに「つなぐ」行為によって見えてくる。人と人とをつなぐ、地域と地域をつなぐ、企業と企業をつなぐ、市町村と国や県をつなぐ、地域のコミュニティの内外をつなぐ、東日本と西日本をつなぐ、国と国をつなぐ。大なり小なり「つなぐ」ことで「支える」ことの実態が発見され、そこに復興への光がさしてくる。

被災地の人たちは、「つなぐ」行為を重ねあうことによって、まずは人と自然の「共生」をはかりながらも、「減災」を進めていく。次いで自らの地域コミュニティと地域産業の再生をはたす。「希望」はそこから生じ、やがて「希望」を生き抜くことが復興の証しとなるのだ。

被災地外も同様である。たとえば、東京は、いかに東北に支えられてきたかを自覚し、今そのつながりをもって東北を支え返さねばならぬ。西日本は次の災害に備える意味からも、進んで東北を支える必要がでてくる。そしてつなぎあい、支えあうことの連鎖から、「希望」はさらに大きく人々の心のなかに育まれていく。

そもそも、自衛隊をはじめとする全国から集まった人々の献身的な救助活動は、まさにつなぎあい、支えあうことのみごとなまでの実践に他ならなかった。そこで引き続き東北の復興を国民全体で支えることにより、日本再生の「希望」は一段と身近なものへと膨らんでいく。そしてその「希望」を通じて、人と人をつなぐ「共生」が育まれる。

それは日本にとどまらず、全世界規模の広がりを持つ。あの災時に、次から次へと、いかに世界中からの支援の輪がつながっていったか。われわれはそれを感動を持って受け止めた。かくて「共生」への思いが強まってこそ、無念の思いをもって亡くなった人々の「共死」への理解が進むのだ。そしてさらに、一度に大量に失われた「いのち」への追悼と鎮魂を通じて、今ある「いのち」をかけがえのないものとして慈しむこととなる。そうしてこそ、破壊の後に、「希望」に満ちた復興への足どりを、確固としたものとして仕上げることができると信ずる。

七月のサントリー理事懇談会合宿にて、「復興構想会議の政治学」及び「災後日本」研究会について議論白熱と相成った。九月の理事懇談会で認められた我が研究会の「趣意書」は、八月三〇日に、あっという間に書き上げたものだ。次の通りである。そしてこれは、本書の序論の到達点でもある。

三・一一の東日本大震災の勃発によって、この国の長い長い「戦後」に終止符が打たれ、新たに「災後」の時代が始まった。我々はようやく、六五年間にも及んだ「戦後」と決別する時を迎えた。この国の政治・経済・社会そして文化、ありとあらゆるモノが変容の萌を見せ、現実に変貌をとげ始めている。

しかし、「戦後」があまりにも長かったがために、人は「戦後」的なものの見方からなかなか自由になれない。ふと気がつくと、バーチャルではあっても「復元力」著しい「戦後」的価値観に、いつのまにやら戻っている自分自身を見出すことになる。

それはなぜか。人は慣れ親しんだ考え方に染まる方が、ホッと安堵するからだ。この一般論は確かにあたっている。しかし「戦後の終わり、災後の始まり」と、思いたくない気分が、この国には横溢しているからなのだ。再びそれはなぜか。来たるべき「災後」は、これまでの「戦後」よりも、ずっとずっと厳しく、つらく、暗い社会なのではないかと気づき始めているからなのだ。

「災後」の自立は、「戦後」の否定の上に成り立つであろう。それは多くの日本人にとって、首肯し難いコトに違いない。ここに、我々の研究プロジェクトの必然と必要がある。まずは「戦後」の終焉を、「災後」の視点から、じっくり捉えようではないか。

「戦後」と寄り添い、「戦後」を生き抜いてきた我々が中心となって、今こそこの国の「戦後」にアカデミックなメスをふるわねばならない。それは自らを傷つけ、自らの痛みに耐えねばならぬ行為かもしれぬ。しかし「戦後」的価値観――それは何だろうか。これをしもが研究対象であろう――の上に立つこの国の統治と文化を、もしかしたら「災後」的価値観に敏感かもしれぬより若い世代の声にも耳を傾けながら、解き明かしていきたい。

第一部

政治の反転

Jun Iio
飯尾　潤
政策研究大学院大学教授

復興政策への期待と政府の能力

あの東日本大震災の発生から、もうすぐ三年が経とうとしている。しかし、震災復興は道半ばで、まだまだ被災地の苦労は続いている。震災復興構想の策定に関わった者として、どうすればよかったのか、あるいは何がなされるべきか、を自問自答してきたが、問題は広く深く、容易に解答にはたどり着けない。ただ、今でも復興政策に関する誤解が多いことを考えると、その難問を一部でも伝えたいという気持ちがある。そして、それは災後の日本の政策について考えるときに、大きな手がかりになるように思われる。

なぜなら東日本大震災からの復興政策の成否は、災後日本のあり方を大きく規定するからである。大震災からの復興と日本経済の復興は相互に不可分だという認識は震災直後から共感を持って受け止められ、政権交代後も政府の公式発表の枕詞となっている。しかし、このことの意味は、どれぐらい理解されているのだろうか。思い切って予算をつけ、関係者が頑張れば、何とかなると思われているのではないか。実際に震災復興の現場は、さまざまな困難に直面して苦しんでいる。それを「遅い」という決めつけ、誰が悪いといった批判が、定型句のようになっている。しかし、問題はもっと複雑なのではないか。

「何とかなる」と「仕方がない」の罠

政策過程のうち、政策を練る政策立案の段階で、政策が実施可能かどうかを検討しておくのは、当たり前のことのように見える。机上の空想にとどまる政策であるとか、「とにかく実現してほしい」という要望だけを考慮して立案された政策は、運が良ければ実現するかもしれないが、多くの場合は政策実施の現場で行き詰まり、実現しないままになる。あるいは、政策実施の現場で辻褄を合わせるための操作がされ、見かけ上は実施されたはずの政策が、その目的とは全く違った政策に変容してしまう。

ところが、日本の政策の現場では、これまで政策立案段階において、実施能力の検討が自覚的に行われることは少なかった。その理由の一つが、国レベルの中央政府においても各種の地方自治体においても、政策立案を担当するのが、関連の政策を既に実施監督あるいは実施している部局の職員であり、その政策分野について、何が可能か何が可能ではないかを、だいたい知っている人々であったためである。

また、立案される政策の多くは、既存政策の手直しが基本であるため、政策実施の問題が少ないということもあった。そもそも政策の必要性をアピールするのが、既存の政策を所轄する部局の職員であれば、実現できないような政策を求めても後で困るだけであるから、さまざまな社会的な必要性を政策に落とし込む際に、実現可能性を暗黙のうちに織り込んでいたのだともいえよう。さらに、近年は財政制約から大規模な新規事業が難しくなって、予算制約に関心が集中しがちであったともいえる。

もっとも、政策研究において政策実施の研究が盛んになったのは、一九六〇年代のアメリカにおいて

「偉大な社会」プログラムが進行し、新規施策が次々と生まれるとともに、連邦予算がかつてない規模で社会保障関連分野に投じられるという状況にもかかわらず、行政の末端で政策が目的通りに実施されないことが問題視されたからである。そう考えれば、予算制約以外の政策に内在するさまざまな問題にこそ、政策実施の問題点があるというのは、研究者にはある程度理解されている。

現代日本においても、「年金記録問題」など政策実施段階で政策が行き詰まっている例も散見される。ところが問題が起こると、さして実現可能性が検討されることなく対策が打ち出され、それが実現できないことから、ますます政府が信用を失うという悪循環に陥ってしまう例が少なくない。このように、問題に直面しても、政治家が「とにかく頑張ります」としか言わないのであれば問題は改善しない。どのようなことなら実現し、どのようなことは実現しないのかを検討してから、それを踏まえたうえで政策が決定されなければならないのである。このように「頑張れば、何とかなる」といって、政策実施における政府の能力や、事柄の制約条件を無視するのは、人々の期待をあおるだけあおって、その結果としての失望を必然的に招くという意味で、政治や政策の可能性を損ねかねない。

もっとも、日本は変革期にあり、慎重な対応だけでは立ちゆかない。従来の政策の延長線上で微調整を繰り返すだけでは、政策は社会の必要に応えることができない。それゆえ、新たな政策の実施に不安があるから、既存の政策でも「仕方がない」といって済ますわけにはいかない。つまり政府の政策実施能力を低く見積もって、既存の政策の手直しだけをやっていたのでは、解決すべき問題の多くを放置することになってしまうのである。

大胆な政策を打ち出しつつ、それが実現可能性を備えるにはどうしたらよいのか。解答は「何とかなる」と「仕方がない」の中間にある。では、どのような方法によって、この問題が処理されうるのか。

東日本大震災における復興政策と市町村中心の復興

東日本大震災が、巨大な災害であることは明白であるが、具体的にはどういう特徴があるのだろうか。第一に、想定をはるかに超える巨大津波が襲ったということがある。たとえば大きな被害を受けた岩手・宮城両県の海岸部は、過去に何度も津波に襲われた歴史を持ち、この数十年間は営々と防災対策がとられてきた地域である。そのおかげで助かったという地域も少なくない。しかし、想定を超える津波に防災施設による完全防御は機能せず、多数の死者・行方不明者を出すとともに、町ごと流される地域が多数にのぼるなど経済・社会的な被害は甚大であった。日本の防災政策は根本的な反省を強いられたのである。

第二に、さまざまな被害が、きわめて広い範囲で生じたことである。北海道・青森県から茨城県・千葉県に至る長い海岸線で生じた津波被害においても、被害実態はさまざまであった。また、長野県にまで広がる地震の揺れによって、建物の被害とともに液状化や地滑りによる被害も数多く生じた。そのうえ、福島県における原子力発電所の事故は、地震発生後長い期間にわたって、災害の継続をもたらしたほか、放射能汚染など経験のない脅威を多くの人々にもたらしている。このほか、震災直後の社会・経済的な混乱と不安感の醸成は、災害に弱い現代社会の問題点をも明らかにした。こうした多様で広範な被害は、東日本大震災の大きな特徴である。

第三に、激甚な被災を被った地域の多くが、人口が減少し、経済的に衰退傾向にあったばかりか、日本全体が人口減少時代に入り、経済的にも成熟しており、災害を機に日本の衰退傾向が一挙に加速する危険性があったことである。このような状況では、総合的な復興政策を考える必要が格段に高かったのである。

そして、第四には、原子力発電所の事故によってもたらされた放射能汚染問題の特殊性がある。これは一過性の災害ではなく、きわめて長期の対策を継続せざるを得ない問題であると同時に、問題の所在がわかりにくく、対策に合意が得られにくい問題を含んでいる。いわば未知の領域に足を踏み入れざるを得ないのが、原発災害への対応なのであって、格段に深刻な問題となった。

本論では、このうち第一の巨大津波に関連する問題のなかから、とりわけ津波によって破壊された建物や土地をどのように再建するのかという問題に焦点を当てる。被災地外からは比較的単純な問題だと考えられがちだが、そう簡単ではない。これまでの地震などであれば、破壊された建物を整理して、そこにより丈夫な建物を建てていけば被災地は再建されてゆく。たとえば、関東大震災の場合には、被害の大半が火災によるものであったため、焼け跡を整理して道幅を広くするなど、火災に弱い密集地域を整理したうえで、耐震や耐火に配慮した建物を建てることが震災復興の主要課題となった。また、阪神淡路大震災の場合には、地震の揺れによる建物の崩壊が被害の中心であったので、木造密集地域の整理とともに、堅牢な建物への建て替えが震災復興の主要課題であった。こうした過去の例に慣れている人々からすれば、破壊された町を覆っている瓦礫を早く撤去すれば、町並みの再建が始まるものと予想できたのである。

ところが、今回の津波においては、海岸部の地盤沈下もあって、被災地の海岸近くはそのままでは、かつてよりも津波や高潮に弱い状況になっている。その上、数十年に一度の津波によって、多くの犠牲者を出し続けていた地元では、究極の防災策である高台移転への期待が高まった。ところが、高台移転は移転先の土地を見つけ、さらに住民の合意を作り上げて、そろって人々が行動することが必要になる。建物の再建以前に、都市計画上の合意が必要で、また土地の造成工事があり、それが済んでようやく建物の再建が始まるのである。つまり、多くの場合、瓦礫が片付けられた土地にすぐに建物が建ちはじめることは予定されていないのである。それゆえ、こうした東日本大震災からの復興は、政府の復興計画でも集中復興期間に五年、全体としての復興期間に一〇年となっているように、時間のかかる事業にならざるを得ない。

では、震災復興事業は、どのようにして実施されるのであろうか。今回の震災復興政策の大きな柱の一つは「市町村中心の復興」である。これは、中央政府は、復興政策の大枠をつくり、実現が可能となるようなさまざまな政策メニューをつくり、財政面や技術面での手厚い支援を行うとしても、具体的な事業を進めるのは、地元の市町村役場が中心となるということである。もちろん例外はあって、当初の緊急対策や道路や防潮堤の復旧・改善などで中央政府が行う事業もないわけではないが、地元の事情が大切な事業については、おおむね市町村が決定する仕組みとなっている。

これについて、未曾有の大災害だからこそ、国の中央政府が前面に出て、復興庁など各省庁が中心になって復興を進めるべきだという意見もあった。しかし、それは可能だろうか。確かに、中央政府の予算規模は大きいが、たとえば中央政府はそんなに人員を抱えているわけではない。そこで国が直接執行できる事業量には、大きな制約がある。また、中央政府の職員は、直接事業を執行することに慣れているわけではない。都市計画などの事務は、既に市町村中心に運営されており、日頃から、こうした仕事に携わっているのは、市町村職員なのである。

また、復興事業では現地の事情を把握することが何よりも大切である。地形などももちろんであるが、そこに暮らす人々の暮らし方を知っているといった土地勘なしに、復興計画をつくるのは危険である。まして、住民の合意を取り付けるということになってくると、地元住民との接触に慣れた人々が適任である。日常的に住民に接している市町村職員の方が、中央省庁の官僚より住民との関係をうまくこなしていける可能性が高い。

逆に、中央政府を中心に復興事業を推進すれば、どうしても「選択と集中」ということになって、目立つ被災地の復興事業に注力し、注目されなかった地域が後回しにされがちになる。あるいは、土地勘のない中央政府が直接事業を担当すれば、地元のそれぞれの事情をくみ上げにくく、多様な被害に個別に対応することは難しい。むしろ、地元の要望を吸い上げやすい市町村が、何が必要なのかを判断するべきである。

さらに、中央政府が復興事業の中心になると、地元の市町村や住民に、行政サービスの受け手、あるいは「お客様」意識が強くなり、不満が出やすくなるという問題もある。自分が考えて決めたことなら納得できても、他人が決めたことにはなかなか納得できないものだからである。なにより被災地の復興は地元住民の奮起なくして成し遂げられない。自分たちの地域の未来図を自分たちで相談して決め、自分たちの暮らしを想像しながら再建計画を作ったといったことがあってこそ、がんばる意欲も強まるというものである。その点で、苦しくても、被災した住民に近い地元の市町村が中心となり、住民を巻き込んで、復興事業を進めるということが望ましいと考えられた。

そこで、中央政府は、財政面での支援を中心に、規制の特例なども含め、市町村が選ぶことのできる政策の一覧(メニュー)を示し、そのなかから必要性に応じて、市町村が執行する事業を決めていくという形になったのである。

もっとも、程度の差こそあれ、被災地の市町村も震災によって大きな被害を受けている。職員の多くが被災者でもある市町村も少なくないし、数多くの職員が震災の犠牲になったところもある。そのうえ、震災復興業務は膨大である。ただでさえ弱った市町村に、そんな大変な仕事が担えるのか。こうした不安も当然であり、現実に、激甚な被害に遭った市町村は、現在も復興事業の重圧に呻吟している。

ただ、市町村中心の復興が望ましいという条件がある以上、それを何とか実現しなければならない。中央政府からの支援には限界もあり、人手を中心としてして、まだまだ支援が十分ではないという問題は存在する。では、現場では具体的に、どのような苦労があるのか。

「地域づくり」事業に見る復興現場の苦労

震災復興事業は、多岐にわたり、そのそれぞれに困難がある。しかし、誰もが震災復興事業としてイメージし、他の事業の基盤となるのは、津波で破壊された地域の物理的再建であろう。今回の震災復興政策では、これを「地域づくり」という言葉で表現している。破壊された町や村を再建するといえば、建物を建てることがまずイメージされる。破壊されたのが建物であるから当然のことである。しかし、既に述べたように、津波災害を繰り返さないためには、同じ場所に同じような建物を建てることは解決策にならない。地盤沈下の影響もあって、海沿いの津波被災地の安全度は下がっており、二度とこのような災害を繰り返さず、安心して暮らせる町や村にするためには、立地も含めて町や村のあり方を総合的に再検討することが必要となった。

しかし、これまでの災害復旧の考え方では、国費投入は破壊された施設の原状回復に限るという大原則があった。もちろん、現地の事情にあわせ、関係者が法令の解釈によりさまざまな対策を講じて来たのであるが、今回の被害の大きさからして、それでは間に合わないことが明らかであった。たとえば、住宅地の移転などを認める制度(防災集団移転促進事業)が既にあったが、想定規模が小さい上に、地元市町村の財政負担も大きく、今回のような規模の大きい災害では役に立たないという事情があった。また、現地で再建するにしても、地盤沈下などしている土地を回復させる政策がなく、安全な防潮堤を作りたいと思っても、原状復旧原則では同じものしか作れないといった問題がある。そこで、原状復旧ではない形の復興事業にも、中央政府が積極的に財政支援を行う枠組みが考えられた。

その結果、たとえば地域づくりに関しては、関連する政策も含め四〇事業を列挙した財政補助の仕組み(復興交付金制度)ができ、市町村が主体となる再建事業を実質的には地元負担がない形で、国が全面的に後押しすることになった。こうした四〇事業の中核となる事業には、防災集団移転促進事業として、住宅をまとめて高台など別の地域に移転するための土地造成などを行う事業(要件が緩和され、財政的な裏付けが強化された)、土地区画整理事業(関係者の合意をもとに所有地を交換して、町を作り直す事業)に際して、土地のかさ上げをするための造成費を国費で負担する事業、復興の拠点となるような土地について地元の市町村が主体となって整備する拠点市街地整備事業、あるいは公営住宅制度を災害公営住宅建設として使いやすくした事業など、数多くの事業が含まれる。地元の市町村が、このなかから必要な事業を選択して再建計画を作れば、それに応じて事業費が補助される(個別の事業費には枠がなく、早い者勝ちなどにはならない)という仕組みが作られた。

当初は、こうした事業の仕組みについての理解が進まず、戸惑いもあったものの、その後、多くの市町村では高台移転を望む声が強まった。そこで、高台移転などのための防災集団移転促進事業が数多く動き出し、震災後二年半で計画が固まった移転予定地区数は三三〇以上にも上っている(そのほか、類似の制度もあるので、高台移転の地区数はもっと多い)。高台移転は究極の防災政策であり、いかなる津波にも襲われない高台に住宅などが移転すれば、その住民の安全はまず確保できる。明治や昭和の津波の時に思い切って高台移転を実施し、平地に戻らなかった集落においては、今回の津波においても、被害が格段に小さいという実例がいくつも見られるなど、津波に対しては最も有効な対応策である。

ただ、今回の震災復興においては、「防災から減災へ」という方針も強調された。減災というのは、自然の脅威は計り知れないことを認識して、災害から人や町を完全に防御しようとする防災の考え方を転換し、通常の災害については完全に守るとしても、それを超えた災害の場合には、津波から逃げることなどにより、できるだけ被害を少なくするという考え方である。巨大な防潮堤を築いたから津波を恐れる必要はないと考えて逃げ遅れ、津波の犠牲になった人々も出た今回の災害の教訓を踏まえれば、こうした考え方の転換は理解しやすい。

減災の考え方によれば、津波対策についても防潮堤など施設の強化だけが必要な政策ではなくなる。さまざまな工夫をしつつ、必要な政策を組み合わせて、総合的に安全を確保していくのである。そこで、可能であれば、高台移転も選択肢であるが、それが難しくても、相対的に安全な場所を増やすことなどを考えることになる。また、病院や介護施設などは絶対に安全な場所に建てるとしても、一般の住宅は堅牢で高層の建物にして、いざというときに建物内の上層階に避難するという方策もある。

そこで、地元の市町村を中心に、それぞれの町や集落に応じて、何が可能かということを検討するとともに、産業など諸条件との関係を検討して、望ましい地域づくりの方向性を議論し、それに応じて国の政策メニューから必要なものを選び、あるいは組み合わせることが望ましい。

しかし実際には、高台移転を可能とする、とりわけ防災集団移転促進事業(これ以外にも高台移転に使える制度はある)へ希望が集中した。これは、制度が移転そのものを目的にしており、わかりやすいこともあるが、せっかく今回は国費で高台移転ができるのだから、できるだけ多く予算を確保するべきだという判断が働いたことも否定できない。日頃の自治体行政では中央政府から来る補助金等の活用が大きな課題であり、長年予算不足で苦労してきた市町村において、復興事業においても、まず予算確保が大切だという意識が強く出たのは、よく理解できる。また、住民にとっても、究極の防災政策をとってもらえるのなら、それに加わるのが良いという判断も自然である。

ただ、余りに多くの地域が高台移転を望んでも、移転先の適地がそんなにあるわけではない。また、大規模な造成工事が集中することになると、人手などの点で工事がどうしても遅れがちになる。そもそも、高台移転は、適地の設定にそれなりの時間がかかり、大規模な工事を必要とする点で、長い時間がかかる事業である。それよりも、地元の地形の改良を進めた方が完成は早いし、仕事もやりやすいという地域も多かったはずである。地元での将来プランづくりがどれぐらい徹底的にできたのか、むしろわかりやすい政策に合わせて、住民の同意が誘導されたのではないかという疑問がないわけではない。

また別の面から、土木工事を中心とする復興政策には批判があった。たとえば、津波被災地の多くは既に人口減少段階に入って久しく、相対的に安全な既存市街地にも空き家や空き地が多い。そうした空き地などを有効活用して、津波に破壊された地域の人々が移り住めば、大規模な造成工事を実施しなくてもよいという主張である。日本全体が人口減少時代に入り、従来からの市街地拡大政策には難点があるから、この主張はもっともなところがある。

ところが、どのように実現するのかということを考えると、既存市街地活用策には難しい点が多い。まず、高台市街地の土地所有者に、空き地を手放せと要求することが難しい。一方的に土地を手放させる制度を作るのは法原理の点からも簡単ではないし、そうではなく、土地所有者の了解をもとに進めるということになると、その了解が短期間に容易にとれるとは考えにくい。現に、山林などの造成による高台移転においても、移転先の土地所有者の了解が取れずに苦労している事案は少なくないから、まして市街地となっている土地を手放してもらうのは大仕事である。また、既存市街地に散在する空き地をあてがい、売買を仲介するなどの作業は膨大であり、まとまって移転する事業に必要とされるよりも大幅に手間がかかる。さらに、被災した地域の住民は、各地にばらばらに移住せざるを得なくなって、地域コミュニティーの維持は、はじめから問題にならなくなってしまう。

そうした状況があるのに、既存市街地の活用を目的として、高台を造成して移転する事業費を一切認めないなどという政策をとれば、多くの被災者は絶望して、他地方へ移住するか、危ないと分かっていても元の居住地での住宅再建を目指すのではないか。震災前から、コンパクトシティー構想などで具体的な計画があればともかく、急な震災を機に、あまりに理想を追求するのは難しい。ただ、高台移転などの実現には時間がかかるので、資力があって高台移転計画を待てない住民は、既存市街地への移住を考え実行する可能性があり、今でも既存市街地の活用はされている。

さらに、復興事業は、防潮堤の復旧・強化を含め、高台移転や土地のかさ上げなど、公共事業ばかりだという批判もある。確かにそうなのだが、防潮堤が破壊され、地盤も沈下しているとなると、そうした施設の復旧・強化をしなくては、被災地を見捨てることになる。今回の激甚津波被災地は数十年に一度は必ず大きな津波に襲われてきたから、それへの備えとなる防潮堤の整備にも理由がある。もっとも、今回は防潮堤の基準を設定する県にとって大変有利な条件があるため、県が立派な防潮堤を望むという事情もあり、全ての防潮堤整備の規模(高さ)が適切だとまでいうつもりはない。ただ、基礎的な条件が整わなければソフト事業も展開できないから、土地の造成やかさ上げ工事などの公共事業はある程度は必要なのである。

もっとも、こうした公共事業を一切否定する意見もある。巨額の公費を投入するのだったら、その分を現金で被災者に渡した方が、有効活用できるというのである。確かに、震災復興費は巨額なので、被災者一人あたりかなりの額に上る可能性が高い。ただ、こうなると津波被災地は全て見捨てて、よそに移転してもらうということになり、被災地を放棄するような形になる。しかし、これでは他の地方の災害において復旧工事をしていることとのバランスがとれない。何よりも、被災者にどのように現金を分配するのかが難題である。被害の程度に応じるのか、生活再建の見込額によるのかなど、統一的な算出基準は出てこないのである。そもそも、震災復興予算が巨額になっているのは、個別に必要な事業があるからである。そうした事業を想定せずに、その分を被災者に分配するという理屈は立ちにくい。震災復興事業を行わず、被災者に現金を分配して、自力で再出発してもらうというのは、理論的にはあり得ても、現実の政策としては考えられないのである。

公共事業ばかりが目立つという批判に理由があるとすれば、そうした事業について、地域の再建の全体像をふまえた検討が十分であったかどうかに絞られる。しかし、それも可能だろうか。

たとえば、比較的大きな町の市街地が、大きく被災したような場所においては、皆が高台に移転することは不可能である。そこで、まず水際に防潮堤を築き直すとともに、平地のなかに土手を築いて通した道路や鉄道を津波防御施設として整備し、それよりも海から遠い場所について土地のかさ上げ（盛り土造成）を行いつつ住宅や医療施設などを中心として再配置し、津波防御施設から防潮堤との間の海に近い場所は、いざというときに逃げることを前提として、産業用地として再開発するといった、総合的な町の作り替えが不可欠である。そこで用いられる主たる事業は、土地所有者が土地を交換していく土地区画整理事業である。この事業自体は、駅前再開発など全国で展開されてきた事業であるが、当事者の合意調達が難しく、実際に時間がかかることが多く、震災前から他地域では敬遠されることも多かった。今回は、まず土地のかさ上げに必要な造成費用は政府が面倒を見ることと、そもそも、既に建物が失われているので（普通の場合には人が住んでいる場所で、建物をつぶして土地を交換するので、反対が強くなる）合意調達がまだ容易だと考えられた。ただ、実際には、高台のまとまった土地を新規造成して皆で移り住む防災集団移転促進事業などに比べて、個別利害調整の度合いが高く、土地区画整理事業は各地で遅れ気味である。さらに理想をいえば、土地区画整理事業と防災集団移転促進事業など、複数の事業をうまく組み合わせれば、より総合的な計画が展開できるが、現状では個別の事業を実現するのも容易ではない。

あるいは、もっと実現が容易だと考えられた災害公営住宅の整備も、意外に時間がかかっている。住宅の再建とはいっても、もともと全ての被災者が持ち家に住んでいたわけではないし、持ち家に住んでいた人々でも、高齢になってから借金をして住宅を建てるのが難しい人も多い。また仕事の見通しが不安定で、借金までして住宅を建てることに不安をいだく人々もいる。公営住宅は、本来は低所得者向けの賃貸住宅を地方自治体が提供する事業であるが、大規模な自然災害によって住宅を失った人が多い場合には、一般の公営住宅よりも入居基準などを緩めて公的住宅を提供しなければ、人々が地元に住み続けることが難しくなる。そこで今回の復興事業では、基準を緩和するとともに、地方自治体の公営住宅整備費を実質的に中央政府が面倒を見ることで、事業を一挙に加速させようとした。市町村や県が土地を手当てした上で自前で住宅（中高層住宅が多いが、一戸建ての場合もある）を建設するので、地元の合意を得るためにかける手間は少なくて済む。しかし、実際に津波被災地では高台の土地などが限られており、自治体所有の土地も仮設住宅が建設してあったりして、使える土地は少ない。そして、新たな土地を買収するのは、それほど簡単ではない。また土地区画整理事業を進めているところでは、その決着を待たないと建設はできない。そもそも、防災集団移転促進事業や土地区画整理事業が遅れているのに、公営住宅の建設だけを一方的に進めるわけにもいかない。

このように、災害公営住宅整備はなかなか進まないが、建設できたとしても問題は多い。阪神淡路大震災の経験などから、災害公営住宅などでの孤独死などを防ぐためには、地元のコミュニティーが形成されやすいように、もともと隣近所だった人々をまとめて入居させるのが良いとされている。ただ、現実には、災害公営住宅への入居希望者は多く、不便な仮設住宅で入居を待ちわびている状況である。そうなると、できた公営住宅への入居は、どうしても抽選など公平な方法でということになる。そうなると、新たな公営住宅には、元いた場所がバラバラの被災者が集まってきて住むことになってしまう。これも、理想をいうのは簡単ではあるが、現場の切迫した状況を考えると、それを押し切って、役場の判断で入居者を選べというのは、なかなか難しいところである。

このように、震災復興事業を実現するのは大変なのである。そのうえ、より詳細に見れば、現地の市町村職員は大変な事務量をこなすほか、住民からのさまざまな圧力にさらされてゆとりがない。市町村自体が大震災によって、大きな被害を受けており、業務遂行能力にも大きな制約があるところへ、避難者のケアをはじめ、通常業務以外にさまざまな業務が増えているなかで、復興事業を進めていかなければならない。そのままではとても市町村が復興事業を行っていくことはできないのである。

そこで、全国の自治体から、数多くの応援職員が派遣され、市町村の業務を助ける仕組みが作られ、数多くの応援職員が被災市町村で働いている。また、国や県などからも応援のため職員が派遣され市町村で働いている。たとえば国土交通省などは津波で大きな被害を受けた市町村のほとんどに何らかの職員派遣を行っている。また都市再生機構（UR）をはじめとする機関からの応援もある。そこで、激甚な被害を受けたところでは、役場で働く職員の半分以上が応援職員だというところもある。しかし、そうした派遣にも限度があり、実際のところ、多くの市町村の現場はぎりぎりの状況で、職員の負担は大変重い。

復興政策でとりわけ人手がかかっているのは、ここで例に挙げた地域づくりの分野と、医療・介護などの社会保障の分野であるが、地域づくりの分野でも今回のような大規模な事業を経験した職員は少ないから、初歩から勉強して業務に当たることが少なくない。また応援職員は、関係する業務の経験があることが望ましいとはいっても、必要とされる能力を全て備えているわけではない。そこで、用意された政策の理解が十分ではなかったり、政策を具体化するときに必要な手順が分からないといったことはしばしば起こる。

　そうしたときに、復興庁や国土交通省の職員など、復興政策の枠組みに詳しい専門家が、地元の手助けをすることになるが、ずっとつききりで世話をするゆとりはない。また復興事業であっても、公金を使い政府の政策として展開することに違いはないので、一定の規則に従い、書類を作ることは必要である。そもそも、そうした書類を作る段階で、計画の整合性や手順が確認され、また権利関係の調整が行われるという側面があり、手続きなしで計画を進めると、後で困ることになりかねない。さらに、予算配分基準が厳しいということに関しても、台風などの被害に遭った他地域の被災者とのバランスを考えると、東日本大震災の特殊性から、ある程度優遇するとしても限度がある。しかし、地元市町村の職員が、能力の限界近くで働いているとき、そうした手続きや書類作成が面倒になってくるのは当然である。その不満は、どうしても、その規則に従うことを要求する復興庁や各府省など中央政府に向かう。

　しかし、こうした不満には別の側面もある。それは、復興政策に関わる関係者、たとえば復興庁など中央政府の職員、知事や県の職員、市町村長や市町村職員、各種の議員、事業に関係する専門家や業者などの間の情報流通が円滑でないという問題である。市町村関係者が、中央政府の関係者に接するときには、つい陳情モードになってしまう。そうすると予算獲得などの側面が強く出て、それに都合の良い情報しか出さないことにもなりがちである。また、要求ベースで話を持ってこられると、応対した中央政府の職員も、どうしても査定的なスタンスで話をすることになる。こうなると、はじめから対立の契機が表面化した形で接触が行われてしまう。そうして、双方とも相手の立場を理解することなく、関連する情報を持たないまま、やりとりを繰り返すことになりがちである。

　そして復興事業の現場では、市町村など事業を進める側にとって、地元の土地所有者をはじめとする被災者や関係者との折衝が何よりも大切である。防災集団移転促進事業や土地区画整理事業などでは、地域ごとの被災者や利害関係者の合意が形成されなければならない。今回は、震災復興という共通目標があるとはいっても、その合意を誘導するのは、簡単なことではないし、こうした住民との折衝・誘導が得意な職員ばかりではない。震災前から、住民参加の試みがあった自治体では経験のある職員もいるが、そうでないところも多いのである。

　そのうえ、被災者は仮設住宅などに住んで不便な暮らしを強いられている。仕事がなくなって心の支えのない人もいる。慣れない仕事で疲れ果てている人もいる。震災復興とはいっても、家族によって人によって、抱えている事情はさまざまである。震災直後は助け合いが当たり前であっても、だんだんと時が経つにつれ、さまざまな対立や不満が起こってくるのは避けがたい。いろいろと相談したいと思っても、役場の人手がないために、なかなか相談に乗ってもらえないという不満もある。説明をされても分からないことも多い。仮設住宅ならば、隣近所から情報が入ってくるが、既存の空き家に入居した見なし仮設住宅に住んでいると、なかなか自然な形で情報が入ってこないし、身近に相談する人がいないということもある。こうした状況で、地元の再建についての話し合いに前向きな気持ちで参加し、合意を形成するというのは、簡単なことではない。しかし、そうした合意がなければ地域の再建は進まないし、自分の住む家もできないのである。

　なんとかならないのかと思っていると、報道では「復興が遅い」という外部からの声が聞こえてくる。「これ以上、どう急げば良いのだ」と思う人もいるが、「国の政策が悪いから、こんな目に遭うのだ」と思う人もいる。何か、もっといい方法があるのかもしれないという思いから、いま参加している復興事業への疑いが芽生えてくることもある。ただ、外部からの「復興が遅い」という声は、まだ建物が建っていない更地を見て、そのようにいっているだけで、誤解に基づくものも少なくない。しかし、こうした外からの批判が、現地住民の意識に跳ね返って疑心暗鬼を生み、かえって復興を進みにくくさせることもある。一般的にいえば、「遅い」という批判が高まれば、さらに力が入って復興が早まりそうなものであるが、やる気がないわけではなく、複雑な問題に絡め取られているときに、外面的な批判が高まっても、問題の改善にはつながらないのである。

ここで述べた地域づくりの難しさは、まだ一般論にとどまるが、具体的な現場を見れば、もっと深刻な事情がいろいろ出てくる。しかしながら、そうした深刻な事情は一つ一つ丁寧に解決していくほかはなく、万能の対策はない。状況を見て中央政府の政策を修正しつつ、使い勝手が良いものにしていく努力は必要だが、こうした現場固有の難しさへの認識は不可欠である。

政策に関する情報共有と共通理解

このように、震災復興事業の一端を検討しただけでも、困難が山積している。ところが、この他にも震災復興の課題は多い。産業振興など、主体が民間であって、政策は脇役にとどまらざるを得ない政策領域では、また別の難しさが生まれている。日本全国で高齢化への対応に苦慮している医療・介護など社会保障関連の分野では、被災地を明日の日本を拓くモデルにしたいところだが、簡単に妙案が出てくるわけでもない。まして、放射能汚染への対応ということになると、政策目的も揺れ、政策内部に矛盾を抱えることも少なくないから、別の種類の難しさが表れてくるのである。震災復興は難問だらけである。

しかし、現実が厳しいとき、それへの対応も難しくなるのであって、あきらめるわけにはいかない。では、どうすれば、もう少しでも事態は改善するのであろうか。本論の冒頭で、政策立案の際に政策実施における条件を念頭において、それを盛り込んだ政策をつくる必要性を説いた。しかし問題を逆に考えることもできる。政策実施における事情を考慮して、それを盛り込みつつ、現場での工夫を取り込むための柔軟な政策がまず必要である。ただ、良い政策ができれば問題が片付くのではなく、それを実現するための現場の努力が不可欠であるから、むしろ実施段階での現場の工夫が加わって政策は完成すると考えた方がよい。ところが、現実には、それ以前に、政策実施の現場で、政策に対する無理解や、関係者の意思疎通の悪さから、できるはずの政策もできなくなるという問題もある。

このように考えると、これまで見てきた震災復興政策で、もっと強調されるべきは、情報の共有、共通理解の形成ということではなかったか。これは、今回の震災復興構想に不足していたのは、政策の枠組みに関する共通理解の促進ではなかったかという反省でもある。

第一に、政策や事業の全体像を、できるだけ幅広く関係者が共有することが望ましい。問題は複雑だが、筋道立てて政策の仕組みが説き起こされなければならない。被災した人々は、みな切実な要望を持っている。しかし、それには実現できることも、そうでないこともある。それぞれに個別に対応するだけでは、関係者の相互信頼はできない。摩擦に疲れ果ててしまうのが現実である。その時、復興の全体像や時間軸、政策の仕組みなどが少しでも分かってくれば、自分の要求についても大まかな見通しをつけることができる。今回は、復興構想が現地で共有できないというところで、大きくつまずいたところがあった。災害であるから、みんなが時間をかけて政策をつくることによって復興構想を共有することは難しいが、決まった政策がどのようなものであるかを多くの人々が共有することはできるのではないか。たとえば政治家も、ただ「頑張ります」というだけではなく、政策の仕組みを説明していくことが求められる。

第二に、関係者の立場についての相互理解が必要である。目的を共有したとしても、ともに事業を進めるためには、立場の違いを理解しながら、自分のできることをやっていかなければならない。たとえば、当事者の政府依存が過度にならないようにすることが大切である。何かをやってもらうというお客様意識が強すぎると、物事を前向きに考えるのが難しくなる。たとえば、中央政府職員に対する自治体職員にせよ、市町村職員に対する住民にせよ、陳情をして要求をかなえてもらおうという立場が強すぎると、目的の共有も、相互理解も、情報の共有も難しい。互いの立場を理解しつつ、相手と接するということがあれば、実は政策の全体像も見えやすくなるのである。それが進むと、政府には何ができて何ができないのかといったことを、いろいろな立場で実感することができるようになる。そうなると、何をしなければならないのかという問題を考えられるようになる。実際のところ、現場においては摩擦や、感情の行き違いが起こることは不可避で、このようなきれい事では済まないことも多い。しかし、それを乗り越えていかなければ、復興事業は進んでいかない。

第三に、現場での行き詰まりを抱え込まない工夫が必要である。一所懸命やっても、あるいは一所懸命だからこそ、ものが見えなくなって仕事が進まなくなることは、過酷な現場では起こりがちである。そうした事象に気づいて、少し離れた立場から助言したり、仕事の進め方を変えたりして、問題がこじれる前に手を打つことが求められる。事態が動き始めると、現場の関係者は、とにかく頑張るしかないという立場におかれるが、むしろ離れているところから、折に触れて再点検を行い、打開策を提案することが必要である。復興の主体となる市町村は、人員難にあえいでいるが、だからこそ遊軍的に行動する幹部も必要であるし、復興を支援する復興庁や、市町村へ中央政府から派遣されている職員には、熱くなって、ともすれば全体像を見失いがちな当事者の気持ちを和らげるような役割も期待されるのである。

第四に、事前の準備が重要な意味を持つ。大規模災害などに際しては、持てる材料を使った緊急の政策決定しかできないものである。そこで、震災前にまちづくりについてのビジョン作りがなされ、それに多くの住民が関わっていたという場合には、震災復興計画作りは格段にしやすかったはずである。また、さまざまな権利調整に関しても、事前に法的枠組みが整理できていれば、それを使えるということがある。そうして、そうした事前の準備は、逆説的ではあるが、何ができないのかも明らかにする。そうした相場観ができていることが、震災復興事業など政策の実施には、重要な意味を持つ。

復興には夢がつきものである。苦しい現実を明るい未来にするための構想は、大変重要である。ところが、それを抽象的なレベルにとどめていてはならない。バラ色の復興政策をもとに、政府への期待を高めすぎると、実施能力を超える要求が出てきてしまい、結果としての失望も大きくなる。期待と制約をバランスさせるために、何が望ましいかとともに、何が可能で何が可能でないのか、について関係者がおおよその見通しを共有することが大切なのである。

ただ、震災復興政策では、大目的において意見の対立は少ない。それゆえ相互の理解もまだ容易な側面がある。ところが大目的が共有できない政策においては、問題はさらに難しくなるだろう。そして、現代日本が抱える問題には、そうした政策も少なくない。ここでは、ほんの手がかりをいくつか示したに過ぎないが、政策の仕組みを考え続けることなしには、震災復興に限らず、日本の将来を本当に開く道筋は開けてこない。震災復興について考えることは、この意味でも、日本全体の課題である。

Izuru Makihara
牧原　出
東京大学先端科学技術研究センター教授

二つの「災後」を貫く「統治《ガヴァナンス》」

地震のあとで

二〇〇四年に発表された村上春樹の小説『アフターダーク』の中で、女性の大学生である主人公は、姉エリとの関係を説明する際に、幼稚園時代に、「地震」によってエレベーター内に二人だけで閉じこめられた経験を語っている。

明かりも消えて真っ暗になった。私たち二人以外には誰も乗っていなかったわけ。私はパニックでがちがちに固まってしまった。指一本動かすことができない。呼吸もうまくできないし、声も出ない。

エリは真っ暗な中で、私を抱きしめていてくれた。それも普通の抱きしめ方じゃないのよ。二人の身体が溶け合って一つになってしまうくらい、ぎゅっと強く。

そのとき私は、エリの両腕の中にそっくり自分を預けることができた。私たちは暗闇の中で隙間なくひとつになることができた。心臓の鼓動まで、私たちは分け合うことができた。それから突然明かりがついて、エレベーターががくんと揺れて、動き出した。

でもそれが最後だった。それが……なんていうか、私がエリに対していちばん近くまで行くことができた瞬間だった。

村上は、阪神・淡路大震災とオウム真理教による地下鉄サリン事件に強い衝撃を受け、アメリカから日本に執筆拠点を移した。いずれも、「『それらを通過する前とあととでは、日本人の意識のあり方が大きく違ってしまった』といっても言い過ぎではないくらいの大きな出来事である」と見たのである。そして、サリン事件の被害者へのインタビュー記録『アンダーグラウンド』(一九九七年)、オウム真理教信者へのインタビュー記録『約束された場所で』(一九九八年)といった作品を発表する傍ら、一九九九年には阪神・淡路大震災を目のあたりにした日本各地の人々を登場人物とする短編連作『地震のあとで』を発表し、翌二〇〇〇年に『神の子どもたちはみな踊る』と改題して刊行した。さらに二〇〇四年には『アフターダーク』で直接地震を契機にした人間同士の近寄りと離別をとりあげる。

後に、村上は、震災とオウム事件を「圧倒的な暴力」の問題としてより一般化した次元でとらえるようになる。その長編小説は、直接地震について語るのではなく、「圧倒的な暴力」そのものを一般化して主題に取り入れていく。したがって、今のところこの『アフターダーク』が、一九九五年の震災を具体的なモチーフとして扱うほぼ最後の作品である。そこで主人公は姉との関係を、「あのエレベーターの暗闇の中で感じた一体感というか、強い心の絆のようなものは、私たちのあいだに二度と戻ってこなかった。」とまとめてひとまとまりの会話を結んでいる。

ここには震災後の意識の持続が如実に表れているとは言えないであろうか。災害の瞬間「一体感」と「心の絆」が被災者の間に広がる。そして十年ほどは直接に震災が事件として語られ、意識される。やがて、直接の感情は次第に薄らいでいくのである。

被災者・非被災者の記憶の伝承

だが、何らかの経験は記憶され、伝承されていく。『アフターダーク』が発表された二〇〇四年、一〇月に新潟県を中越地震が襲った。災害後の地域再建を目標とする『新潟中越大震災復興ビジョン』は、「新潟県中越大震災は広大な中山間地をかかえる地方中小都市の地震激甚被災であり、我が国の国土地震被災としては臨海部大都市被災の阪神・淡路大震災の対極に位置する」と規定しながらも、阪神・淡路大震災を様々な意味で範型としている。それは、発災時の日本の置かれた以下のような状況に基づいていた。

本ビジョン検討のさなかの二〇〇五年一月一七日は、一九九五年一月一七日の阪神・淡路大震災の一〇周年であった。この日と相前後して市民、自治体、国、防災研究機関など多分野から実に多くの「一〇年の記録」が出された。

ここから「復興ビジョン」は、「新潟県中越大震災にも一〇年後は必ず来る。そしてその時には我々は『新潟県中越大震災から一〇年』という総括記録を出すことになる」として、十年後の発展ビジョンと衰退ビジョンの二つを描いてみせ、いかにして発展ビジョンに向けて施策を展開すべきかを論じていくのである。

一九九五年の阪神・淡路大震災後、地震をとっても各地で地域コミュニティを崩壊させる規模の地震が相次いだ。二〇〇〇年の鳥取県西部地震、二〇〇三年の北海道十勝沖地震、二〇〇四年の新潟県中越地震、二〇〇七年の新潟県中越沖地震、二〇〇八年の岩手・宮城県内陸地震などである。もちろん風水害など自然災害一般を併せれば、リストは果てしなく広がっていく。こうしてみると、個々の災害の記憶は次第に薄らぐとしても、被災地域から被災地域へ、確実に経験は譲り渡されている。そこへ勃発した東日本大震災は、地震のみならず北海道から関東沿岸に巨大津波をもたらし、福島第一原発事故による放射能汚染も含めるならば、東日本の広大な地域で被災経験が共有された。さらに今後西日本にも南海トラフによる巨大地震発生の可能性が高まり、被災経験はより切実に全国に受け止められた。

しかも、阪神・淡路大震災以後の日本は、冷戦終結によるグローバル化の波に洗われていった。九五年の震災では海外の救援隊が続々と神戸に到着し、被災地は慣れない外国からの支援の受け入れに取り組んだ。その後も瞬時に世界に情報がかけめぐるネットワークを介して、日本の災害は世界に伝えられた。海外の災害情報も、かつてよりは格段に早く、かつ詳細に日本に流入した。それは、被災地から被災地への経験の伝承が、日本国内のみならず海外との間にも及んでいったことを意味している。東日本大震災で先進国から途上国まで広く海外から支援が行われたのは、こうしたグローバル化の進展にもよっていたのである。

国内と世界との間で被災経験が受け渡されていく過程。そこでは、個々の災害に直面した人々と地域だけが主体となるわけでは、むろんない。遠方から被災地を見つめ、心を痛め、復興への思いに共感する人も加わっていく。たとえば、冒頭に挙げた村上は、世界に広く読者を持つ作家として、一九九五年に生じた二つの事件を国外から見つめていた。事件後村上は、「圧倒的な暴力」がふるわれた出来事として、まずは日本の外で震災とテロを捉え、次いでアメリカから日本へ創作拠点を移すことで、日本の中で「地震の後」の「心の絆」のありようを見つめていった。

したがって、村上は、事件が現地から外へとどう波及するかという点にきわめて強い関心を持っていた。連作『地震のあとで』を執筆するに当たって、地下鉄サリン事件前の一九九五年二月に時期を定め、一月の震災を受け止める人々を描いた。その上で、あえて被災地外の人々に照準を合わせる。「僕が描きたかったのは、地震の余波《アフターマス》です。地震そのものではない。人々は世界中でつらい状況に置かれています。神戸だけではない」と述べた後、村上は、アメリカで翻訳が出版された時が、二〇〇一年九月一一日のワールド・トレード・センター・ビルなどの同時多発テロ事件直後であったため、アメリカの読者から多数の手紙が来たことを振り返り、こう述べる。

地震もワールド・トレード・センターも状況はある意味で同質です。もうソリッドな地面は我々の足元にはない。これがそこに共通している認識です。そのアフターマスは今でも続いています。

被災地には被災地としての強いこだわりがある。それは、他の被災地に対して、ともに被災地であるがゆえの結びつきを生み出しうる。他方、被災地外で被災経験を持たない者も、被災に共感することができる。もっとも、その共感は次第に個々の「被災」事件から離れて、記憶の奥底に沈み、別様の思考に置き換えられていくかもしれない。記憶は薄れたようにも見えるし、あるいは深められた思索に結実するのかもしれない。そうした変容こそが「アフターマス」すなわち「災後」なのである。

政策アイディアとしての「復興」
——第一の「災後」

(1)「災後」の「復興」

グローバル化が本格的に進行した冷戦終結後に起こった巨大災害としての阪神・淡路大震災を経て、

現代的な意味での「災後」が始まった。二〇一一年の東日本大震災は、一面でその「余波」であり、他面で新しい「災後」の始まりでもある。一九九五年以降を「第一の災後」とすれば、二〇一一年以降は「第二の災後」といえる。

グローバル化と災害が生み出す「余波」がもっとも端的に表れるのは、政治であり、政治を駆動する政策である。そして、「第一の災後」は、何よりも災害からの「復興」の意味を問い直す時代であった。そこでは、関東大震災以来の「復興」という政策アイディアが、改めて幅と厚みを備え始めたのである。これに対して、「第二の災後」では、そうした政策アイディアを実施する制度としての国家の役割が問い直されつつある。二つの「災後」の分水嶺は、政策アイディアから国家のガヴァナンスへの重点の転換なのである。

そこで「第一の災後」を特徴づけるため、そこで「復興」という政策アイディアがどう発展したのかを振り返ってみたい。

バブル経済の崩壊後、一九九〇年代は日本経済が停滞し、「失われた一〇年」などと呼ばれた。しかし、この一〇年間は災害の連続、そして地域紛争後の「復興」支援に明け暮れた一〇年でもあった。また、日本がイニシアティヴをとった結果として一九八七年の国連総会で一九九〇年からの一〇年を「国際防災の一〇年」とすることが決定され、一九九四年には横浜で、二〇〇五年には神戸で国連防災世界会議が開催された。つまり、「失われた一〇年」・「国際防災の一〇年」は、『復興』の一〇年」でもあった。この流れを通じて、第一の災後特有の「復興」とグローバル化の中で、世界の「復興」とに尽力する日本の自画像が描かれたのである。

そもそも「復興」という政策アイディアを最初に唱えたのは、関東大震災後の後藤新平内務大臣である。関東大震災後の「復興」過程の最初の局面を主導した後藤は、政治活動と言論活動を並行させることで、巨大自然災害後の「復興」を特色づけた。

第一には、「復興」過程の例外性と緊急性である。

政府は突然の異常事態に直面し、同時に多数の案件を処理する必要に迫られる。その過程全般を「復興」と呼ぶことができるのである。

第二に、「復興」とは、再建の水準を災害以前への「復旧」よりも高度なものとすることが願意である。

後藤は「二百万市民ニ告グ　山本内閣入閣ノ情由ト復興計画ニ対スル所信」の中で、震災対策の変遷を次のように簡潔に要約した。

山本内閣ハ第一救護、第二復旧、第三復興ノ方針ヲ貫徹スルニ努メ、連日閣議ヲ開キテ寸時ノ閑隙ナク、殆ンド寝食ヲ忘レテ事ニ当レリ。

この表現に見られるように、「寸時ノ閑隙」ない状態で「復興」は進められる。しかも、震災直後の「救護」段階は、原状回復としての「復旧」を経て、より長期的な計画として「復興」の段階へと移行していくのである。

第三には、「復興」という理念は、関係者が包括的に協力するという政治統合を指す。しかも、関東大震災以来、この関係者は国際社会へも及んでいくものであった。これにより、「復興」の理念は事件に無関心な集団を生み出さない機能を果たすのである。

震災当時、第一次世界大戦後のヨーロッパ諸国の再建すなわち「復興」が課題となっていたことは広く日本でも知られていた。後藤はこうした状況をにらみながら、総合雑誌にその『復興』論」を寄稿し、広くその政策理念を喧伝した。

先づ有形三十五億の損害は、世界各国の同情に頼り、世界の金をもつて、改造（レコンストラクション）の実を挙げ得るものと信ず。

このように震災復興は世界の課題であると説くことで、「復興」という言葉は当時の流行語になっていく。「自力復興」「精神復興」「文化復興」などといった言葉が当時の雑誌の誌面を踊っていったのである。

第四には、「復興」は、太平洋戦争以後、「戦災復興」という一連の都市再建と経済再興とに転用された。そこでは、「復興」は、戦争の惨禍を克服する「平和」シンボルと密接に結びついた。

以上四要素を持つことによって、二〇世紀の日本において「復興」は、突発的な災害・戦災(disaster)後の政策を包括する言葉として機能してきた。この上に立って、一九九五年以後の「第一の災後」では、災害法制の整備、海外での自然災害への自衛隊派遣、地域紛争への復興支援という各局面で、従来の発想を超えた政策革新が図られたのである。

(2)災害法制の再編

まず災害法制の再編について触れたい。災害法制は一九六〇年代に骨格を形成したまま、大きな変更を加えることなく阪神・淡路大震災を迎えた。その特徴は、一九六一年に伊勢湾台風を契機に制定された災害対策基本法を中心に、多くの個別措置法が蓄積されている点である。

ところが、一九九〇年代に入ると、制度の再設計を促す大災害が頻発した。一九九〇年の雲仙普賢岳噴火、一九九三年の北海道南西沖地震と津波の発生、一九九五年以後の一連の地震と風水害である。これらの災害から、首都直下型地震や東海大地震などが発生した場合の被害規模を予測し、対応策を講じるべきではないかとする気運が高まった。

そして都市直下型地震として人的・経済的被害が甚大であった阪神・淡路大震災は、従来の復興法制を刷新させたのである。

第一に、内閣レヴェルで復興委員会が設置された。村山富市内閣の与党であった自民党内で検討された復興院設置構想は、政府側から封じられ、替わって首相を本部長とする阪神・淡路復興対策本部とその諮問機関としての阪神・淡路復興委員会が設置され、復興計画を検討したのである。

第二に、自衛隊の出動の必要性とそのための手続の整備がはじめて本格的に議論された。阪神・淡路大震災では、被害の全容を自治体がつかめないために自衛隊の出動要請が遅れ、結果として犠牲者が増えた可能性が高いことが強く批判された。以後、都道府県のみならず市町村から直接出動要請する手続が整備されるなど、制度改正がなされていく。

第三に、新規の立法である。地震防災対策特別措置法や被災者生活再建支援法などが制定され、大規模地震対策特別措置法をはじめいくつかの関係法の改正がなされた。とはいえ、災害対策基本法の構成は、復旧に対する政府支援であって、復興についてはほとんど具体的な規定を設けていない。復旧までを基本法で、個別災害の復興については特別措置法で対処するという方針が貫かれて現在に至っている。

(3)外国災害の「復興」支援

次に、国内で変容を遂げた「復興」の政策スキームは、国外での災害に対する能動的関与を通じて国際化を遂げていった。

一つの柱は国際緊急援助法に基づく対外支援である。一九八七年に制定された国際緊急援助隊の派遣に関する法律は、一九九二年に改正された。それは国際平和協力法の制定による自衛隊のPKO参加と並行して、自然災害に対しても自衛隊派遣を可能とするためであった。当時の担当者によれば、「国際平和協力法の成立前には、たとえば地震、洪水、あるいは人為的な事故などについては、緊急援助隊法のもとでいろいろな緊急援助をやっていたんです。災害の場合にも、自衛隊を使えばいろいろな仕事ができることはわかっていました。しかし、そのためであっても自衛隊の海外派遣には反対だという勢力が非常に強かったので、緊急援助隊法では自衛隊を使えない状態だった」という(柳井俊二外務省総合外交政策局長発言(「鼎談・日本の国際協力法を考える」『外交フォーラム』一九九五年三月号)。制定後はじめてこれに基づいて自衛隊が派遣されたのは、阪神・淡路大震災後の一九九八年にホンジュラスに対してであり、ついで二〇〇四年末に発生したスマトラ島沖地震に対してであった。以後もパキスタン、ハイチの地震・洪水被害などに対して自衛隊は国際緊急援助活動に従事している。

もう一つの柱は、一九九〇年以後の「国際防災の一〇年」である。日本は、世界的にみても自然災害多発国であり、それゆえの防災先進国として、一九八九年には総理府に「国際防災の一〇年推進本部」を設置した。一九九四年には横浜で国連防災世界会議が開催され、「より安全な世界に向けての横浜戦略」を採択し、防災における復興の役割が強調された。この半年後に阪神・淡路大震災が発生した。一〇年後の二〇〇四年に、日本は国連総会で再度防災会議の開催を提案し、決議での採択を受けて、神戸で国連防災世界会議を開催し、横浜戦略の見直しを行ったのである。

(4)「平和構築」における「復興」支援

こうして国際化を遂げた「復興」の政策スキームは、冷戦終結後の国連の「平和構築」の政策と呼応していった。一九九二年のガリ事務総長が提出した『平和への課題』で付加的に言及された「平和構築(peace-building)」は、二〇〇〇年のブラヒミ・レポートにおいて、紛争後の“reconstruction”への着目へと重点を移していった。この概念は、日本の「国際貢献」の施策と呼応しつつ、「平和」シンボルと親和性をもつ「復興」と訳され、定着していったのである。

一九九〇年代の地域紛争への復興支援は、湾岸戦争への戦費調達と、これと並行して進められたカンボジア和平を出発点とした。資金援助や生活環境の再建、法令整備や教育制度の再構築など多岐にわたる復興支援が行われた。

そもそも、冷戦終結後の大規模地域紛争として、日本が最初に関与した事件は、いうまでもなく湾岸戦争であった。周知の通り、日本政府は、「多国籍軍への支援」に、イラクのクウェート侵攻後一〇億ドルの資金提供を決定し、さらに湾岸戦争の開戦後アメリカの追加支援要請に応える形で九〇億ドルの支援を決定した。しかし、支援決定に至る政府内調整に時間をかけすぎた結果、支援内容の発表後に停戦となったのである。そこで政府が考え出したのは、戦費調達としてではなく、「復興」支援の九〇億ドルであった。宮澤喜一蔵相の唱えた「平和復興基金」への支出構想は、最終的には「湾岸平和基金」への支出に結実した。これは湾岸戦争直前の一九九〇年秋に、主に米軍を中心とする多国籍軍や復興支援のための日本からの資金の受け皿として、アラブ首長国連邦など湾岸六カ国で構成する湾岸協力会議(GCC)内に設置されたものであったが、米軍に対する直接の支援は国内世論の反発を招きかねないとの政府判断で、同基金を経由した資金拠出となったのである。すなわち、名目は「平和復興」であるが、実際には、米国など多国籍軍の構成国に支払われたのであった。

そして、湾岸戦争とほぼ同時期に進行していたのが、カンボジアでの和平プロセスであった。ベトナム戦争でアメリカが、中越戦争で中国が武力介入に失敗し、一九九一年にはソ連が消滅する状況下で、日本は経済援助によって東南アジア諸国に対して相対的に高い発言力を確保していた。そのため、和平プロセスにも能動的に関与し、一九九二年六月には東京でカンボジアの「復興」に関する閣僚会議を開催し、「復興」への支援を打ち出していく。そして、湾岸戦争後に国際平和協力法が成立すると、最初のPKOを同地域に派遣した。この湾岸戦争・カンボジア和平が同時に並行する過程によって、「復興」が支援策のシンボルとして登場するのである。

このような意味での「復興支援」は、阪神・淡路大震災を経て、二〇〇一年の同時多発テロ事件が勃発することによって、さらに政府の対外政策の中核に取り入れられた。アフガニスタン戦争後のアフガニスタン復興支援国際会議では、日本は議長国となり、イラク戦争後の「復興」過程では、国連安保理決議を受けて人道支援の立法として、イラク復興支援特別措置法を制定し、サマーワに自衛隊を派遣したのである。

こうして、一九九五年以後の「第一の災後」では、グローバル化の進展に伴い、阪神・淡路大震災からの「復興」施策と、世界各地の大規模自然災害からの「復興」支援、世界各地の紛争地域における紛争後の「復興」支援とが結びつき始めた。「復興」の政策が国際化とともに多様化したのは、第一の災後の大きな特徴であった。

第二の「災後」——「国家」のガヴァナンス

(1)「グローバル・ガヴァナンス」と統治構造改革

そして、二〇一一年の東日本大震災は、「第一の災後」とは異なる変化を日本の政治・行政に与えた。この「第二の災後」の特徴は、「第一の災後」と並行して進んだ統治構造の「改革」であった。

「第一の災後」の時代の統治構造改革の主たる理念は、冷戦終結後に強く主張された「グローバル・ガヴァナンス」であった。国際災害対策にせよ、紛争地域での復興支援にせよ、冷戦後の国際的課題として、国連が課題設定の重要な場となっていた。国際的な政策課題を解決するための枠組みは「グローバル・ガヴァナンス」であり、その鍵は、国際機関と地域、企業、NPOとが多様な形で結びつくことにあるととらえられていった。日本では、阪神・淡路大震災の復旧・復興でボランティアが大きな役割を果たした。以後NPO関係法の整備が進み、政策決定と執行におけるNPOと行政の協働は二〇〇〇年代の大きな課題となっていった。

これと軌を一にする形で、阪神・淡路大震災以後、地方分権改革、省庁再編、日銀改革など金融制度改革、司法制度改革といった統治構造改革が進んだ。いずれも、国家機能を縮減し、地方自治体や司法権など機関の自治・独立性を強化する改革であった。それは、一九九三年の細川護熙非自民連立内閣の成立と、一九九四年の村山自社さ連立内閣の成立という二つの「政権交代」の結果、自民党長期政権を支えた制度を再点検しようとする改革であった。もちろん、橋本龍太郎内閣の省庁再編には、内閣機能の強化という、後の「官邸主導」の基盤を整備する要素が含まれていたが、独立行政法人の導入など行政のスリム化もまた主たる改革潮流であった。一九九八年の参議院選挙における自民党大敗によって、自民党が参議院で過半数議席を失うと、小渕恵三内閣は金融再生関係法の成立のため、民主党に大きく譲歩を余儀なくされたが、この「金融国会」では、自民・民主の若手議員が交渉に深く参画し、議員立法を目指した。そこでは、新しい世代の議員たちによる国会主導の行政へのコントロールが企てられていた。官僚不祥事が相次いで露見し、官僚バッシングが吹き荒れたのもこの時期である。こうして、「第一の災後」は、国家の役割を相対化し、統治構造における中央官僚主導の政策形成を脱却するという様相を次第に濃厚にしたのである。

だが、二〇〇八年のリーマン・ショックによって、世界金融危機が顕在化し、世界的な景気後退が生まれた。主要国は財政出動によって当面の景気後退を阻止しようとした結果、深刻な財政危機に直面した。さらには連鎖的な財政破綻を招かないために、EU内ではギリシアなどの債務危機に対して国際的な枠組みで支援を図る措置がとられた。世界経済を牽引するために巨大な公共投資を投下した中国はインフレと不良債権の処理に苦しみ始めた。また金融機関への国際的な規制のあり方についても各国間で検討が続けられている。結果として、冷戦終結後からリーマン・ショック以前に看過されていた国家の役割に、再び注目が集まるようになった。

こうした状況を反映して、ガヴァナンス概念についても新しい理論的変化が現れた。冷戦後、国家による「統治」ではなく、国際機関・企業・NGO・地域コミュニティなどが多様に結びつくことで問題を解決すべきことを強調していたイギリスの政治学者M・ビーヴァは、二〇一二年の著書の中で、ガヴァナンスにおける「国家」の役割を重視するように重点を変えている。

まず強調されるのは、国家間紛争の減少と国内紛争の激化である。冷戦後、軍事的衝突に代表される国家間紛争が顕著な特徴ではなくなった反面、組織犯罪に代表されるグローバル化された世界の矛盾が国内に持ち込まれ、国内の利害対立が先鋭化した。その結果として、国家が国際レヴェル、地域レヴェルの枠組みを活用しつつ、紛争解決を図っていく。

もちろん、国家は、規制緩和・民営化・地方分権化など他の団体に権限を委譲する改革を経て、役割を変化させてきた。だが、それは国家の守備範囲の縮小を意味しない。現在では、国家は、諸々の団体によって構成されるネットワークを操縦する中心的な調整者となっている。だが、この調整のスタイルは、グローバル化に伴う内外の環境の急速な変化に伴い、様々に形を変える。もはやその主要な特性なるものは存在しない。国家権力は、日常的な執務状況が広く変化する中で、多様な形で作り直され、交渉や競争の相手とさせられているのである。

(2)「第一の災後」の民主党政権

このように、国家の役割が再評価されつつある状況の中で生じたのが、二〇〇九年の民主党政権であった。その特徴は、「第一の災後」を忠実に受け継いで、官僚主導の政策形成を可能な限り抑制しようとしたことである。いわば国家機構の徹底した分解が企てられたと言えるであろう。鳩山由紀夫首相は政権発足直後の一〇月、国会での所信表明演説で、かつての後藤新平さながら自然災害からの復興と国際的支援を謳い上げている。

> 地震列島、災害列島といわれる日本列島に私たちは暮らしています。大きな自然災害が日本を見舞うときのために万全の備えをするのが政治の第一の役割であります。また、同時に、その際、世界中の人々が、特にアジア近隣諸国の人々が、日本をなんとか救おう、日本に暮らす人々を助けよう、日本の文化を守ろうと、友愛の精神を持って日本に駆けつけてくれるような、そんな魅力にあふれる、諸国民から愛され、信頼される日本をつくりたい。これは私の偽らざる思いであります。

このくだりを受ける形で、翌年一月の施政方針演説では、阪神・淡路大震災後一五年という節目であったことをふまえつつ、政権の唱える「新しい公共」が阪神・淡路大震災を基点としていると宣言している。

あの十五年前の、不幸な震災が、しかし、日本の「新しい公共」の出発点だったのかもしれません。今、災害の中心地であった長田の街の一画には、地域のNPO法人の尽力で建てられた「鉄人28号」のモニュメントが、その勇姿を見せ、観光名所、集客の拠点にさえなっています。いのちを守るための「新しい公共」は、この国だからこそ、世界に向けて、誇りを持って発信できる。私はそう確信しています。

政権が当初掲げた、「地域主権」、「新しい公共」といった地方自治体やNPOの重視は、「脱官僚」という標語と相俟って、官僚が支配する「国家」の役割の徹底的縮小を目標としていた。それを世界からの「支援」を受けつつ、「世界に向けて」発信するという形で、グローバル化された世界と結びつけていくというのは、典型的な「第一の災後」の言説である。しかも、「脱官僚」を掲げた政権は、大臣・副大臣・大臣政務官という政務三役による政策形成を目指していた。国家の役割を縮小させた上での、政治家というアマチュアによる政策形成は困難を極め、政策立案作業は概ね停滞していった。

(3)東日本大震災によるガヴァナンスの転換

しかしながら、このような政権下で勃発したのが、二〇一一年三月一一日の東日本大震災であった。ここで政権が直面した課題は、「国家」が牽引する復旧・復興であった。当時の菅直人首相は、「政権運営を牽引する機関車は一つでは足りない。こちらの旗印が行き詰まれば次はこれ。それもダメならあの政策課題。次々に攻めて出て、求心力を維持せねばならない」と口にしていたという。そのため、消費税率引き上げ、TPPなどの政策課題に次々と飛びついては決定を先送りしていた菅首相は、発災後、震災復興とりわけ福島第一原発事故への対応に全力を注いだ。他方、被災地の復興では、政治からの関与が薄い中で、再び官僚が能動的に政策形成に従事し始めた。各府省連絡会議として事務次官等会議が復活したのはその象徴的事例である。こうして、東日本大震災は、日本において「第一の災後」から、国家の役割が再強化された新しいガヴァナンスへと軸足を移す役割を担った。これこそ、「第二の災後」なのである。

震災後の国家の役割が強く認識されたのは、自衛隊の活動であった。すでに「第一の災後」から、初動段階での自衛隊の役割が再認識されていたが、北海道から関東沿岸を津波が襲った広域災害に対しては、自衛隊の救急・復旧への寄与は極めて大きかったのである。

しかし、ビーヴァが指摘しているように、国家が中心的主体だとはいえ、ガヴァナンスの強力な調整者となるという点で、国家自体が変容し始めた点も見逃せない。その兆候は、震災後の復興過程に、前例とは大きく異なる性格を持つ機関が設立された点に表れている。

第一には、復興計画を立案する機関として設置された東日本大震災復興構想会議である。阪神・淡路大震災では、官僚経験者など実務家をメンバーとする復興委員会が設置されて復興計画を立案した。これに対して復興構想会議では、委員から官僚経験者は排除され、実務的観点の乏しい文化人が多数起用され、会議はしばしば数時間を超えて迷走した。他方、会議の下部機関として一九名からなる検討部会が設けられた。ここでは、防災の専門家に加えて、比較的若い世代のオピニオンリーダーも任命された。通常の部会のように、専門領域ごとに縦割りになるのではなく、部会長を中心にテーマごとに関係省庁が集められた「ワークショップ」において具体案が作成され、それについて全員で討議する場となった。ここでの案をもとに復興構想会議は、『復興への提言』を決定した。これらは、従来の日本政治においては異例な決定過程であった。

第二には、復興庁である。復興を推進する機関として、当初は内閣府に復興庁を設置する方針であったが、議員立法による修正を経て、府省と並んで内閣の下に置かれる機関として発足した。担当閣僚は、復興庁長官ではなく、「復興大臣」とされた。しかも、議員立法によって、復興庁から各省に対する勧告を各省は尊重する義務があるものと新しく規定された。いずれについても前例を見ない機関として発足したのである。

第三には、原子力規制委員会である。福島第一原発事故への対応が極めて不十分であった反省から、民主党政権は、経済産業省原子力安全・保安院と内閣府原子力安全委員会を統合し、原子力安全規制を原子力推進から切り離して一元化する組織再編を行った。政権は当初、経済産業省から保安院を切り離して、環境省の外局として原子力規制庁を置く原案を作成したが、自民・公明両党の要求に従って、国家行政組織法第三条に基づく独立性の強い委員会として、原子力規制委員会を設置し、委員は国会によって選任されるものとした。

第四には、国会事故調査委員会である。かつて第一次鳩山一郎内閣が発足したときに、鳩山首相は施政方針演説で、「国会に、学識経験者その他国民各層代表者の参加を求め」た「憲法調査審議機関」を設置すると述べた。だが、この方針は後に内閣に「憲法調査会」を設置する方向へ転換した。その理由は、議員以外の者を集めた委員会を国会に設置することが、「明治この方ない」ためとされたのである。こうして、有識者会議を内閣に設置することが慣例であったのに対して、福島第一原発事故に際しては、政府の事故調査委員会と並行して、国会にも独自の事故調査委員会が設立された。この設置に対して積極的に行動したのは、かつての金融国会で与野党修正協議の前面に立った自民党の塩崎恭久らであった。ここでは、会議を原則公開とし、政府及び東京電力に対して意見聴取と資料提出を要求できる権限を持った。

(4)「第二の災後」における地方自治体とNPO・NGO

中央の行政府・立法府の変化だけではなく、地方自治体間の新しい連携の試みも「第二の災後」の特徴である。

とはいえ、連携を進める中心的アクターの一つは総務省であった。総務省は、三月の早い時期から、全国知事会、全国市長会、全国町村長会と連携して、被災自治体からの人的支援の要望に応じて都道府県・市町村から職員を派遣するスキームを構築した。他方で、個別の自治体間での相互応援協定、姉妹都市・友好都市協定にもとづいた派遣や、先遣隊が被災地を巡回してニーズを把握し、派遣を決定するなど多様な相互連携によって支援が行われた。

また市町村レヴェルでは、広域にわたる被災地支援構想として、岩手県遠野市は、震災前より「後方支援拠点構想」を作成し、岩手県沿岸自治体が津波被害を受けた場合を想定して、物資輸送の拠点たるべく事前に準備を行っていた。県消防防災課長として地震による津波発生の事態を危惧していた市長のイニシアティヴで、沿岸自治体から直線距離にして五〇キロメートルに位置しているという地理的条件を生かし、県内八市長による協議会を設立し、県、市、自衛隊などと防災訓練を実施していた。そのため、東日本大震災に際して、大槌町住民からの最初の情報に基づき、救援物資輸送にすぐに着手し、全国から集まるボランティアに施設を開放し、その拠点となった。

他方で、県レヴェルでは、被災県は広域防災拠点を整備する方向を打ち出した。岩手県は復興計画の中に「(仮称)広域防災拠点整備事業」を挙げている。また宮城県は、三本木に「中核的広域防災拠点」を設け、岩手県遠野市の「広域防災拠点」とあわせて、宮城から岩手にかけての物資輸送ルートを確保することを国に要望した。

さらに、関西の二府五県から構成される関西広域連合は、連合長が阪神・淡路大震災に見舞われた兵庫県知事であることから、……

庫県知事であったこともあり、地震発生後から独自の支援策を打ち出した。一つには、三月一三日の「緊急声明」、四月二八日の「第二次緊急提言」といった国・関係自治体への政策提案である。二つには、被災地のニーズにきめ細かく対応するため、「カウンターパート方式」と銘打って広域連合を構成する府県を被災三県に割り振り、それぞれが現地の状況に即した支援を進めた。総務省と全国知事会による応援よりは、下位レヴェルで実効的な支援を進めるために、広域連合がニーズ把握の調整に従事したのである。

いうまでもなくNPO、NGO、ボランティアの役割は以前に増して大きかった。むろん、NPO・NGOは、被災者にきめ細かく対応できる点で、震災直後のみならず復興の長い過程で様々な新しい問題に向き合う被災者に寄り添い続けることができ、十年を超える長い期間を通して活動を評価しなければならない。だが現段階では、当初被災地が交通の途絶した沿岸部に集中していたためにボランティアの参加が少なかったものの、阪神・淡路大震災と比べて長期にわたって継続的に参加数が高いこと、平常時は参加の難しい就業者が加わっていること、肉体労働・写真の汚れ取り・被災地産品応援セールなど支援内容が多様化していることが指摘されている。また、従来国内の災害支援に携わっていなかった国際協力NGOが素早い初動で支援を開始したことも特筆すべきであろう。

確かにこうした民主党政権下での新しい試みが今後定型化された決定様式として根付くとまでは言えない。震災後試みられた地方自治体間の連携も、当面の復興過程限りであろう。それはまたNPO、NGO、ボランティアも同様である。

しかし、今後の二一世紀の世界と日本で、パターン化された決定方式を固定化することが問題処理のために有効であるとは到底考えられない。課題に応じて柔軟にスキームを編成し直して、解決に携わるスタイルこそが求められているとも言えるであろう。

こうして、「第一の災後」では、「復興」の政策アイディアが拡大して国内社会と国際社会を結びつけ、「第二の災後」では、国家を介してその紐帯をより政策の実効度を高める方向へ転換し始めた。さらには、「第一の災後」では、国家を分解し、それぞれが自立することで、国際社会と連携するような意味での「グローバル・ガヴァナンス」が模索されたとすれば、「第二の災後」では、一度は分解された組織単位を、危機の緊急度に応じて結びつけ、また新たな問題に応じて柔軟に新しい組み合わせで結び直すスタイルが生まれつつある。その際に全体を俯瞰する地点にいるのは、まずは国家であることもほぼ疑いがないのである。

国家の強化と被災経験をつなぐ地下水脈

しかし、こうした国家中心のガヴァナンスは単線的に再構築されるわけではない。迷走を続けた民主党政権から政権を奪還した第二次安倍晋三内閣は、震災復興から経済政策と安全保障に軸足を移し、

「国家」の強化を図ろうとしている。それは、一面では「第二の災後」における調整型の「国家」の再建とも見えるが、他面では、官邸中心の剝き出しの権限強化であり、「第一の災後」以前の旧来型「国家」への回帰であるようにも見える。

だが復興庁によれば、東日本大震災では、二〇一三年一一月現在約二八万人の避難者がいるという。住み慣れた家と故郷を離れた人々が生活再建という困難な課題に向き合っている。比喩的に言えば、「仮設のまち」に暮らす多数の人々が不安感を抱えているのである。

震災の記憶の風化となりふり構わない国家の強化に対して、被災者は置き去りになるのだろうか。だが、ここで見てきたように、グローバルにも一国内でも災害が続くとき、被災地と被災者は次から次へと経験を譲り渡していく一方で、政策アイディアや制度の枠組みもこれと並行して改変されていく。「災後」自体は多様な様相を帯びるが、比較的目に入りやすい政府の政策決定と制度改変の過程とは別

に、様々な地下水脈を通じて被災経験は伝えられていく。この多重のコミュニケーションの過程こそ、「災後」を特徴づけているのである。

東日本大震災の被災地の大学で勤務していた私の狭い経験でも、大学を離れて何年も経っていた卒業生から突然一通のメールが送られてきたことがある。九州の行政機関に勤めているその卒業生は、宮城県の被災自治体に庁内公募で復興支援業務に就くことになったと報告した文面にこう書き添えていた――「道路管理業務を担当しております。局地的な豪雨災害、口蹄疫、鳥インフル、火山噴火等の災害はもとより道路管理に『閉店時間』がない」、それが近況だというのである。過酷な自然災害を前に日々業務を続けていた一青年が自ら志願して復興支援に携わろうとする点は、紛れもなく被災地と被災地の間を脈々と流れる水脈のありかを示している。日々大学の復興に思案していた当時の私は、こうした便りに深く心を揺り動かされたのである。

貧困と独裁政権による弾圧を逃れてアメリカに在住するハイチの作家エドウィージ・ダンティカは、政権による苛烈な弾圧、九・一一の同時多発テロ、ハリケーン・カトリーナ、二〇一〇年のハイチ大地震を我がこととして振り返る。そして、「移民としても芸術家としても」、「私の国は、いま第十番目の県と呼ばれているものだ」と感じていると述べている。

ハイチは地理上は九つの県に分かれており、第十番目は漂っている故国、観念的な故国で、ハイチの外で生きているすべてのハイチ人を、ディアスポラのなかで結びつけるものだった。

長期避難を続ける人たちは、それぞれかつて住み慣れたまちを思いやる。確かにそうしたまちは一つ一つ相貌を異にする。だが、思いやる気持ちを被災者同士、さらには被災していない人々も重ね合わせることができるはずである。そこから浮かび上がるふるさととは、ちょうど四七ある現在の都道府県の外にある四八番目の県として、重なり合っていくとは言えないであろうか。絆とは、単に思いやる気持ちを指すだけではない。ふるさとへの想いを媒介に流れ出す水脈なのである。

空想の地図でもう一つの県を思い描き、その重ね書きによって次第にふるさとの輪郭がはっきりと形をなすとすれば、それは復興の風化や旧来の国家の強化に抗する力となるだろう。「第二の災後」が今後いかなる姿を呈するかは、過去と将来の被災地の間の水脈作りにかかっている。現在流れている水路の先を確かめつつ、将来に向けて掘り進める地道な営みは、災害を受けた日本の各地で続いている。

Masatsugu Ito
伊藤正次
首都大学東京大学院社会科学研究科教授

多重防御と多機関連携の可能性

東日本大震災は、人類史上前例のない人口減少・超高齢社会に突き進む日本の中でも、その最前線に置かれた地域を襲った。

これまでも我々は人口減少と高齢化に対応するため、とくに一九九〇年代以降、さまざまな制度改革を試みてきた。行政や地方自治の分野では、人口減少・超高齢社会を持続可能なものにするため、できるだけ無駄をなくし、効率的な体制をつくることを目指して改革を行ってきた。

しかし、こうした改革の方向性は、はたして正しいものだったのだろうか。東日本大震災を機に、これまでの行政・地方自治のあり方を、一度立ち止まって考え直す必要はないだろうか。

以下では、「災前」から続く地域社会の長期トレンドを踏まえ、東日本大震災が突きつけた課題を明らかにした上で、「災後」日本の自治・行政の新しい方向性を探ることにしたい。

地域社会の変貌と行政対応の課題

人口減少・高齢化に直面する地域社会

国立社会保障・人口問題研究所（社人研）が公表した『日本の将来推計人口（平成二四年一月推計）』によれば、日本の人口は二〇一〇年国勢調査による一億二八〇六万人から、二〇四八年には一億人を割って九九一三万人となり、二〇六〇年には八六七四万人と、現在の約三分の二の水準まで減少する（出生中位・死亡中位推計による。以下同じ）。同時に、二〇六〇年までに老年人口（六五歳以上人口）は二九四八万人から三四六四万人へと一七・五％増加することが見込まれており、老年人口割合は、二〇一〇年の二三・〇％から二〇六〇年には三九・九％へと五〇年間で一六・九ポイント増加すると推計されている。

また、社人研の『日本の世帯数の将来推計（全国推計）（平成二五年一月推計）』によれば、二〇一〇年から二〇三五年にかけて、全世帯主に占める六五歳以上世帯主の割合は三一・二％から四〇・八％に増加する。さらに同期間において、世帯主が六五歳以上の単独世帯は五三％増加し、高齢単独世帯が我が国の世帯の一般的なあり方として定着していくことが想定されるのである。

こうしたトレンドは、東日本大震災の被災地をはじめとする地方圏（東京圏、関西圏、名古屋圏の三大都市圏を除く地域）においてとりわけ深刻である。社人研の『日本の地域別将来推計人口（平成二五年三月推計）』によれば、すでに減少傾向にある被災三県（岩手、宮城、福島）の人口は、二〇一〇年時点の五七一万人から二〇四〇年には四四〇万人へと二三・〇％減少する。二〇一〇年から二〇四〇年にかけての老年人口割合は、岩手県が二七・二％から三九・七％、宮城県が二二・三％から三六・二％、福島県が二五・〇％から三九・三％へとそれぞれ上昇することが見込まれている。

他方、三大都市圏は、人口減少の趨勢は緩やかであるものの、今後急速な高齢化に見舞われる。同じく社人研の『日本の地域別将来推計人口(平成二五年三月推計)』によれば、二〇四〇年の老年人口を、二〇一〇年の値を一〇〇としたときの指数でみると、沖縄県のほか、埼玉、千葉、東京、神奈川、愛知、滋賀の各都県で指数が一四〇以上となる。それでも大都市圏の老年人口割合は地方圏に比べて相対的に低いが、たとえば二〇一〇年から二〇四〇年にかけて東京圏の一都三県では老年人口が約三八八万人増加するなど、今後大都市圏は大量の高齢者を抱えることになる。

東日本大震災が突きつけた課題

こうした人口減少と高齢化が、社会保障や医療にかかる財政的負担の増大を招き、日本経済の成長可能性を著しく減殺することは明らかである。また、とくに地方圏においては、人口減少と高齢化により地域経済の自立性とコミュニティの存立基盤が大きく損なわれる可能性が高い。大都市圏では、既存の社会資本ストックの老朽化や低頻度大規模災害への対応に加え、絶対量が増加する高齢者に対する各種施策が求められる。そのため、これまでも地域における人口減少と高齢化を見据えて各種の改革が試みられてきた。

第一に、自治の単位や生活空間を集約化する取り組みが行われた。市町村の財政基盤を強化するため、前世紀末から展開された「平成の大合併」の結果、一九九九年四月時点で三二二九あった市町村数は一七一九まで減少した(二〇一三年一月現在)。小泉内閣以降、都市再生、地域再生、中心市街地活性化、構造改革特区等に関する施策が展開され、「選択と集中」を通じた地域活性化が試みられている。

第二は、自治体行財政の効率化を目的とした改革である。小泉内閣の下で進められた「三位一体の改革」、すなわち国から地方への税源移譲、国庫補助負担金の削減、地方交付税の見直しを一体で行う改革により、自治体にはこれまで以上に効率的な財政運営が求められることになった。二〇〇五年度から二〇〇九年度にかけて行われた「集中改革プラン」に基づく行政改革の結果、自治体の職員は七・五％削減された。

第三は、国と自治体、あるいは自治体間の権限重複と無駄を排除する改革である。とくに第一次安倍内閣以降の地方分権改革では、国と自治体、さらには自治体相互の役割分担を明確化し、国と地方を通じて重複や無駄を排した行政体制を構築することが目指されている。住民に身近な基礎自治体である市町村に対してできるだけ権限移譲を行う「基礎自治体優先の原則」が掲げられるとともに、国と自治体、あるいは都道府県と大都市の「二重行政」の無駄を排除するために、出先機関改革や大都市制度改革が提起されたのである。

しかし、こうした集約化・効率化・重複排除を基調とする改革路線は、東日本大震災によって部分的に再考を迫られつつある。

「平成の大合併」は、沿岸被災地と後背地が合併していた自治体においては復旧・復興にプラスに働いたとも評価されているが、旧市町村単位のコミュニティ機能を失わせ、復興の妨げになっているとの見解もある。また、とくに東京電力福島第一原子力発電所の事故により避難指示区域に指定された自治体等では、住民の避難・流出により、コミュニティの維持自体が困難となる事態が現れている。「集中改革プラン」による自治体職員の削減は、復興事業を担当する人員の不足という深刻な問題を生み出した。

さらに、復興政策の実施に際しては、国と市町村が直接交渉や対話を行う場面が増える一方、被災地の市町村の中には、発災時の初動対応や復旧・復興過程における県の役割を疑問視し、むしろ国の出先機関の迅速な対応を評価する向きもある。国・都道府県・市町村それぞれの役割分担については、国民健康保険の都道府県移管や、中山間地域・離島といった条件不利地域の基礎自治体に対する都道府県の補完をめぐる議論など、震災とは別の文脈でも再検討されつつある。しかし、国の機能の一部を都道府県に移管する出先機関改革は、少なくとも被災地においては喫緊の課題として受け止められなくなってきているといえよう。

　こうした状況を踏まえるならば、これまでの改革路線とは異なる視点から、日本の自治・行政のあり方を再検討する必要があるのではなかろうか。それはとりもなおさず、効率性と無駄の排除を追求してきた行政学の前提を問い直す試みでもある。ここでは、「多重防御」と「多機関連携」という二つのキーワードを通じて考えてみたい。

重複排除から多重防御へ

多重防御はなぜ必要なのか

　すでに述べたように、近年の地方分権改革では、国・都道府県・市町村それぞれの役割を明確化したうえで、「基礎自治体優先の原則」に基づき、市町村にできるだけ多くの権限を移譲することが模索されてきた。また、大都市と都道府県の「二重行政」を排除するために、広域自治体に大都市行政権限を集約する「大阪都」構想や、これとは逆に大都市の都道府県からの分離独立を目指す「特別自治市」構想が提起されている。

　これらの改革構想は、異なる行政主体間の権限重複をできるだけ排除し、行政主体間の関係を流線形状に配列することが望ましいとの発想に立っている。こうした発想は、行政の効率性と無駄の排除を掲げてきた伝統的な行政学の考え方とも合致している。

　しかし、こうした考え方に対しては、すでに一九六〇年代末から異論が提起されている。アメリカの行政学者マーティン・ランドーは、自らが搭乗した旅客機が方向舵の故障により空港に緊急着陸するトラブルに見舞われた際、機長から旅客機は故障をカバーする冗長設計がなされているとの説明を受けたことに着想を得て、行政における「冗長性」(redundancy)の意義を考察した。

　冗長性とは、信頼性工学や情報理論において用いられる概念であり、システムの設計に際して、システムの全部または一部が故障・停止しても稼働に支障を来すことがないように、予備のシステムまたはその一部を多重的に準備しているような状態、つまり「多重防御」を施している状態を指す。

伝統的な行政学では、所管領域の重複をできるだけ排し、類似の機能を統合し、行政組織を一元系統化(streamlining)することが、効率性の向上に資すると考えられてきた。しかしランドーによれば、行政機能の重複を完全に排除することはできず、一般的には無駄・無用と思われている冗長性を備えておくことにより、行政は、過誤(error)の発生を抑制してシステム全体の信頼性(reliability)を高めることができるという。実際、権力分立制や連邦制、二院制、大統領の拒否権、司法審査等、アメリカの統治構造を基礎づける制度は、組織の二重化(duplication)と重複(overlap)を前提としているが、ランドーは、こうした二重化や重複が組織間の相互調節と自己規制を促し、組織間競争を通じた行政の効率化や民主主義の制度的保障につながることを強調していた。

こうした冗長性・多重防御は、アメリカの統治構造にのみ観察されるものではない。

第一に、多重防御の発想は、歴史を振り返れば、統治の知恵として各所で取り入れられてきた。たとえば、共和政ローマの執政官(consul)は二名選任され、それぞれの執政官はもう一人の執政官の決定に対して拒否権を行使する権限が与えられていた。江戸時代の徳川政府は、要職を複数名任命する体制をとっていたが、寺社奉行や町奉行が採用していた月番制は、業務を時間的に分散させることで組織に対する負荷を低減させる工夫として理解することができる。

第二に、現代の行政においても冗長性・多重防御の確保が望ましい場面がある。たとえば、消費者相談や中小企業支援といった行政分野は、都道府県と市町村がともに担当しているため、無駄な二重行政として改革の対象となり得るが、適切な機能分担の下にサービス提供がなされるのであれば、行政主体の重複はアクセス・ポイントの拡充やセイフティ・ネットの確保につながり、サービス利用者の利益に資するとも考えられる。

第三に、冗長性・多重防御は、事故防止や防災、危機管理に際してフェイル・セイフ（fail safe）としてとくに重要な役割を果たしている。一九八六年に起きたスペースシャトル・チャレンジャー号爆発事故は、効率化を目指した連邦航空宇宙局（NASA）の組織改革が、組織内の意思決定の多重防御機能を低下させ、欠陥のあるシャトルの打ち上げを防げなかったことが原因であるとも分析されている。

このように、行政機能の重複を過度に排除せず、冗長性・多重防御の余地を残しておくことが、結果として行政サービス利用者の利益に叶い、行政の信頼性と安全性を確保することにつながる可能性がある。多重防御の発想は、東日本大震災に見舞われた日本の行政や地域社会にとっても重要な位置を占めている。しかし反面、実際に行政組織や各種施設を多重防御の発想に立って整備することには課題も多い。次に、東日本大震災との関連において多重防御の具体化に向けた課題を整理しておくことにしよう。

多重防御の課題は何か

冗長性・多重防御の確保の重要性は、東日本大震災からの復興構想においても注目を集めている。東日本大震災復興構想会議『復興への提言〜悲惨のなかの希望〜』（二〇一一年六月二五日）は、「多重化による代替性（リダンダンシー）」という形で次のように多重防御の重要性に言及している。

復興にあたっては、鉄道、幹線道路、公共公益施設、商業施設の移設・復旧等と連携した総合的な取組が必要である。さらに、広域的インフラについては、各地域の復興プランと十分に連携しながら、「多重化による代替性」（リダンダンシー）の確保という視点に留意しつつ、整備・再構築を図ることが重要である。（七頁）

また、幹線交通網については、今後とも、耐震性の強化や復元力の充実、「多重化による代替性」（リダンダンシー）の確保により防災機能を強化しなければならない。（三二頁）

また、国土審議会政策部会防災国土づくり委員会が二〇一一年七月にとりまとめた『災害に強い国土づくりへの提言〜減災という発想にたった巨大災害への備え〜』も、次のように多重防御の必要性を説いている。

（東日本大震災のような）広域的な災害においては多様な輸送モード間の広域的な代替性・多重性確保の重要性が再認識された。今後は円滑な代替性・多重性確保に向けて、大規模かつ広域的な被災を想定し、施設管理者、交通事業者等の民間事業者、地方公共団体など多様な関係者の連携による災害時輸送に係る事前の計画策定が重要である。その際、一定規模のブロック単位での検討およびブロック間の連携など広域的な観点に立っての検討が重要である。（一一頁）

地域ごとの特性を踏まえ、ハード・ソフトの施策を柔軟に組み合わせ、総動員させる「多重防御」の発想による津波防災・減災対策が必要となる。従来の、海岸保全施設等の「線」による防御から、「面」の発想により、河川、道路や、土地利用規制等を組み合わせたまちづくりの中での対策や、避難が迅速かつ安全に行われるための、実効性のある対策等、津波防災まちづくりのための施策を計画的、総合的に推進していくことが必要である。（一八頁）

これらの提言は、主に復興のインフラ整備の面での多重防御に焦点を当てるとともに、事故防止や防災、危機管理という分野の多重防御に力点を置いている。これは、多重防御がフェイル・セイフにつながるという観点からすれば、当然といえよう。

だが、事前の多重防御が危機時にまったく機能しなかったという実例を、東日本大震災に伴う福島第一原発の事故によって、我々は身をもって思い知らされることになった。福島第一原発では、本来多重防御が講じられているはずの電源が地震と津波によりすべて失われ、一〜三号機のメルトダウンという過酷事故が発生した。

原子力安全行政についても、一九九九年のＪＣＯ臨界事故の反省を踏まえ、経済産業省に原子力安全・保安院が新設され、規制機関と原子力安全委員会による「ダブルチェック」という多重化が図られてきたが、結果として原発の安全性と信頼性は損なわれた。規制機関である原子力安全・保安院が原子力行政の推進機関である経済産業省の下に置かれていることの問題点はかねてから指摘されていた。また、福島第一原発事故に際しては、原子力安全規制機関が分散配置されていることが、政府の初動対応に影響を及ぼしたとの指摘もあり、むしろ規制機関の一元化と独立化が求められるに至った。その結果、環境省の外局として原子力規制委員会が新設され、その事務局として原子力規制庁が設置されることになったのである。

このように、東日本大震災は、行政組織や施設の多重防御を乗り越えて福島第一原発事故を引き起こした。これは、組織社会学者のチャールズ・ペローが提唱したノーマル・アクシデント理論（Normal Accident Theory: ＮＡＴ）が想定していた事態でもある。

ペローは、スリーマイル島原子力発電所や石油プラント等の事故の分析を通じて、科学技術が高度に複雑化した現代においては、組織の部門や技術が緊密に連関し合うタイト・カップリングが存在するため、一部門の偶発的な事故が他部門に連鎖して破滅的な組織事故が発生するのは不可避であると主張した。こうした事故は、「通常」起こり得るがゆえに、「ノーマル・アクシデント」と命名されるのである。

その上でペローは、タイト・カップリングの存在する組織においては、ノーマル・アクシデントが発生する可能性があるため、冗長性・多重防御を確保したとしても組織全体の信頼性を高めることはできないと主張した。たとえば、いかに施設や装置の多重防御を確保したとしても、破滅的な危機が発生した場合、多重防御を構成するユニットのすべてが故障する可能性がある。これをNATでは「共通モード故障」(common-mode failure) と呼んでいるが、東日本大震災に伴う福島第一原発事故は、まさしくこの共通モード故障の典型例と位置づけることができよう。

このように、行政の多重防御は危機時において常に機能するとは限らない。また、平時において行政の冗長性・多重防御を確保しておくことのコストは無視できない。とくに国・地方の長期債務残高が一千兆円にも及ぼうとする我が国の現況からすれば、むしろ重複行政の無駄を排し、財政運営の効率化を進めることこそが喫緊の課題であるともいえるであろう。

しかし、だからといって行政における多重防御の意義を否定することはできまい。防災・危機管理行政においては、福島第一原発事故の教訓を踏まえ、これまでの多重防御に見落としはなかったかどうかを徹底して検証し、今後の組織設計に際しては、NATが強調する共通モード故障の発生を含むあらゆる場面を想定しなければならないであろう。また、平時における行政主体間の機能重複についても、行政コストの無駄を徹底して排除した上で、サービスの質の向上や職員の専門性確保等に資するのであれば、その利活用を図る余地はある。

財政的制約が存在することをあくまで前提としつつも、冗長性・多重防御の発想を平時・危機時の行政にとりいれ、その効果を絶えず検証していくことが、これからの日本の自治・行政に求められているのではなかろうか。

組織間競争から多機関連携へ

多機関連携はなぜ必要なのか

ランドーが批判的に検討した伝統的な行政学は、一九八〇年代に英語圏諸国で興隆した「新公共管理論」（New Public Management: NPM）によっても批判を受けた。民間企業の経営手法を行政の世界に導入することを提唱するNPMは、従来の行政学が前提としてきた行政のあり方を批判し、以下のような制度設計を志向する。

第一は、「競争」の強調である。従来の行政では、行政組織あるいは公社等の公的組織が、公共サービスの供給を独占的に行うことを想定してきた。これに対しNPMは、従来独占的な供給が前提とされてきた領域に、競争原理を積極的に導入しようとする。公益事業の民営化や官民競争入札の導入等の取り組みが、その典型例である。NPMは、独占的な供給者としての行政という考え方を否定し、行政の世界に競争原理を導入することによって、コストの削減、サービスの質の向上、消費者の選択機会の拡大といったプラスの影響が出ることを強調するのである。

第二は、政府組織の「分解」である。マックス・ウェーバーの古典的な官僚制論や、一九世紀から二〇世紀にかけての世紀転換期にアメリカで誕生した現代行政学では、ピラミッド型（階統型）に組織された行政官僚制こそが、能率的な行政を実現すると想定していた。これに対しNPMでは、従来の一元的・階統的な官僚制組織を分解し、機能別の小さな組織単位を創設することが主張される。組織の規模が大きくなり、階統が増えると、情報の把握が困難になり、組織目標も曖昧化する。また、組織内部での影響力行使に組織メンバーの時間が割かれることになり、能率性が低下する。このため、NPMは、イギリスのエージェンシー制度に見られるように、省庁組織を政策の企画立案機能を担当する組織に特化させる一方、業務執行機能については業務ごとに単一目的の執行組織に分解し、省庁組織の外部に括り出すことを提案する。

第三は、「業績による管理」である。ウェーバー型の官僚制組織においては、個々の行政官の行動を統制するためには、明確なルールに基づき上司による指揮命令を通じて、業務の手続を管理していくという手法が用いられた。この手続の公正性・透明性は、行政官僚制を民主的に統制するための不可欠な要素としても重要視されてきた。しかしNPMは、こうした「手続による管理」は形式主義的で杓子定規な行政運営を生み出し、急速な社会経済環境の変化に柔軟に対応することを難しくすると考える。そこでNPMは、手続ではなく結果や成果、つまり政策のアウトプットやアウトカムを中心に据えた行政の管理を提唱する。行政組織の責任者に人事や財政運営に関する権限を与え、自由なマネジメントを保障する一方、その責任者の給与や人事を達成した業績に基づいて評定する仕組みを取り入れることによって、良い意味での野心と積極的な意欲をもつ人材が、効率的かつ柔軟な行政運営を担うことが期待されるのである。

このように、NPMとは、市場メカニズムに類似した競争原理を行政の世界にも導入するとともに、経営可能な組織単位をエージェンシー等の形で括り出し、これを企業経営と同じく業績によって管理することを通じて、能率的かつ柔軟な行政運営が可能になるという考え方である。このNPMは、もともとは英語圏諸国の行政改革の実践を観察する中で定式化された考え方であるが、一九九〇年代以降、各国で行政改革を推進するための理論的支柱となった。しかし、NPMに基づく行政改革が一般化するにつれて、その弊害も指摘され、二〇〇〇年代以降は見直しの機運も高まることになった。

たとえばニュージーランドでは、一九八〇年代以降、中央省庁を機能別に細分化するとともに、業務執行機能を中央省庁から切り離し、政府とは別の法人格をもつ業務執行組織（クラウン・エンティティ）を多数設立するという行政機構改革が行われた。

これは、ＮＰＭの発想に基づき、単一目的をもつ経営可能な組織単位を設立し、組織間競争を通じて効率的な業務運営を行うことを目指した改革であった。

ところが、二〇〇〇年代以降、過度に細分化・断片化した行政組織体制の弊害が指摘されるようになった。ニュージーランドでは、ＮＰＭの発想に基づく行政機構改革を行った結果、中央省庁が現場の情報を十分に得られない事態が発生し、現場情報をフィードバックして政策提言に役立てる機能が劣化していると指摘されるに至った。また、行政組織が機能別に細分化された結果、職員の視野が狭くなり、将来的な能力育成に支障をきたす可能性があることも問題となった。そのため、機能別に分解されていた社会福祉・労働関係の行政組織が二〇〇一年に社会開発省に一元化されるなど、行政機構の再改革が行われた。

こうした再改革の過程で提唱されたのが、「多機関連携」(collaboration among government agencies)である。とくに社会福祉や労働関係のサービスの供給に関しては、ＮＰＭ改革で細分化・断片化した行政組織の再統合が進められる一方、民間企業やＮＰＯ等との協働（collaborative governance）が提唱された。それに加えて、教育や医療、青少年育成等、関連する分野の行政組織の連携により政策目標や政策情報の共有を図り、サービスの質やサービス利用者の利便性を向上させることが提案されたのである。

多機関連携の取り組みは、ＮＰＭ改革の見直しとは異なる文脈でも提唱されている。日本では、児童福祉行政や就労支援行政の領域において、国・都道府県・市町村の各種機関の連携による行政サービスの質の向上が模索されてきた。

たとえば、二〇〇四年の児童福祉法・児童虐待防止法の改正により、都道府県・政令指定都市に設置されている児童相談所に代わり、市区町村が、子育て支援および虐待対応の第一次的な窓口機関と位置づけられた。そして、市区町村には児童相談所をはじめとする関係機関との連携の場として、要保護児童対策地域協議会を設置することが促されることになった。

また、二〇〇七年の児童虐待防止法の改正により、児童相談所の権限が強化された。具体的には、子どもの安全確認のための児童相談所の立入調査等の権限強化、保護者に対する面会・通信制限等に関する児童相談所の権限強化、指導に従わない保護者に対する児童相談所の措置の明確化等が図られた。これにより、現場では市区町村と児童相談所の役割分担等をめぐってさまざまな課題が指摘されているものの、市区町村の子育て支援部局を中心に、児童相談所、保健所、保育園、学校等、関係機関が連携して児童相談行政を展開する体制が構築されたのである。

就労支援行政においても、ハローワーク(公共職業安定所)と自治体の間の連携が進みつつある。そもそも就労支援行政においては、厚生労働省の出先機関であるハローワークが職業紹介事業を第一義的に担当する一方、都道府県や市町村も若者や女性、高齢者、障がい者等の就労支援窓口を設置するなど、分散的な組織体制がとられてきた。

こうした中、第一次安倍内閣以降の地方分権改革および民主党政権下の地域主権改革において、出先機関改革の一環としてハローワークを都道府県に移管することが模索された。しかし、ILO第八八号条約が「国の機関の指揮監督の下にある職業安定機関の全国的体系」を求めていること、求職情報の全国的なネットワークの維持に課題があることなどから、ハローワークの全面的な地方移管の試みは頓挫した。現在では、都道府県や市の提案に基づき、個別のハローワークと自治体の就労支援担当部局の連携が進められている。また、生活保護行政を担当する市の自立支援施策との連携も模索されている。

多機関連携の課題は何か

こうした多機関連携の取り組みは、東日本大震災からの復興構想でも地域包括ケアの推進という形で提唱されている。東日本大震災復興構想会議『復興への提言』は、以下のように多機関連携を通じた地域包括ケアの実現を提言している。

被災市町村の復興にあたっては、従来の地域のコミュニティを核とした支えあいを基盤としつつ、保健・医療、介護・福祉・生活支援サービスが一体的に提供される地域包括ケアを中心に据えた体制整備を行う。その際、地域の利便性や防災性を考慮し、住宅、保健・医療施設、福祉施設、介護・福祉事業所、教育施設等の一体的整備や共同利用に配慮する。(二〇頁)

こうした構想を受けて、たとえば石巻市(宮城県)は、二〇一二年八月に開成仮設住宅団地内に包括ケアセンターを開所し、将来の恒久住宅への移行や全市域への地域包括ケアの拡大を見据えて地域包括ケアのモデルづくりに乗り出した。石巻市の取り組みは、同年一〇月に復興庁の「新しい東北」先導モデル事業に選定された。今後は同事業の支援を受け、行政・民間の関係機関等で構成される石巻市地域包括ケア推進協議会が事業計画を策定することが予定されている。同協議会は、地域包括ケアのシステム構築に向けた多機関連携の場として機能することが期待されているのである。

また、被災者の就労支援・雇用創出においても多機関連携の手法がとりいれられた。政府の被災者生活支援チームの下に設置された被災者等就労支援・雇用創出推進会議は、復旧事業や各種分野の就労機会を被災者の就労に確実につなげていく必要があるとの認識に基づき、二〇一一年四月に「日本はひとつ」しごとプロジェクトを立ち上げた。このプロジェクトに基づき、都道府県労働局が中心となって自治体、国の出先機関、関係団体が参加する「日本はひとつ」しごと協議会が各都道府県単位に設立された。そして同協議会の枠組みの下で、個々のハローワークが自治体、建設関係団体、農協、漁協、商工会議所等とのネットワークを構築し、被災者のニーズに即した求人を開拓することが目指されたのである。

さらに、被災市町村の復旧・復興に際しては、全国各地の自治体が物資や人材の支援を行い、水平的な自治体間連携が展開された。なかでも、被災した南相馬市（福島県）と災害時相互援助協定を結んでいた名寄市（北海道）、東吾妻町（群馬県）、杉並区（東京都）、小千谷市（新潟県）は、杉並区の呼びかけの下「自治体スクラム支援会議」を結成し、相互に役割分担をしながら物資の支援、避難者の受け入れ、職員の派遣等を行う「自治体スクラム支援」を展開し、注目を浴びた。この自治体スクラム支援には後に青梅市（東京都）と北塩原村（福島県）が参加した。

このように震災復興の局面でも多機関連携に関心が高まり、その実践も積み重ねられているが、多機関連携を成功に導くには、少なくとも以下のような課題を克服しなければならない。

第一に、関係機関の間で政策の目的や相互に連携する意味に関する情報共有が図られている必要がある。逆にいえば、関係機関の間でコミュニケーションが不足すると、政策の優先順位をめぐる対立や責任の押し付け合いが発生する可能性がある。個々の関係機関の目的や関わり方を相互に尊重しつつ、連携の意義を見失わないことが重要であろう。

第二に、多機関連携の「場」のマネジメントが適切になされなければならない。たとえば、厚生労働省が二〇〇七年五月に公表した「要保護児童対策地域協議会（子どもを守る地域ネットワーク）スタートアップマニュアル」は、市区町村が設置する要保護児童対策地域協議会を円滑に運営するために、代表者会議、実務者会議、個別ケース検討会議を重層的に配置し、定期的に開催することや、安心して気兼ねなく話せる雰囲気づくりを通じて、参加者の受容感や信頼感を高めることを説いている。連携の場を運営する主体には、定期的な会合の開催を通じて関係機関の相互の信頼を醸成するとともに、関係機関が本音で語り合う場を創出するような形でリーダーシップを発揮することが期待されているといえよう。

関連して第三に、多機関連携を支える人材の育成という課題がある。多機関連携の現場には、専門職を含む多様な職員が参加することが一般的である。多機関連携を成功に導くためには、各自の立場を理解したうえで、組織文化の異なる職員とコミュニケーションがとれる人材、政策課題の所在とその解決に向けて関係機関が果たすべき役割を俯瞰的に眺めることができる人材、いうなれば組織を「つなぐ」人材が、継続的に関わることができる環境づくりが必要である。とくに、多機関連携の場を運営する組織にとっては、こうした人材の育成が不可欠であろう。

これらの課題を克服し、多機関連携を円滑に進めることは必ずしも容易ではない。実際、児童相談行政における多機関連携に関しては、児童相談所と市区町村窓口機関の間で相互に情報共有がなされず、対応の遅れが生じているといった問題も指摘されている。

しかし、関係機関の分立状況を克服し、関連する政策分野を横断して質の高いサービスの提供を行うためには、多機関連携の取り組みを続けていくほかない。機能別に細分化された行政組織が競争を通じてサービスの質の向上を図るというNPMの処方箋は、政策情報のフィードバックや職員の能力形成にマイナスの副作用を与える可能性も否定できない。人材や財源が限られている中で、これからの行政サービスの提供体制に求められているのは、現場での試行錯誤を通じて多機関連携の実践を積み重ねることなのではなかろうか。

自治・行政の再構築に向けて

これまで検討した多重防御と多機関連携という自治・行政の方向性は、ともすれば現状肯定的な響きをもって受け止められる可能性がある。行政の重複や無駄にはそれなりの効用があり、行政組織を抜本的に再編することなく連携・協働してサービスを提供する体制を整えるべきだという主張は、行政の非効率を放置し、縦割り行政を肯定する不埒な見解と捉えられるかもしれない。

だが、ここで主張したいのは、日本の自治・行政の改革が不要であるということではない。人口減少・超高齢社会を迎え、巨額の財政赤字を抱える我が国において、行政の無駄や国と自治体の機能重複を放置しておくだけの余裕はない。

しかし、自治・行政の改革に際して唱えられる行政組織や自治単位の大規模な統合再編を実行するには、多くのエネルギーとコストを必要とする。一九九〇年代に始まった地方分権改革や行政改革の結果、自治体の意思決定の領域は大幅に拡大し、行政の効率化も一定の成果を得た。効率的な行政をさらに追求するために改革の手を緩めてはならないが、人材も財源も先細っていくことが予想されている状況の中では、自治・行政の抜本的な改革がかけ声倒れに終わってしまう可能性も否定できない。将来の課題解決に向けたエネルギーを蓄積するためにも、一九九〇年代以降続いてきた自治・行政の改革の成果をいま一度検証したうえで、現場の知恵を結集し、手持ちの資源をフル活用して、眼前の課題を一つ一つこなしていくことが求められているのではないか。

東日本大震災により、我々は、行政サービスの提供体制をゆとりなく切り詰めることが災厄に見舞われた地域社会の復元力を損なう可能性があることを学んだ。これからの日本の自治・行政に求められるのは、メリハリをつけて資源の再配分を行い、真に必要な多重防御のシステムを構築するとともに、復興事業の実施を含め、まずは既存の組織体制を活用して多機関連携の経験を積み重ねることなのではなかろうか。

Ryota Murai
村井良太
駒澤大学法学部教授

東日本大震災と国民の中の自衛隊

はじめに――東日本大震災と自衛隊の六〇年

二〇一一（平成二三）年三月一一日に発生した東日本大震災において、自衛隊は、大規模震災災害派遣として三月一一日から八月三一日の一七四日間、また、原子力災害派遣として三月一一日から一二月二六日の二九一日間、被災地で活動した。隊員約一〇万人の組織で一〇万人体制（最大時人員約一〇万七〇〇〇人、航空機五四一機、艦艇五九隻）という未曾有の派遣規模であった。

このような自衛隊の活動は被災地内外で高い評価を受けた。被災地では、多くの感謝の言葉や手紙が寄せられた。また、内閣府大臣官房政府広報室が二〇一二年一月に調査した「自衛隊・防衛問題に関する世論調査」では、大いに評価するが七九・八％、ある程度評価するが一七・九％で、あわせると肯定的評価が九七・七％に及んだ。自衛隊に対する印象も、良い印象を持っている（三七・五％）と、どち

図1：自衛隊に対する印象

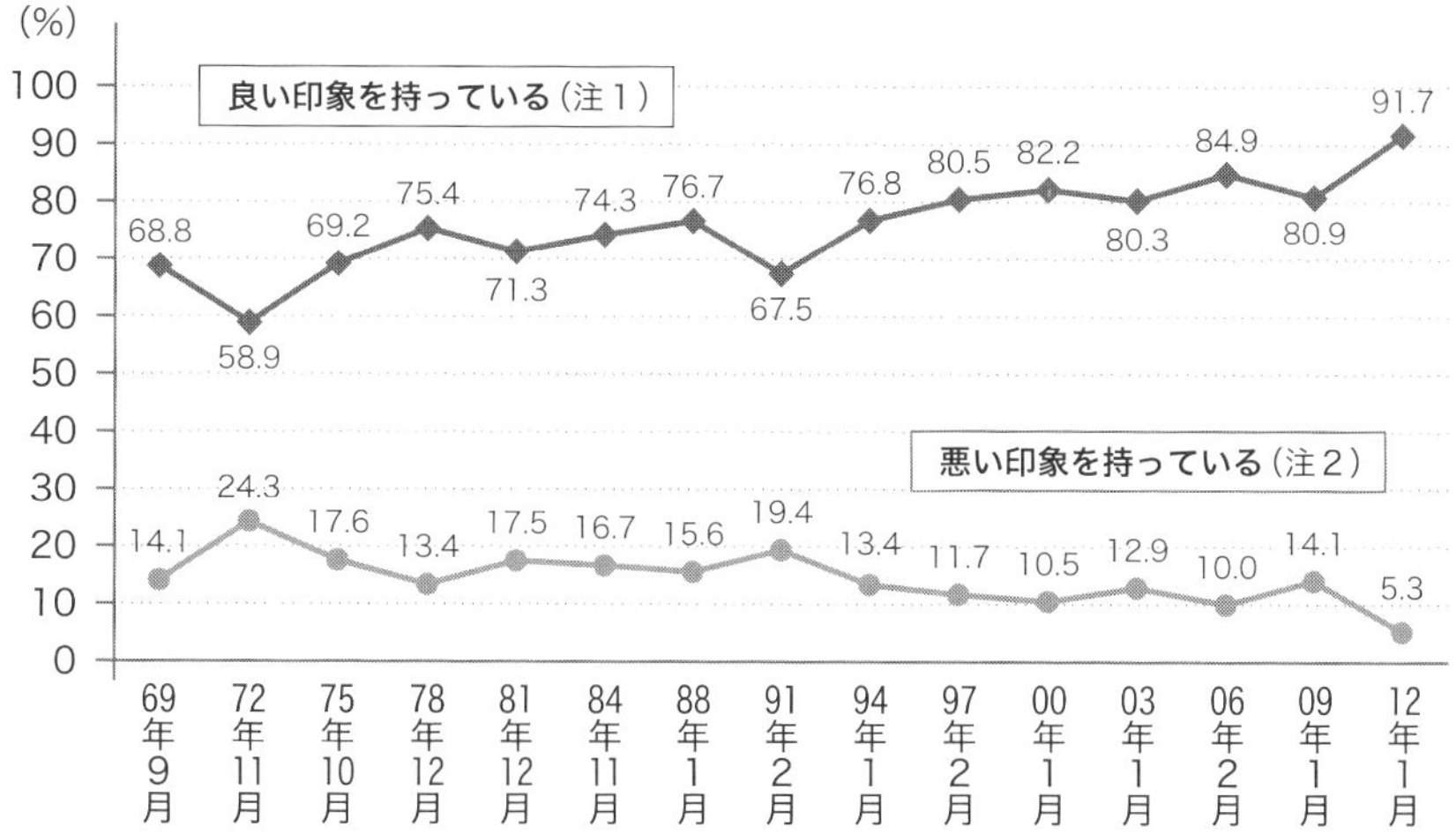

(注1)2006年2月調査までは、「良い印象を持っている」と「悪い印象は持っていない」の合計となっている。
(注2)2006年2月調査までは、「良い印象は持っていない」と「悪い印象を持っている」の合計となっている。

2013年版防衛白書より(年号を西暦下二桁に直し、「今回調査」を12年1月とした)

らかといえば良い印象を持っている(五四・二%)の合計が九一・七%であった。これは、一九六九(昭和四四)年以来、三年度ごとに行われてきた同様の調査の中で初めて九割を超える好印象であり、前回調査から一一ポイント近い大幅上昇であった(図1)。

自衛隊は一九五四年七月一日に発足し、本年二〇一四年で六〇周年を迎える。しかし、この間、社会の中で必ずしも充分な尊敬を集めてきたとは言えず、それどころか、「平和国家」を自認し、希求する戦後日本において時に憲法上の疑義を問われ、無用の長物視すらされてきた。東日本大震災での活動はこのような評価を一気にはねのけ、一変させる意味があったのだろうか。

ここでは、東日本大震災時の自衛隊の活動を近代日本が経験した大規模震災である一九二三(大正一二)年の関東大震災、一九九五(平成七)年の阪神・淡路大震災と対比しながら振り返り、その上で、総理府/内閣府の世論調査を通して、国民が自衛隊をどのように見てきたのか、その長期的変化を考える（内閣府、二〇一三年一〇月二六日アクセス、http://www8.cao.go.jp/survey/index.html）。

戦後に形成されてきた国民と自衛隊との結びつきを災後に顧みることは、現在を理解し、将来を考える手がかりとなるだろう。

東日本大震災と自衛隊――関東大震災、阪神・淡路大震災との対比の中で

（1）大規模震災災害派遣――人命救助・生活救援・応急復旧支援

三月一一日午後二時四六分に地震が発生すると、すぐに五〇分には防衛省災害対策本部が設置され、飛び立った航空機からは現地の映像が官邸の危機管理センターに送られた。五二分には岩手県知事から災害派遣要請があり、その後も宮城県、茨城県、福島県、青森県、北海道、千葉県から、翌一二日午前一時にかけて相次いで要請が入った。その間、午後六時には北澤俊美防衛大臣が二万人体制での大規模震災災害派遣を命令し、初日、約八四〇〇人態勢で動き出した。

このような速やかな初動は阪神・淡路大震災の経験に学ぶところが大きかった。一九九五年一月一七日午前五時四六分に発生した阪神・淡路大震災での自衛隊の活動は、同年七月の「今後の自衛隊の役割に関する世論調査」で九〇・二％が成果を上げたと評価した一方（大きな成果を上げた三八・四％、ある程度成果を上げた五一・八％。以下、論旨に関わらないかぎり適宜項目を合計して論じる）、さらに迅速な派遣を求める意見が六三・二％を占めたように、初動の遅れが批判された。自衛隊の災害出動には付近の救援に当たる近傍派遣など自主派遣も認められているが、原則、都道府県知事の要請を受けて行われる。そこで自衛隊は、大地震の発生に災害派遣を予想して準備を整え、また小規模の近傍派遣を行いながらも、午前十時頃、兵庫県の要請意思確認

後に出動した。しかし、すでに交通渋滞が始まっており、被災地への進路を阻まれたのであった。政府の対応も後手に回り、その反省から内閣の危機対応が強化されるとともに、自衛隊の災害派遣についても派遣要請手続きの簡素化と市町村長の要請要求を可能とすることで速やかな派遣要請への制度改善が図られ、さらに自主派遣の基準の明確化によって部隊長などが迅速かつ的確に判断できるようにした。また、初動対処態勢も整えられ、現地情報をいち早く官邸に伝えた航空機も震度五弱以上の地震で即座に飛び立つことになっていた。

阪神・淡路大震災が都市直下型地震であったのに対して、東日本大震災は津波によって広範囲に被害が及び、多くの孤立集落が予想された。地震発生の翌一二日には五万人体制への増員が検討され、さらに自衛隊機で自ら被災地の視察に赴いた菅直人首相から一〇万人体制の指示を受けると、出動規模が拡大した(首相は内閣を代表して自衛隊の最高指揮監督権を持つ)。そして、一四日には体制を強化するために君塚栄治陸上自衛隊東北方面総監を指揮官とする災統合任務部隊が編制された。陸上自衛隊・海上自衛隊・航空自衛隊の統合任務部隊が組織されるのは、訓練以外では初めてのことであった。一五日には動員が五万人を超え、阪神・淡路大震災時の対応規模(最大時約二万七〇〇〇人)をはるかに上回った。一六日には、同じく初の取り組みとして、即応予備自衛官および予備自衛官に対する災害招集命令が発せられ、一八日には一〇万人を超える態勢に移行した。

こうして大規模な災害出動を進める自衛隊もまた被災者であった。自衛官三名の死者を出し、災害出動出発間際の車列がそのまま水没した陸自多賀城駐屯地、航空機二八機を失った空自松島基地など、大きな被害を出した。「郷土部隊」とも言われる地域の部隊、すなわち東北方面隊の第六師団と第九師団は、親類縁者の安否が必ずしも明らかでない中、すぐさま救助活動を開始した。多賀城駐屯地はボートを出して人命救助に当たり、松島基地も四日後には滑走路を復旧させ、支援物資輸送の重要拠点となった。そして域外からも全国規模で部隊が派遣され、速やかに現地に向かった。陸上自衛隊は東北方面隊に加えて、第四師団（福岡）、第一〇師団（愛知）、第一二旅団（群馬）を始め東部・西部・北部・中部の全方面隊から部隊を集め、海上自衛隊も、地震発生から六分後の午後二時五二分、出動可能全艦艇に出港命令を発し、三陸沖に向かわせた。同様に航空自衛隊の展開も速やかかつ全国的であった。

このような速やかな展開には事前の備えが重要である。阪神・淡路大震災で指摘された問題点に地方自治体との連携の不備があった。自衛隊と連携した実践的な防災訓練を実施していた自治体は少なく、情報の共有も図られていなかった。訓練の意義は強調しすぎることはない。東北では、東日本大震災の三年前の二〇〇八年一〇月三一日と一一月一日の二日間、「みちのくALERT2008」と呼ばれ、宮城県沖を震源とするマグニチュード八を想定した大規模災害対処訓練が、自衛隊東北方面総監部主催で警察、消防、各自治体、医療機関、NTT、学校など関係諸機関が参加して行われていた。その前年二〇〇七年にも、遠野市での岩手県総合防災訓練で災害対策本部への映像伝送訓練などが行われていた。これは本田敏秋遠野市長の求めに当時の宗像久男東北方面総監が応えたもので、遠野市は一八九六（明治二九）年の明治三陸地震津波、一九三三（昭和八）年の昭和三陸地震津波などたびたび大きな被害を出している沿岸部と、南北の交通路となっている内陸との中間地点に位置する立地を活かして後方支援活動の拠点化を唱えていた。事前に活動拠点を確保することで動きが速くなる。遠野市では地震発生一四分後の午後三時には冬期閉鎖中であった遠野市運動公園の開門に着手し、午後七時には陸自第九師団の先発隊が到着、翌一二日午前一時五九分には第九師団第九後方支援連隊が集結している。以後、七月二五日に撤収するまで市内各地は拠点として機能した。

また、人材面で、自衛隊では二〇〇四年以降、退職自衛官が地方公共団体の防災関係部局で働くことを想定して「防災・危機管理教育」を実施してきた。防衛省が把握する限りにおいて一九九六年時点で防災関係部局への自衛官の再就職者は一名であったものが、二〇一〇年時点で一八四名、一三年時点では二八五名に急増している。越野修三岩手県防災危機管理監もその一人であり、第九師団司令部が岩手県庁内に置かれ、緊密な連携を実現した(越野修三『東日本大震災津波』ぎょうせい、二〇一二年)。

では、被災地で自衛隊は何をしたのか。初動時の第一の柱は何より人命救助と行方不明者の捜索であった。人命救助では被災者の生存率が高い最初の七二時間が重要であり、今回、自衛隊は全体の約七割にあたる一万九二八六名を救助した。これは阪神・淡路大震災での一六五名と比較して顕著な数字である。また、国土交通省が実施した人命救助のための早期の道路開通を目指す「くしの歯作戦」に自衛隊も県や民間事業者と参加し、交通路の早期確保に貢献した。

瓦礫の除去作業を行いつつ進められる行方不明者の捜索活動の中で、遺体の収容も重要な任務であった。本来、搬送と埋葬は自治体の仕事であったが能力を越えており、自衛隊は「ご遺体」の取り扱いに細心の注意を払いながら搬送、さらには洗浄を行った。また、後述の米軍、海上保安庁、警察、消防と共同して沿岸部での集中捜索も行った。

このような人命救助や行方不明者の捜索と並行して、初動時から活動の第二の柱となったのが生活救援活動であった。孤立した地域も多く、自衛隊は給水・給食支援を行うとともに、救援物資の輸送スキームを構築した。さらに東北の春はまだ寒い。灯油やガソリンといった燃料について、経済産業省とも連携し、自衛隊が備蓄しているものをできるだけ被災地に提供する措置がとられた。医療部隊も人命救助の段階から負傷者を続々と手当・診療し、さらに避難所を巡回して被災者の健康管理に努めた。

避難所では、女性自衛官を含む派遣部隊による戸別訪問によって、指さし見本写真帳を使った救援物資ニーズの掘り起こしまで行われている。さらに阪神・淡路大震災でも多くの感謝を集めたのが入浴支援であった。陸自の野外入浴セットや空自・海自の基地施設・艦船等が用いられ、他に音楽隊による演奏など慰問活動も行われた。

また、注目は集めなかったが、初動時の第三の柱が治安の維持である。警察力を超える場合には軍の役割が求められる。阪神・淡路大震災と同じく東日本大震災でも被災者の粛々とした態度が称賛を集めたように、被災地は概して平穏であった。そこで、自衛隊は目に見える形で存在することの効果以外では夜間の防犯パトロールが行われた程度で、人命救助と生活救援に全力を注ぐことができた。

しかし、過去の例をさかのぼれば、一九二三年九月一日午前一一時五八分に発生した関東大震災では地震発生後被災地で治安が失われ、政府は戒厳令を布いて治安の回復に努めなければならなかった。流言飛語が行き交う情報閉鎖空間の中で武装した自警団や青年団が朝鮮人等を集団的に殺害する事件が起こり、また、治安維持に当たるべき憲兵隊の甘粕正彦大尉が混乱に乗じて無政府主義者大杉栄らを殺害し、処分された。

関東大震災における軍の役割はもとより治安の回復に止まらない。地震発生後、帝国海軍はすぐさま食料救護材料を積んだ連合艦隊を被災地に向け、帝国陸軍も、衛生隊による救護や物資の配給を行い、さらには遺体の発掘に行政の手が回らないことから、近衛歩兵第三連隊は、午前中遺体の発掘に努め、夜には荼毘に付していったという。また、工兵隊は、橋梁の修復、道路の修繕、さらには焼け残った危険建物を依頼によって爆破していった。このような帝国陸海軍の幅広い活動には多くの感謝決議が送られたが、「軍隊は固より一般公益の為喜んで努力を惜しまないが何事も軍隊の責任と考へられる事は迷惑を感ずる場合がないでもない」と仕事の無限界性への困惑の言葉が残されている(『読売新聞』一九二三年九月二三日付)。

自衛隊の災害派遣は緊急性・公共性・非代替性の原則に立ち、緊急性が高く公共性があり自衛隊以外にできない活動に従事する。広範囲に及ぶ大規模自然災害への対処は自己完結能力を持つ自衛隊の組織特性と能力が遺憾なく発揮される場であるが、他方で活動の外延は行政や民間と混ざり合ってどこまでも広がってしまう可能性がある。地元自治体が深刻な被害を受けている中ではなおさらである。その中で、東日本大震災でも自衛隊は「すべては被災者のために」をスローガンとして積極的に援助の「最後の砦」を自任した。すなわち、他ができない活動については可能な限りその隙間を埋めようとしたのである。

被災地での活動は次第に中期的な意味を持つ応急復旧活動に重点を移していった。生活の改善から復興活動へとつなげていくために空港や港湾の機能回復に努め、学校校舎の復旧も行った。その中では民間業者との競合についても配慮がなされた。これも阪神・淡路大震災の教訓で、瓦礫除去は民業圧迫という批判を受けないよう道路や公的施設に限り、物資輸送も次第に民間業者に引き継がれていった。

そして最後の課題が、円滑な撤収、すなわち、いつ、どのように撤収するかであった。撤収を誤ればかえって活動全体に不満を残すおそれもあり、また、国境の監視など本来の防衛任務も半数近い人員が災害派遣に当てられる中で行われていた。自衛隊の災害派遣規模は五月半ば頃から漸次縮小されていったが、被災自治体では自衛隊のマン・パワーがかけがえのないものとなっていた。中でも入浴支援は貴重であったようで、撤収に際しては民間業者への移管に特に配慮した。七月一日に統合任務部隊が解散され、各県の撤収要請を引き出して自衛隊の大規模震災災害派遣活動は八月三一日に終了した。先にあげた遠野市の例では七月二五日の撤収時に市役所前でセレモニーが行われた。

阪神・淡路大震災の教訓は初動のみならず、被災地での活動にも活かされており、警察官不在時には、放置車両の除去や警戒区域の設定、土地・建物の使用ができるなど災害派遣時の自衛官の権限が拡大され、活動の円滑化が図られていた。しかし、こうした改善策に支えられた獅子奮迅の活動は、他面、派遣された隊員自身への負担を強いる。余震も含めた二次災害への懸念はもとより、例えば、隊員は車両の陰などで非常食をとるような日々が続き、糧食として用意された赤飯は外で食べられないと部隊から送り返された。また、遺体と関わる仕事は精神的負担が大きく、一日の活動を終えると、車座になって話し合う「解除ミーティング」が行われた。その後も隊員の心のケアに継続的に留意している。

(2)原子力災害派遣

このように、東日本大震災での自衛隊の大規模震災災害派遣が、持てる能力を充分に発揮できなかった阪神・淡路大震災時の苦い経験を通じて改善されてきていた中で行われ、いわば成功物語として評価できるのに対して、原子力災害派遣は新たな困難を突きつけた。

地震発生直後、東京電力福島第一原子力発電所では稼動していた原子炉が予定通り緊急停止したが、その後の大津波によって全交流電源を失い、冷却不能に陥った。このままでは炉心溶融を経て大量の放射性物質が拡散する深刻な恐れがあった。三月一一日午後七時三〇分、政府の原子力災害対策本部から要請を受けた北澤俊美防衛大臣は、原子力災害派遣命令を出した。日本の商業原子力発電は一九六六年に始まったが、原子力災害派遣制度が設けられたのは一九九九年の東海村ＪＣＯ臨界事故を受けてであり、東日本大震災で初めて発動された。

自衛隊の原子力災害派遣での何よりの任務は、原発を制御しこれ以上の事故の拡大を防ぐ作業への協力であった。それには原子炉を冷やさなければならない。翌一二日には一号機の原子炉建屋が水素爆発を起こすなど状況は切迫していた。一四日、態勢を整え、中央即応集団司令官のもと陸自の中央特殊武器防護隊が原子力災害派遣活動の中心を担うことになったが、同日、作業に向かっていた隊員数名が三号機の建屋水素爆発に巻き込まれ負傷した。十五日にはさらに四号機の建屋も水素爆発し、いよいよ自衛隊機による空からの放水が検討された。一六日、放射線防護装備の付け焼き刃的な応急処置を施したヘリコプターで上空に向かったが、放射線量が限界値を超えており、この日の放水は見送られた。そして一七日、不退転の決意のもとで放水が実行された。政府内での防衛省・自衛隊への期待と評価は大きく、菅首相は同日の第十二回緊急災害対策本部会議で防衛大臣を新たに副部長に当て、挨拶では午前中の自衛隊ヘリによる注水に特に言及して、実行した隊員と自衛隊に謝意を述べた。放水作業は福島第一原発の消火班・復旧班とともに地上からも続けられ、海自艦船も応急的な放射線防護装備で水を運び込んだ。自衛隊は事態把握のためのモニタリング作業や従事者に対する除染活動も行った。また、一八日には、警察や消防とともに行っている放水等の原発対処現場において、自衛隊が一元的な指揮を任された。

他にも自衛隊は、原発事故対応者ならびに周辺地域住民の避難への対応を行った。いざという時に原発事故対応者をいかに避難させるかを検討し、また、避難区域では輸送支援や放射線量の測定、除染を行い、屋内退避区域では自主避難の支援や生活物資の配送、巡回診療、さらに戸別訪問を実施して住民の居住状況や健康状況、退避の意思などを調査した。防護服を着用して原発周辺地域での行方不明者の捜索も実施した。そして、警戒区域内への一時立ち入りが始まると放射線量の計測や除染の支援を行った。いずれの活動も見えない放射能の脅威と不自由な防護服によって困難を極めた。

(3)外国軍からの支援
——米軍「トモダチ作戦」と豪軍の協力を中心に

他方、外国軍からの支援という点でも東日本大震災は画期的であった。米軍は自国民の保護を越えて「トモダチ作戦」と呼ばれる大規模な人道支援・災害救援活動を被災地で行った。地震発生直後に支援の意向を表明していた米国政府は、日本政府の要請を受けると海軍・海兵隊・空軍・陸軍から統合支援部隊を組織し、最大時で人員約二万四五〇〇名、艦船二四隻、航空機一八九機を投入、捜索救助、物資輸送、さらに応急から復興をも見据えて仙台空港の復旧や学校の清掃、気仙沼大島における瓦礫除去作業などを行った。その活動は自衛隊との密接な連携によって進められ、防衛省(市ヶ谷)、在日米軍司令部(横田)、東北方面総監部(仙台)に日米調整所が設けられた。第五旅団(北海道)の海上輸送には米海軍の揚陸艦が協力した。また、日米間には物品役務相互提供協定(ACSA)が結ばれており、物品の融通もスムーズであった。原発対応でも消防車や防護服、パージ船などが貸与され、専門的知見についても意見交換が行われた。軍事同盟の民生上の寄与と言えよう。実は、これにも事前の準備があった。二〇一一年版防衛白書が「東日本大震災への対応において、日米で連携して円滑に対応できたのは、これまで日米共同訓練を積み重ねてきた成果でもある」と誇ることができたように、自衛隊と米軍との間では日米ガイドライン策定後の一九七〇年代末頃から多岐にわたる共同訓練が積み重ねられてきた。

さらに二〇〇六年には、ロバート・D・エルドリッヂとアルフレド・J・ウッドフィンが、在日米軍は、捜索救難や輸送、生活支援、応急復旧など、自衛隊と連携してより大きな役割を果たすべきであると提言していた。そこでは、地域での相互支援協定が結ばれている岩国市を例に、近隣地域に住む米海兵隊の救難隊を「国際支援」として考えるのは「非合理的」であり、「良き隣人とは、危機にあるとき、お互いに助け合うものである」と述べられている(「日本における大規模災害救援活動と在日米軍の役割についての提言」『国際公共政策研究』一一巻一号)。

二〇一二年一月の世論調査では、米軍の「トモダチ作戦」について七九・二%が成果を上げたと評価した。一年後に当時を振り返ったルース駐日米国大使は、「大統領も国防長官もみな、『できることは何でもする』と考えていた。本能的な反応だった」と取材に答えている(『朝日新聞』二〇一二年三月七日付)。

また、オーストラリア政府は、空軍が保有する大型のC－17輸送機四機のうち出動可能な三機をすべて日本に派遣した。日豪間では二〇一〇年にACSAが署名されており(二〇一三年発効)、四月に来日したギラード豪首相は被災地を訪問した最初の外国首脳となった。他にも、韓国軍、タイ軍、イスラエル軍、フランス国防省から支援を受けた。

今回、防衛省・自衛隊は、被災者に寄り添い、他の行政機関や民間企業・団体と緊密に連携して、国民と共に行動した。また、外国軍との活動においても仲介者としての役割を充分に果たした。このような自衛隊の東日本大震災での活動は、その六〇年の歴史の中でどのように位置づけられるのだろうか。次に、自衛隊と国民との歩みを政府の世論調査を中心に振り返る。

戦後の自衛隊発足と日本国憲法
――焦土からの再出発：第Ⅰ期(1954－1970)

ここで取り上げる総理府／内閣府の世論調査は、原則として年度ごとに防衛庁／防衛省など各機関からの申請を受けて実施が判断されている。したがって、同調査はその時々の国民の声を表すとともに政府諸機関がある時点で何を知りたがっていたのかを示している点でも興味深い。

六〇周年を迎える自衛隊の歩みをここでは政府の世論調査に注目することで三つの時期に分ける。自衛隊に関する政府の世論調査は、当初憲法問題との関わりで質問されることが多く、また一九六一年度から二年度ごとに自衛隊をタイトルに含む調査が行われたが、六九年度に続く一九七二年度以降、現在まで、同一名称で三年度ごとに実施されている。また、自衛隊創設時の国際構造であった冷戦が終結すると、以後、自衛隊の活動が拡大していくようすが調査項目にも顕著に表れる。そこで、現行の日米安保条約が自動延長期間に入った一九七〇年度までを第一期、米ソ両首脳が冷戦の終結を宣言した一九八九年度までを第二期、それ以後を第三期とする。

自衛隊は一九五四年七月一日に発足した。関東大震災時に治安維持、被災者支援、復旧に当たった帝国陸海軍は、政党内閣の加藤高明首相が「太平洋におけるアメリカの軍艦、太平洋におけるイギリスの軍艦、太平洋における日本の軍艦、これらは太平洋における文明と平和の象徴である」と評したように、一九二〇年代の国際協調下での軍縮と政党政治の時代を支えていた。しかし、一九二九年に始まった世界恐慌の影響が深刻化する中で、一九三一年に陸軍出先の関東軍が満州事変を引き起こし、さらに、海軍内から五・一五事件、陸軍内から二・二六事件が起こされ、ついには一九四五年の敗戦に至った。非軍事化と民主化を目的とする米国を中心とした連合国の占領下で帝国陸海軍は解体され、日本国憲法は第九条に戦争放棄と戦力の不保持を定めた。

第九条は侵略戦争を放棄する趣旨であったが、占領下の吉田茂内閣は、当初、侵略戦争も自衛戦争もともに否定されると説明した。ところが、米国は冷戦の進展を受けて日本の限定的な再軍備を求める立場に転じ、一九五〇年の朝鮮戦争勃発を機に、マッカーサー連合国最高司令官は日本政府に後の陸上自衛隊につながる警察予備隊の創設と、海上自衛隊につながる海上保安庁の増員を命令した。さらに、一九五二年四月二八日に対日平和条約と日米安保条約が発効して占領が終わる際には、日本の防衛責任の漸増が求められた。翌五月に実施された世論調査では、戦争の不安に対して、中立平和を守れ（一六%）、国連加入など外交をうまく（八%）、アメリカに頼る（六%）等をおさえて、再軍備、予備隊の拡充が二八%で最も多くの支持を集めた。八月一日には保安庁が設置され、海上保安庁内の海上警備隊が移管されるとともに、一〇月一五日には警察予備隊が保安隊と改称された。一九五三年二月の調査では、日本は軍隊を持った方がよい（やむを得ない）という答えが六一・一%で、これから先も「軍隊を持て」という意見を持つ人が多くなっていくと五六・二%が予想した。他方で、国際連合に関する問いの中で、海外派兵には否定的な結果が出ている。

再軍備の焦点の一つは解体された帝国陸海軍との

連続性の問題であった。人的には旧陸軍将校は多く排除され、旧海軍将校は戦後の海自への橋渡しをしたことが知られている。軍は技術の集積体であり、装備や艦船は米軍の提供を受けたが、特に海軍は操艦技術など旧軍からの技術継承が不可欠であった。中でも掃海部隊は、占領下でも周辺海域で機雷の除去などに当たっており、朝鮮戦争では連合軍の要請に吉田が応じて秘密裏に出動し、死者も出た。吉田は、戦後の再軍備にあたって、「正しく国民のために、国民による保安隊として国民から信頼され、敬愛される保安隊でなければならない」と訓示し、また、「近代的な、新しい精神」による「新軍備」を説いて、幹部養成のため現在の防衛大学校につながる保安大学校を設立した。そして一九五四年七月一日、新たに航空自衛隊を備え、陸・海・空からなる自衛隊が発足した。この時、参議院では自衛隊の海外出動を禁ずる趣旨の決議が発足直前の六月二日に可決された。

　こうして再軍備しないと言いながら実質的に進め、戦力ならぬ実力と説明される状況は、独立国の条件として明確な再軍備を求める勢力からも、新憲法の精神に忠実であろうとする勢力からも、「なし崩し」的という批判を免れなかった。その中で一九五四年一〇月の世論調査では、国民生活との関係から自衛隊の現状維持を求めつつも、軍隊や自衛隊が無ければ国の安全を守ることはできないという国民の意識が示されている。そして一九五六年一月に初めて自衛隊を主眼に置く「防衛問題に関する世論調査」が実施された。しかし、調査目的に「現在の日本における世論の焦点が、憲法改正にあり、憲法改正の意見を決定する最も重要な問題点が、防衛力の強化－再軍備－の是非にあることは自明のところであろう」と記されたように、やはり憲法問題の一環として位置づけられていた。警察予備隊や保安隊が自衛隊に至る暫定的存在であったように、この時点では自衛隊もまた、憲法が改正され、国防軍が組織されるまでのかりそめのものと見られたのである。

　この調査では、自衛隊があった方がよい（三二

%)、あってもよい(二六%)と五八%がその存在に肯定的な評価をしている。他方で規模については、増やせ(一七%)、減らせ(六%)に対して、今のままで良いが三八%を占めた。規模の現状維持を求める世論はその後の調査でも一貫している。再軍備への賛成理由としては外国からの侵略の防止が最も多く、反対理由の筆頭は国民の暮らしをよくすることが先というものであった。他に長期的に世論が安定していたのが、徴兵制と将来の核武装への反対である。なお、先の戦争をしなければならなかったことへの軍人の責任については、そんなことはない(二〇%)に対して、軍人たちの責任(一三%)、軍人たちにも責任がある(四四%)との回答であった。

一九五七年五月には岸信介内閣で国防の基本方針が閣議決定され、「国防の目的は、直接及び間接の侵略を未然に防止し、万一侵略が行われるときはこれを排除し、もって民主主義を基調とするわが国の独立と平和を守ることにある」と定められた。そして、自衛隊の大規模災害派遣の始まりとなるのが、一九五九年九月、伊勢湾台風に際しての派遣であった。直後の一〇月に行われた世論調査では自衛隊の存在に肯定的な意見の理由として、災害の復旧に役立つが三二%で最も多く、国を守るためが二〇%で次いだ。また、自衛隊は昔の軍隊にくらべて明るくのびのびしていると思いますかという質問に六三%が明るくのびのびしていると答え、旧軍とは異なる組織として位置づけられている。

岸内閣は、他にも自衛隊の活動の幅が問われた内閣であった。自衛隊は戦災からの復興のために、不発弾の処理などとともに米軍から無償供与された最新の機材を用いて小中高等学校グラウンド等の整地や道路建設などの民生協力を行ってきた。加えて、岸内閣ではレバノン問題で国際連合から国連監視団への自衛隊将校の派遣を要請されたが、海外派遣は自衛隊法や防衛庁設置法に違反する疑いがあると断った。治安出動という点でも、一九六〇年の日米安保条約改定をめぐる安保騒動でデモ中に死者が出る中で岸首相は自衛隊の出動を打診したが、赤城宗徳防衛庁長官の反対で見送られた。

そして、一九六一年七月に池田勇人内閣で閣議決定された第二次防衛力整備計画では、「国土、国民に密着した防衛力とするため、災害救援、公共事業への協力等民生協力面の施策及び騒音防止対策を重視するものとする」ことが防衛力整備の一つの方針となった。広報の参考資料とする目的で同年一〇月に実施された「自衛隊に関する世論調査」は、自衛隊の任務や仕事として、国防、治安維持、災害派遣、民生協力をあげ、一番重要な任務では国防（三四%）が災害派遣（二七%）をおさえたが、どんなことで一番役立ってきたかを聞くと、災害派遣（七八%）が最も多く、国防は四つの中で最も低い二%であった。この傾向は一九六三年六月の調査でも同様である。この調査では生活が楽になったかが問われ、楽になった（三六・九%）、そうはいえない（三二・六%）が拮抗しているが、防衛力の増強に力を入れるべきか、社会福祉や土木事業など防衛力以外に力を入れるべきかとの問いでは、五六・三%が防衛力以外と答え、防衛力と答えたものは八・八%に止まった。戦後日本の防衛政策において大きな意味を持った大砲（軍事）よりバター（生活）という選択は、国民の期待とも一致していたのであった。

一九六四年の東京オリンピックでは自衛隊のブルーインパルスが秋空に五輪を描き、防衛大学校生が入場行進のプラカードを持った。一九六五年一一月の「自衛隊の広報及び防衛問題に関する調査」で八一・九%が自衛隊はあった方がよいと答えた。他方、一九六五年二月の国会で社会党議員が朝鮮半島有事に対する一九六三年の図上研究（三矢研究）を追及したのに対して、佐藤栄作内閣は憲法第六六条第二項の解釈を変更し、自衛官の防衛庁長官就任の可否について従来自衛官を文民と解して可能としていたものを、文民でないと解することになった。これは文民統制をさらに強化する文脈であるが、他方で、日本国憲法に適合した軍事組織として自衛隊が定着していき、当初あった暫定性を喪失していく過程でもあった。佐藤はまた、一九六七年の国会答弁で政府は今後とも自衛隊を軍隊と呼称することはないと述べている。このような自衛隊が他の国の軍隊とは違うものであるという意識は、一九六五年二月の「憲法に関する世論調査」でも国民に共有されている。

佐藤内閣では一九七〇年の日米安保条約固定期限を見据えて防衛問題が再び大きな争点となり、武器輸出三原則や非核三原則などその後につながる原則が生み出されていった。一九七〇年に向けて興味深いのは国内の暴動や内乱に対する治安出動についての世論調査結果である。一九六一年一〇月の調査で、あまり大きくならないうちに出動してほしいが四〇%、なるべく出動しない方がよいが三〇%で、六三年六月の調査でも傾向は変わらない。六五年一一月の調査では、あまり大きくならないうちに出動してほしい(四三・一%)、やむをえない時まで出動しない方がよい(三〇・七%)と質問形式が変更されたが、六九年九月の調査でも絶対に出動しない方がよいは九・七%に止まるなど、自衛隊の治安出動、なかでも早期の抑止的出動に国民は必ずしも否定的ではなかった。しかし、具体例に当てはめると、六八年一〇月の学生による新宿事件に出動してほしかったと思うかという問いに、二五・二%が思う、三五・〇%が思わないと答えた。

冷戦下で間接侵略は一つの軍事的脅威であり、直接侵略とともにその対処は自衛隊の主たる任務であった。また、世論調査結果も必ずしも自衛隊の治安出動に否定的ではなかった。しかし、いかなる騒乱が外国の影響を受けた間接侵略かは判断が極めて困難である。予想された危機を経済成長や社会開発、そして警察力の強化など他の手段で乗り切った政府の判断は、自衛隊と国民のその後を考える上でも意義深かったと言えよう。佐藤首相は一九七〇年二月の施政方針演説で「日本は経済大国にはなるが軍事大国にはならない」と述べ、六月の日米安保条約自動延長を間に挟んで、一〇月には第一回の防衛白書となる『日本の防衛』を出した。そこには佐藤の演説が引用され、「専守防衛を本旨とする」という方針が示された。一一月には作家の三島由紀夫が東京市ヶ谷の陸上自衛隊東部方面総監部に立てこもり、叛乱を呼びかけた。三島は一九七〇年に向けて自衛隊の治安出動がクーデタに転化されることによる憲法改正を期待したが果たせず、強行に及んだのであったが、自衛隊から同調者は出なかった。

同時期、憲法問題の系としての自衛隊というとらえ方も、そして憲法問題をめぐる世論調査にも一つの区切りがついていく。一九五六年度に「憲法に関する世論調査」が実施されてから、同一タイトルの調査は一九七〇年度まで一四回にわたり、その中で安全への不安や対処方法、自衛隊の規模などが問われたが、再軍備と憲法改正とを直接結びつける項目は減少していった。一九六七年二月の調査では、国際紛争を解決するための戦争はしないことになっているに八四・〇%がよいことだと答え、自衛隊と日米安保の組み合わせに三七・〇%が今のままでよいと答えた。また、一九七一年二月の調査では憲法解釈として一切軍備を持たない(三一・六%)、自衛隊のための軍備まで否定していない(三九・一%)と意見が分かれつつも後者が継続的に四割程度を占め、憲法解釈を離れて自衛のための軍備はもった方がよいが四六・二%で継続的に五割程度の支持を得ている。

一九六七年に朝日新聞が自衛隊を対象とした連載記事を組み、毎日新聞もまた同時期に自衛隊を特集した。こうして憲法や日米安保体制、軍国主義復活論といった様々な問題の系として論じられてきた自衛隊そのものに目が向けられるようになった。一九六八年九月に毎日新聞が実施した世論調査でも、自衛隊の必要性や規模の現状維持への支持など、傾向は政府の調査と変わらない。異なるのは日本の国を守るために、自衛隊と日米安保条約の組み合わせ(三〇%)に対して、自衛力を充実した中立(三一%)がまさった程度であろうか(毎日新聞社編『国民と自衛隊』毎日新聞社、一九六九年)。当初、憲法との関係で暫定的存在と見られた自衛隊は、一九六〇年代を通して次第に政府と社会の中に定着していったのである。

豊かな日本の自制的安全保障と自衛隊
――デタントと新冷戦：第二期（1971－1989）

敗戦からの四半世紀で日本は驚くほど豊かになった。一九六四年には東京オリンピックで復興を印象づけ、一九七〇年には大阪万博で科学の未来への期待に胸をふくらませた。このことは、日本の軍事大国化への警戒を呼ぶ一方、国際的な貢献・責任についての議論を喚起した。一九七〇年代、米国の覇権や安い石油などそれまでの日本の平和と豊かさの前提が揺らぎつつも、東西デタントを基調とする中で日本政府は武器輸出三原則の強化や防衛費一％枠の提唱など自制的な防衛政策を逆に強化し、一九七六年には「基盤的防衛力」構想に立った防衛計画の大綱を発表した。以後、防衛白書を毎年刊行する。

他方でベトナム戦争後の米国の東アジアからの後退傾向の中で一九七八年に日米ガイドラインが定められ、さらに冷戦が再び緊張を増していく中で日米防衛協力が進展し、七九年には大平正芳首相が日米関係について初めて「同盟」という言葉を用いた。自衛隊と米軍との合同演習も拡充されていく。その一方で「専守防衛」の意識はなお強く、新冷戦による脅威の高まりにも「総合安全保障」を論じ、非軍事的な側面での寄与を模索した。

一九六〇年代を通して進んだ自衛隊の定着は世論調査の実施方法にも現れ、先述の通り、一九七二年一一月の「自衛隊・防衛問題に関する世論調査」以後、三年度ごとに同一タイトルで調査し、時事的な調査で補完する形が現在まで続いている。その中で第一に注目したいのは自衛隊に対する国民の印象である。あらためて前掲の図1は二〇一二年一月の同調査結果である。書に掲載された二〇一三年版防衛白書に掲載された二〇一二年一月の同調査結果である。高い水準で良い印象が継続していることが分かる。注目されるとすれば一九七二年一一月と九一年二月の調査で、ともに一〇ポイント程度、良い印象が低下していることであろう。中でも一九七二年の調査は悪い印象も一〇ポイント程度上がっている。しかし、この時、前回調査からの増減が大きかったのは「悪い印象は持っていない」と「良い印象は持っていない」であり、強い意思を示す「良い印象を持っている」と「悪い印象を持っている」は大きく変化していない。また、同調査では同時に自衛隊があった方がよいかが問われ、あった方がよい（七三・一%）がない方がよい（一一・七%）を大きく上回っている。さらに、自衛隊の印象を問う質問は一九六三年、六五年、六七年の調査でも行われており、六三年の調査で良い印象が三八・一%、六五年の調査では五六・八%、六七年の調査では六六・二%で、七二年の結果が特に悪いわけではない。また、一九六三年と六五年の調査では、それぞれ二三・四%と四〇・五%が以前と比べて自衛隊に良い印象を持つようになったと答えている。その意味ではこの時期はベトナム戦争の影響で安全保障問題への批判的見方が強まった時期であるとはいえ、長期的な定着の流れの中にあったと言えよう。

第二に注目されるのは自衛隊の役割に関する設問である。好印象はよいとして、何をする組織として認知されてきたのか。政府の世論調査では、一九九一年一月の調査まで、国防、治安維持、災害派遣、民生協力の四つの選択肢をあげて、設立目的と実績評価と今後の重点をそれぞれ聞いている。設立目的は国防が突出し、治安維持が追う形であるが、実績については一貫して災害派遣が多く、今後の重点でも国防を災害派遣が追う結果となっている。災害派遣は自衛隊の印象を向上させる上で大きな役割を果たしたと言えよう。

他に自衛隊の規模については「今の程度でよい」が引き続き一貫しており、日本の防衛体制についても「現状どおり、日米の安全保障体制と自衛隊で日本の安全を守る」ことが高い支持を得ている。大砲とバターの競合関係が一時の深刻さを低下させてもなお自制的な防衛政策を維持した政府の方針は、国民の支持を受けていたと言えよう。一九八八年一月の調査で、自衛隊があった方がよいかという質問項目がなくなった。報道によれば、総理府は「自衛隊の必要性を認める意見が八〇%以上と定着しており、毎回質問する必要はないと判断した」と説明し、防衛庁筋では「自衛隊を抱える政府自らが、いつまでも必要性を問うのはどうか、という気持ちが背景にある」とも語ったという（『朝日新聞』一九八八年六月二七日付）。翌一九八九年六月には中国で民主化を求める天安門事件が起こり、人民解放軍が治安出動して多数の死傷者を出した。また、秋にはヨーロッパで民主化の動きが加速し、一一月にはベルリンの壁が崩壊した。そして、一二月のマルタ島会談でブッシュ米国大統領とゴルバチョフソ連大統領が冷戦の終結を宣言した。

冷戦後の内外安全保障環境の変容と自衛隊
——機能する自衛隊へ：第三期（1990–2014）

冷戦終結時、日本は冷戦の真の勝者であると揶揄されたように、一九八九年末に日経平均株価は史上最高値をつけた。ところがバブル経済は崩壊し、「失われた二十年」とも言われる経済停滞期に入る。対外関係においても日本はかえって試練の時を迎え、その中で自衛隊の活動は海外に広がるなど目に見えて変化した。第三期のこのような変化は「存在する自衛隊から機能する自衛隊へ」と言われる（二〇〇四年版防衛白書）。

また、変化は自衛隊の内部にもあった。旧軍学校出身者が各自衛隊制服組最高位である陸・海・空各幕僚長、統合幕僚会議議長を相次いで退任し、さらに一九八九年から九〇年にかけて各幕僚長に防衛大学校一期生が就任、九一年には統合幕僚会議議長にも及んだ。こうして自衛隊は名実共に新しい人材で満たされた。その瞬間に起こったのが湾岸危機であった。

一九九〇年八月、イラクは突如クウェートに侵攻し、翌九一年一月には米国を中心とする多国籍軍がイラクを爆撃して湾岸戦争が始まった。多国籍軍に参加できない日本はまず資金協力を行い、人的協力策として多国籍軍への自衛隊の限定的参加を可能にする国際連合平和協力法案を検討したが、廃案となった。日本は臨時増税までして追加資金協力を行ったが、国際社会の受け止めは冷ややかであった。そこで海部俊樹政権は、戦争終結後の九一年四月から一〇月まで、機雷除去のため海上自衛隊掃海部隊をペルシャ湾に派遣した。自衛隊初の海外活動であり、自衛隊の国際協力の原点とされる。また、九二年六月にPKO協力法を成立させた宮澤喜一政権は、九月から一年間、国連カンボジア暫定機構に自衛隊の部隊を派遣し、自衛隊初のPKO活動として陸・海・空自衛隊が参加した。そして、九八年一一月から一二月にはホンジュラス国際緊急援助活動に参加し、自衛隊初の国際緊急援助活動となった。

湾岸危機後の一九九一年二月の調査では、外国への災害派遣と、武力行使をともなわない国際的な平和維持活動への参加が問われている。前者について五四・二%が賛成(反対三〇・四%)、後者について、四五・五%が賛成(反対三七・九%)であった。

そして、カンボジアPKOに部隊を派遣した後の九四年一月調査では、従来、国防、治安維持、災害派遣、民生協力があげられてきた自衛隊の役割に国際貢献が入った。この時の調査で設立目的から代わって問われた存在目的では、国防が四八・九%で災害派遣の二三・八%に差を詰められ、実績への問いでは七二・七%の災害派遣を六・七%の国防、六・五%の国際貢献が次ぎ、今後の重点でも三三・八%の災害派遣を二三・七%の国防、二二・三%の国際貢献が追う結果となった。また、外国への災害派遣は賛成六一・六%(反対二一・九%)、国連平和維持活動には賛成四八・四%(反対三〇・六%)と自衛隊の海外での国際貢献に対する国民の支持はおおむね高かったのである。

また、このような国際的な活動とともに第三期ではあらためて日米同盟関係や自国の防衛が問われた。一九九四年には朝鮮半島危機が起こり、その後も北朝鮮の核兵器とミサイルの開発が憂慮される。国内政治も流動化する中で一九九四年七月、社会党の村山富市首相が自民党及び新党さきがけとの連立政権発足に際して従来の党の政策を一変させ、自衛隊の合憲性を認め日米安保条約堅持を明言した。

翌九五年一月には阪神・淡路大震災、三月にはオウム真理教による地下鉄サリン事件が相次いで起き、いずれも自衛隊が出動した。そして同年末には沖縄で米兵による少女暴行事件が起き、九六年には普天間基地返還が発表されるとともに日米安保再定義が宣言された。その流れの中で九七年には日米協力を強化する新ガイドライン、九九年には周辺事態法が成立した。

こうした機能する自衛隊という冷戦後の傾向は、二〇〇一年九月一一日の米国同時多発テロ事件によってさらに強まった。自衛隊の海外での活動は特措法の時代を迎えた。二〇〇一年一一月から約六年間、テロ対策特別措置法(中断後二〇〇八年一月から二年間は補給支援特別措置法)に基づく協力支援活動が行われ、二〇〇三年一二月から約五年間、イラク人道復興支援特措法に基づく活動が行われた。また、二〇〇九年からはソマリア沖で海賊対処にも従事している。このように自衛隊は二〇年間にわたって海外での活動の幅を広げ、二〇一一年三月までに三一の活動を行ってきた。また、その間、二〇〇三、四年には武力攻撃事態対処法や国民保護法など一九七〇年代末頃から議論されてきた有事法制が整備された。防衛計画の大綱も、安全保障環境の変化に応じて、一九九五年、二〇〇四年、一〇年と漸次改定され、二〇〇四年時には今回の原発事故に対応した中央即応集団が設置された。そして二〇〇七年、防衛庁は防衛省に昇格し、専任の大臣が置かれた。またこの時、国際平和協力活動や周辺事態への対応など、いくつかの任務が本来任務化された。

一九九五年七月に行われた「今後の自衛隊の役割に関する世論調査」では、阪神・淡路大震災(九〇・三%)、地下鉄サリン事件(七六・六%)、カンボジアやモザンビークでの国連PKO活動(七四・七%)のいずれの活動についても成果を上げたと評価された。他方、自衛隊の存在目的について初めて二つ選択できる複数回答方式にしたところ、災害派遣が六六・〇%、国防が五七・二%、治安維持が三三・八%、国際貢献が一七・三%という結果になった。また、国防が自衛隊の主たる任務であることを示した上で、他にどのような役割に重点を置くべきかには五八・一%が災害派遣をあげ、二四・〇%が治安維持をあげた。他に、一九九七年二月の調査で、外国の防衛当局者との対話・交流、国際的な軍備管理・軍縮への協力が初めて取り上げられたが、いずれも六五%程度の賛成を得た。急拡大する自衛隊の活動を国民は支持したのであった。

自衛隊の存在目的を二つ選ばせる先の設問では、一九九七年二月の調査から治安維持と国際貢献が拮抗する以外、災害派遣が国防を上回る傾向は続いていく。業績評価でも災害派遣が突出し(二〇〇六年二月の調査以降この設問はなくなる)、今後の重点でも一貫して災害派遣が最も高い。では、国民の認知や信頼は災害派遣部隊としての自衛隊に寄せられているのだろうか。

そこで、外国から侵略された場合にどうするかという質問に注目したい。一九七八年の調査から加わり、現在まで続けられているこの項目は、男性と女性で回答差のある項目(男性に何らかの方法で自衛隊を支援する、女性に武力によらない抵抗をするが多い)であるが、「自衛隊に参加して戦う」と「何らかの方法で自衛隊を支援する」を国防組織としての自衛隊への信頼と考えれば(他の選択肢に「ゲリラ的な抵抗をする」「武力によらない抵抗をする」「一切抵抗しない」がある)、一九七八年の調査で四七・二%、以後、八一年から九四年まで四〇%台前半で推移し、九七年から二〇〇三年にかけて五〇%前後に上昇し、二〇〇六年には六〇%を超えた。直近の二〇一二年の調査では六三・二%である。自衛隊が国民世論の中でも日本国憲法体制下での唯一の国防組織として位置づけられて久しく、さらにここ一〇年間で信頼が顕著に増加していることを示すと言えよう。

おわりに――災後の自衛隊と国民

東日本大震災における自衛隊の活動への社会の評価は高く、事実、高い評価が与えられるに値する活動であった。活動を振り返って第一に注目されるのは、阪神・淡路大震災以来の教訓の制度化と活用である。改善点は法制の整備に止まらず、自衛隊の装備、訓練、人材の育成にまで及び、また、新潟県中越沖地震、岩手県内陸地震など地震を経験するたびに改善が図られてきた。

第二に注目したいのが、自衛隊の活動における細やかな配慮である。遺体との接し方はもとより、被災地では自ら多くを語らない我慢強い被災者のニーズを掘り起こすために救援物資のカタログまで作成し、また、米軍との「トモダチ」作戦では被災地住民が驚かないように同行した自衛隊員が避難所の先乗りまでしていたという。それは日々自衛隊が国民との間で積み重ねてきた長い時間がなせる技である。

そして第三に、日常性の最たるものとして開放的な政治体制の中での自衛隊と国民との結び付きをあげたい。一九六一年に定められた「自衛官の心がまえ」は、「民主主義を基調とするわが国の平和と独立を守り、国の存立と安全を確保することが必要」と説き、「自衛隊はつねに国民とともに存在する」と述べている。北澤防衛大臣は今回の一〇万人体制による大規模派遣を振り返り、「自衛隊の組織全体で国難に立ち向かえた。自分たちは救援に参画できたという思いを共有できたことは、隊員にとっても防衛省という組織にとっても貴重な体験だったと思う」と総括した。また米軍との協力でも、四海同胞というだけではなく、事前の条約や協定に加えて、共通する政治制度、生活スタイル、価値が基礎となっている。自衛隊は今回の活動からも組織や装備等の充実、諸外国・関係機関との連携、派遣を支える機能の強化などの教訓を引き出し、さらなる国民からの負託に応えようとしている。

このような国民との結び付きは、より精強で信頼される組織を目指してきた防衛省・自衛隊の発足以来の課題でもあった。東日本大震災での自衛隊の活動をその六〇年の歩みの中で見た時に、四点、指摘しておきたい。

第一に、戦後日本には軍事アレルギーがあったと言われるが、ポール・ミッドフォードが指摘したように戦後日本の平和主義とは、保守政党や政府はもとより、国民にとっても非武装を求めるものではなく、一貫して国防組織の必要性が理解されてきた。

第二に、そのような中で、憲法と占領との関わりで必ずしも明快な出自を持たず、かりそめの存在と見られた自衛隊も、一九六〇年代を通してその暫定性を失い、自衛隊として社会の中に定着していった。その信頼を結ぶ上で災害派遣は大きな役割を果たしてきた。

そして第三に、そのように当初の暫定性を喪失していく過程で定着した自衛隊らしさとは、歴史に根ざした特別な軍隊として、自衛を目的とする可能な限りの自制的なあり方であった。海外派遣の有無が長らくその重要な指標の一つとなってきたが、冷戦後に活動範囲を海外にまで広げると、国民は、人道援助と復興支援に強みを発揮する自衛隊を従来の延長線上で支持し、さらなる期待を寄せた。

最後に、かつての民生協力には余技による社会貢献の側面があったのに対して、東日本大震災での自衛隊の活動は、機動性や即応性など軍事力の役割が多様化する冷戦後の防衛組織に求められる基本的能力の発揮であったことも指摘しておきたい。海外での人道復興支援との連続性はもとより、米軍との緊密な連携、映像の伝送、部隊や物資の速やかな投入などいずれもそうである。それは国民の負託に応えうる能力の蓄積の一端を示したと言える。

今回極めて高い数値を示した自衛隊への国民の評価には今後とも上がり下がりが予想される。しかし、長い年月によって得た評価は一時的なものではありえず、確かな基盤として失われることはないだろう。

そして、自衛隊の定着はもう一つのことを教えてくれる。それは「戦後」がすでに終わっていた、ということである。再軍備問題は戦後日本における最大の政治争点であったと言っても過言ではない。もとより語弊があってはならない。戦後という言葉は三つの意味が混ざり合っていて時に議論を混乱させる。

第一は戦争が過ぎ去った後というだけの意味である。現在は一六〇〇年の関ヶ原の戦いの戦後でもあるが、このことに特別な意味はない。

第二の意味は次の戦争が起こっていない状態である。次の戦争が始まれば、先の戦後は終わりを迎える。日本政府は第二次世界大戦後、いかなる主体的な戦争を行うこともなく自国の安全と繁栄を維持し、すでに七〇年になろうとしている。これは次の戦争をしないという、先の敗戦後の国民的価値観の表れでもあった。この意味での戦後は、先の侵略と植民地支配への反省の意味からも、叡智と努力と準備によって、今後とも可能な限り長く続いていって欲しい。

これに対して第三の意味、実質的な、言わば狭義の「戦後」がある。それは戦争の影響を強く残し、平常への復帰が果たされていない特別な時間と空間を指す。この狭義の「戦後」は空襲や軍人の横暴などにイメージされる戦時の後というだけでなく、日本では戦争はひもじさを伴っており、貧しさの後という意味も込められる。現在の日本はすでに狭義の「戦後」にはない。長くとっても沖縄返還合意によって日米安保体制が安定化し、高度経済成長を果たした一九七〇年が一つの目安となるだろう。沖縄にはその平和と豊かさが均霑されることが期待された。それからもすでに四〇年以上が経つ。

一九九〇年代に自衛隊の活動が海外に広がると、侵略戦争に邁進していった一九三〇年代を類推する議論があり、それは戦後を守るという言説とも結びついていた。しかし、一九三〇年代とでは政治制度はもとより客観的な条件があまりに異なり、また、当初の自衛隊を旧軍関係者が支えたような、人的にも連続する狭義の「戦後」はもはや追憶の中にしかない。

二〇一三年四月一日現在、日本の総人口約一億二七〇〇万人の七割近く、八六〇〇万人が自衛隊発足後に生まれている。社会の様々なことに理解が広がる一六歳を目安とすれば、すでに八割を超える国民が自衛隊を自らの防衛組織として生きてきた。その間、人権とデモクラシーを基盤として一貫して開国和親方針下で平和的発展に努め、経済大国になっても軍事大国にならないという自画像と、国民の国防組織として内外での人道復興支援にも高い能力を発揮する自衛隊とを育んできた。日本の平和と独立が維持されてきたことは、政治の役割はもとより、日米安全保障条約など複合的な施策に依ることは当然であっても、なお国の防衛を担う組織として誇るべきことである。その意義はさらに地域や世界の安定にも及んでいる。

先人や私達が「戦後」から何かを引き継いできたように、政治や社会がある暫定性を越えて次代に何を引き継ぐかという課題は、東日本大震災の「災後」にも通じるように思われる。いつか、特別な時間と空間としての「災後」は、次の大規模震災への教訓としての「災後」を残して、乗り越えられる日が来るだろう。その復興後に、私達は何を手にしているのか、何を手にしようと今を努力するのかが重要ではないだろうか。

第二部

恐怖と共感

Tadashi Karube
苅部　直
東京大学法学部教授

「戦後」の恐怖と「災後」の希望

大震災・原発事故と過去の想起

津島佑子の長篇小説『ヤマネコ・ドーム』(『群像』二〇一三年一月号初出。単行本は講談社から同年に刊行)は、東日本大震災と福島第一原発事故を題材として書かれた多くの文学作品のうち、もっとも注目すべきものの一つである。小説は冒頭で、二〇一一年の初夏、東京都内の古い家に住む六十一歳になったらしい女性、ヨン子――子供時代からのあだ名で、「依子」がそう呼ばれている――が、一歳上の幼なじみの男性、ミッチ(道夫)の内的独白を想像するところから始まる。

想像のなかで、ミッチは区立公園の木にたかる大量のコガネムシの姿を見つめながら、十年前に仕事中の転落事故で死んだ同い年の親友、カズ(和夫)ならこの光景を前にしてこんな風に語るだろうと、さらに思いをめぐらせるのである。三重の入れ子構造の内奥から、カズの声が響いてくる。カズは庭師をやっていたので、植物にとても詳しい。

ぎょっとして、めまいがしたよ。こんなの、はじめて見るんだもの。ひどいことが起きちゃったんだ。東京の植物もおかしくなっている。ぼくには、放射能のせいだとしか思えない。三月のあの原発事故のあと、にょきにょきシュウメイギクのばかでかい葉っぱが出てきて、びっくりさせられたし、カイドウの葉っぱも、これはまあ、ふつうに伸びてきたけど、いやなさび色をしてた。植物ごとにどうやら、放射能の影響がちがうらしい。そして、こいつさ。関係ないのかもしれないけど、ぼくにはどうしても放射能で異常繁殖しているとしか思えない。そもそもコガネムシなんか、長いこと、東京じゃ見てないんだから。ぼくの考えすぎかな。たぶん、そうなんだろうね。だけど、水道水も、海も、放射性物質に汚染されているんだ。だったら、ぼくが世話してきたあのバラの花にも、芝生にも、どの木にも、放射性物質が降りそそいでいるとしか、考えられないじゃないか。土も汚されているんだ。おそろしいよ。これじゃ、ぼくの仕事がもう、できない。……

カズとミッチは、終戦直後の占領下の時代に、米軍兵士と日本人女性とのあいだの混血児として生まれ、エリザベス・サンダース・ホームを思わせるような、そうした子供たちを養育する久里浜の施設で育った。子供時代のヨン子は母親に連れられてそのホームをしばしば訪れ、混血児たちと親しくつきあっていたのである。

想像のなかで語られるカズの言葉は、原発事故が東日本の広い範囲に蔓延させた恐怖感を、よく示している。冷静に考えれば、当人も認めるように、植物の異常やコガネムシの大量発生は急激に暑くなったせいであろう。だが、原発が水素爆発を起こした光景をテレビの映像で目のあたりにし、見えない放射線の恐怖におびえる人々は、通常なら見すごしてしまうような自然界の変化に、放射能による強い汚染を想像してしまう。事故の直後の時期には、よく見られた反応である。

さらに、地震の大きな揺れを身をもって経験し、大津波の映像を見た衝撃もまた、激しい恐怖をひきおこしていた。ヨン子はさらに、震災の直後にローマから東京に帰ってきたミッチの心境を、こう思いやる。「ミッチは頻繁に起こる地震にもおびえている。ぐらぐら、ゆらゆら、地面が揺れつづける。めまいと地震の区別がつかない。こんなこわいところに、ひとがふつうにまだ生きているのが信じられない」。放射能汚染に対するカズの恐怖と同じく、この述懐もまた、東京で三月十一日の震動を経験し、その後もたびたびの余震に見舞われたヨン子自身の心境と重なりあっているのだろう。

大地震がこれほどまでに激しい恐怖感を引き起こすのはなぜなのか。原発事故についても、その原因が地震の引き起こした津波であったがゆえに、恐怖感が増幅されたように思える。大きな被害をもたらす自然災害としては、ほかにも火山の噴火や台風、竜巻、洪水などが挙げられるだろうが、大地震がもたらす恐怖感はずっと強い。

このことは、被害の大きさだけでなく、地震そのものがもつ特質にも由来している。昭和の戦前から戦後にわたって論壇に活躍した社会学者、清水幾太郎は長大な論文「日本人の自然観——関東大震災」(一九六〇年初出。『流言蜚語』ちくま学芸文庫、二〇一一年、所収)でそう指摘した。自分自身、旧制中学在学中に大正の大震災で被災した経験をもつ清水が、その当時の知識人たちの震災をめぐる言説を広く集め、分析を施した作品である。

清水によれば、大地震はまず、「ほとんど例外なく、大規模の火災、海嘯《つなみ》、山崩れなどを伴うもので、これによって災害自身が謂わば急速に立体化されてしまう」。大地が激しく震動するだけでなく、大正の大震災の例では火災、東日本大震災では津波が、死者と被災者の数を桁ちがいに増幅させている。さまざまな災害が連動することによって、被害が拡大し、恐怖感を強めるのである。

そして第二に、「洪水、火事、台風などが外部から人間を襲うのに対して、地震は謂わば内部から人間を襲う」。人間はふだん、自分の立っている大地が堅く動かないでいることを疑わない。その大地が動揺することは、「人間の存在の根本的条件」を揺るがし、「自然のうちの最後の味方の裏切り」として、激しい衝撃を与えるのである。そのときに人が恐怖感に駆られ、理性を失なった行動にも走ってしまうことを、清水は「内部から人間を襲う」と表現している。東京の下町で群衆の一部となって逃げまどい、朝鮮人を殺した兵士が銃剣を洗うのを目撃した清水にとって、それは数十年後まで生々しく残る実感であった。

『ヤマネコ・ドーム』の語りで興味ぶかいのは、このように「内部」の深みでの動揺を大震災によって経験した、ヨン子やほかの登場人物の心が、過去の想起へと向かってゆく点である。ミッチから電話で聞かされた、コガネムシの群れが木にびっしりと群がり、「でこぼこしたエメラルド色の身が風に揺れ動く」ような光景。ヨン子の心のなかでは、想像のなかのその映像が、七歳のころ、カズやミッチとともに遭遇した事件の記憶をまざまざと呼びおこすのである。それは、ヨン子の自宅近くの公園で、風に揺れ動く緑色の茂みのあいまから、同じ七歳の混血の女の子が池に落ち、死んでしまうのを見た、痛ましい出来事であった。

こうしてこの小説では、一九五七(昭和三十二)年に設定されているらしい公園での事件に始まり、第五福竜丸が被曝したビキニ環礁の水爆実験、ヴェトナム戦争、チリの軍事クーデター、九・一一同時多発テロ事件など、戦後史のさまざまな事件が、ヨン子やカズやミッチの語りによって想起されることになる。そして彼らが、自分たちの運命を決定づけた敗戦と占領という重い現実と、そこから始まったおたがいの人生をふりかえる形で物語が進んでゆく。

しかも彼ら、カズとミッチをはじめとする混血の男性・女性や、ヨン子を含むその関係者たちは、日本社会では徹底的にマイノリティであり、周囲から奇異な目で見つめられながら成長してきた。その視線から逃れるように海外での生活を選んだ者も多い。その上、かつての公園での水死事件については、混血の子供たちが殺したという噂もたっているため、なおさら世間の目を恐れ、ひっそりと暮らしていたのである。多数派の日本国民からすれば、占領下での経験にはじまる戦後という時代において、正面から見つめることを怠ってきた隠れた歴史。『ヤマネコ・ドーム』は、震災をきっかけにして、その記憶が一挙に噴出したような小説になっている。

　興味ぶかいことに、東日本大震災の直後には、やはり震災を物語の重要な要素とした、女性作家による長篇小説が話題を呼んだ。水村美苗『母の遺産――新聞小説』(中央公論新社、二〇一二年)と、赤坂真理『東京プリズン』(河出書房新社、同年)の二作である。それぞれに世代や育った環境は異なるが、作者自身と同年代の女性が主人公となって、みずからの家族が戦後を生きてきた記憶をたどり直すという内容になっている。特に『東京プリズン』の方は、隠れた歴史を想起するなかで、占領とその後の日米関係が、大きな支配力をもつものとして浮かびあがる点で、『ヤマネコ・ドーム』と共通するところが多い。正確に言えば『母の遺産』は、回想の営みの最後に大震災が訪れるのであるが、全体として見れば、社会の表面では活躍できなかった、女性たちの隠れた歴史を追う物語と意味づけてよいだろう。

　震災経験をきっかけにして、自分がこれまで生きてきた歴史、そして生まれる前から自分につながってゆく隠れた過去をふりかえる。そうした同じ性格をもった作品が、ほぼ同時に登場していることは、一般的に震災後に日本社会に広がった、意識のありようを反映しているのかもしれない。清水幾太郎の言葉を借りれば、東日本大震災においては災害の「立体化」が、津波と原発事故という形で、激しく人々の心を揺さぶった。そこで「内部」の奥底からわきたった恐怖心を、どうやって鎮め、安定を取り戻すのか。

過去の想起は、その回復の営みの手段として働いているのだろう。これまで忘れていた、あるいは知っていても意識の底に沈んでいた過去の記憶を思い起こし、その時間の流れのなかに自分自身を位置づけること。その作業を通じて人は、いま自分が身を置いている現実とのあいだに、落ち着いた関係を結び直して、未来にむけた営みへと踏み出すことができるのである。

東日本大震災の直後には、新聞や雑誌の記事や論説で、大正の大震災に言及する例がたくさん見られた。寺田寅彦の「天災は忘れた時分に来る」という言葉を、何人もの人々が引用し、複数の出版社が寺田の大正震災関連の随筆を集めて刊行したのが、その好例である。先にふれた清水幾太郎の「日本人の自然観」を収めた、『流言蜚語』の文庫版も、「三・一一」のあとに多く出た大正震災の関連書の一つと言えるだろう。おそらく、これほどまでに過去の震災が想起されることは、一九九五年の阪神・淡路大震災のさいには見られなかったのではないだろうか。

東日本大震災において、被災地のみならず、日本の広い範囲の人々が抱いた恐怖心は、その強度ゆえに、過去に日本人が震災やそのほかの事件において感じていた恐ろしさを、まざまざと呼びおこした。こうした過去の想起の営みは、いかなる背景をもち、どこへむかってゆくのか。そう考えてみるならば、恐怖感の歴史という観点から、日本の戦後を見直して、その上で東日本大震災をめぐる人々の感情のあり方を探ることが、重要になってくるだろう。

「恐怖」の原風景

一九五〇(昭和二十五)年に政治学者、丸山眞男は、雑誌『思想』の同年十二月号に寄せた短い文章で、当時の情勢をこう語っている。日本が大東亜戦争での対戦国とのあいだに講和条約を結ぶことが翌年に予定されており、占領の終了と主権の回復を目前にひかえた時期であった。

ところで一九五〇年末の日本の状況を眺めるとき、ひとは到る所、あらゆる職場において恐怖の蔭を読みとらないであろうか。労働者やサラリーマンは明日をも知れぬ首切りと失業の不安に駆られている。中小企業者や農民は税金の攻勢と「安定恐慌」の津波の前に戦慄する。大学から小学校に至るまでの教員は、多少とも「思想的」傾向をもった者はレッド・パージにおののき、そうでない者も、近来とみに昔日の権威を加えた校長や自治体ボスのにらみをひしひしと背中に感じている。ジャーナリストはプレス・コードに兢々とし、一見昂然たるかに見える共産党員も、嘗ての暗い日々の回想が再び鮮かに脳裏に甦えるにつれて、不安と苦痛の面持を蔽うべくもない。このような社会の各層に共通する不安と恐怖の雰囲気のなかで生長するものは、他の何かではあっても、民主主義の教科書に書いてある個性の自由と尊厳の確立ではないことは確実だ。

（『丸山眞男集』第五巻、岩波書店、一九九五年、所収。傍点原文、以下同様）

この文章は『思想』で毎号、巻頭言のような役割を果たしている「思想の言葉」という欄に載ったもので、のち丸山の論文集に収められるさい、「恐怖の時代」という題名がつけられている。執筆時期は同じ年の十月から十一月前半のころと思われるが、ここにも見えるとおり、そのころ日本経済はまだ朝鮮戦争の特需による影響が及んでおらず、不況のさなかにあって、戦争からの復興の見通しもたっていない。

そして、経営者と労働者との対立が激化するなかで、隣国での戦争を背景にして、占領軍と日本政府はレッド・パージを実施し、日本共産党への弾圧を強め、警察予備隊を創設して再軍備に着手した。戦後の民主化改革の流れを逆転させるような、いわゆる「逆コース」の時期の到来である。これと並行して、軍人や戦争協力者とされた政治家・官僚・知識人の公職追放が解除され始めたことは、再び戦時中のような抑圧体制が到来するのではないかという危機感を、丸山も含め、多くの知識人に抱かせていた。

だがここで重要なのは、「嘗ての暗い日々」が戻ってくるだけには尽きない動向を、丸山が見てとっている点である。このとき、恐怖感に襲われ、不安にとりつかれているのは労働組合の活動家や左派の政治家だけではない。体制側に身をおき、権力をふるっている政治家や資本家の方も、むしろその「内面的心理」では、「自己の立っている社会的地盤と自己の依拠する価値体系が現在蒙っている挑戦に結局は堪え切れないのではないかという懸念と疑惑」にさいなまれている。これに対して弾圧を受ける共産主義者の側は、大衆から孤立するなかで、運動を過激なものに昂進させ、内部の「鉄の規律」と相互監視を強めて、狂熱を帯びるようになってゆく。

ここに丸山は、権力者の側が「ヒステリックな弾圧」を強め、共産党の方も運動の急進化を強めてゆく、「恐怖の悪循環」を見た。それは、社会の安定を根本からゆるがし、デモクラシーからほど遠いものにする危険な徴候にほかならない。朝鮮戦争勃発に先だつ一九五〇年一月、コミンフォルムが日本共産党の中央執行部を批判したのをきっかけに、共産党は激しい内部抗争を続け、やがて翌年二月、党中央は武装闘争方針を確立するに至る。朝鮮戦争が展開するなか、北朝鮮・中国側の軍事攻勢に呼応する動きであることは明らかであった。

のちに国際政治学者、坂本義和が論文「日本における国際冷戦と国内冷戦」（一九六二年初出。『坂本義和集3　戦後外交の原点』岩波書店、二〇〇四年に再録）で用いた表現を借りれば、国際社会での冷戦に対応して、左右両勢力が国内での抗争をくりひろげる「国内冷戦」の状況が始まっていたのである。戦後の日本が占領下の準備期間をおえ、主権をもつデモクラシー国家として本格的な歩みをはじめようとしたとき、国内を支配していたのは、こうした激しい分裂状況であった。しかもその国内対立は、朝鮮戦争において懸念されたように、米ソの超大国が主導する世界戦争にすぐに転化しかねない。すでに一九四九年にはソ連が原子力爆弾の開発に成功しているから、もし将来に戦争が拡大した場合、起こりうるのは核兵器による両陣営の相互破壊だろう。――戦後の日本は、ごく初期からこうした「恐怖」につきまとわれていた。

国際冷戦が国内での左右対立に連動する現象は、冷戦時代には、共産主義諸国を除けば多くの国に見られたものであろう。しかし日本の場合には、大東亜戦争における空襲と原爆投下の記憶が生々しい。その結果、米ソの核軍拡競争という現実が恐怖感をいっそう高めたと思われる。一九五四(昭和二十九)年三月一日、マーシャル諸島ビキニ環礁で行なわれたアメリカの水爆実験で、静岡県焼津市のマグロ漁船、第五福竜丸が放射性物質を含む灰を浴び、乗組員の一人が急性放射能症によって死亡した事件は、とりわけ大きな衝撃をもたらした。

先に名前を挙げた清水幾太郎は、第五福竜丸事件から受けた衝撃を、生々しく書き記した一人でもあった。これをきっかけにして、魚の安全性に関する不安が日本全国に広がり、東京都杉並区の主婦から始まった原水爆禁止の署名運動が、翌年から毎年、原水爆禁止世界大会が開かれる大規模な平和運動へと発展してゆく。杉並区荻窪に住む清水もまた、運動の初期の展開に深くかかわることになるが、事件の直後に記した文章「われわれはモルモットではない――ビキニの灰は今日も頭上に」(『中央公論』同年五月号に初出)では、水爆実験後、第五福竜丸の被曝をまだ知らないまま、マグロのぬたを食べた清水の子供が「ひどく下痢をした」と冒頭で伝えている。「目下のところ、私たち一家としては、それ以外に大したことは起っていない」とつけ加えるので、原因が放射性物質である可能性は大きいと思っていたのだろう。これと同じような恐怖感が、当時、多くの人々を署名運動に駆り立てたのである。

同じ文章で清水は、一九四五年のニュー・メキシコでの初めての実験以来、地球上の各所で「約五十回」も核実験が行なわれ、「放射能を含む物質が風に飛ばされ、水に流されて来た」と指摘したあとで、こう続ける。

そして、危険な魚や家畜や野菜が、今日まで、目の届かぬところで、消費されて来ている。ガイガー・カウンターを持ち出す前に、人間は危険な食品を食い、危険な空気を吸って来ている。破滅の自然的過程は、三月一日の遙か以前に開始されて、人類は日一日とこの過程に深く巻き込まれている。今日は昨日よりも深く、明日は今日よりも深く。私たちは、米ソの双方が原子爆弾や水素爆弾を投げ合って、全世界が巨大な火の塊と化して行く有様を心に描いては恐怖して来たのだが、そんな壮大な風景が現われる以前に、人類は、地球上の至るところで、少しずつ、ナシクズシに破滅して行くのである。私たちは実戦を恐れて来たのだが、今は既に、実験が恐ろしいのである。実験と共に、ナシクズシの破滅は既に始まって、そして、今後も続いて行く。

第五福竜丸が焼津港に戻り、被曝が大きく報じられた三月十六日から、まだ日が浅い四月はじめに書かれた文章と思われるため、ここでは核戦争の可能性の前に、原水爆実験そのものが危険だという点に注意がむいている。だが、その強調点の置きかたはともかくとして、ごく普通の日常生活が、常に核戦争の可能性と隣りあっていることを、人々は第五福竜丸の悲劇を通じて、生々しく実感させられた。ふだん食べている海産物の汚染という形で、身体の領域にまで深くかかわる問題であるがゆえに、恐怖感はいっそう強く心にしみついたことだろう。

第五福竜丸事件による衝撃を大衆文化においてはっきりと表わす作品として、同じ年の十一月から公開された怪獣映画『ゴジラ』(本多猪四郎監督、東宝製作・配給)がよくとりあげられる。中沢新一が「ゴジラの来迎——もう一つの科学史」(『中央公論』一九八三年十二月号初出。『雪片曲線論』青土社、一九八五年に再録)で先駆的に指摘し、近年でも武田徹『私たちはこうして「原発大国」を選んだ——増補版「核」論』(中公新書ラクレ、二〇一一年)や、吉見俊哉『夢の原子力』(ちくま新書、二〇一二年)が詳しく論じている。

南海の深い底で生きのびていたジュラ紀の恐竜が、水爆実験によって巨大化し、東京へと向かってくる。しかもその身体そのものが強い放射能を帯び、放射性物質を含む火炎を口から発して、目標物を焼き尽くすのである。この構想は、プロデューサー、田中友幸が第五福竜丸事件をきっかけにして思いついたものであった(冠木新市企画・構成『ゴジラ・デイズ』集英社文庫、一九九八年)。ゴジラの姿は、核兵器の恐怖と重なるものとして演出されていたのである。広告ポスターには「水爆大怪獣」という文句も記されていたという。

そして原案の作成に加わった作家、香山滋がシナリオ形式で物語を活字化し、映画公開に先がけて刊行した作品『怪獣ゴジラ』(一九五四年十月初刊。『香山滋全集』第七巻、三一書房、一九九四年に再録)には、「帝都の中心部」を襲ったゴジラによって、東京は「原爆被害地にも似た、惨たんたる様相を呈していた」というト書きの描写が見える。ゴジラの像には、未来に予想される核戦争と、東京大空襲、広島・長崎への原爆投下をめぐる過去の記憶との、双方が重なりあっていた。そのことは、大東亜戦争が終わってまだ九年しかたっていない当時、多くの日本国民のもつ戦争の悲痛な経験が、冷戦をめぐる恐怖感の内実を支えていたことを、よく示している。

核戦争による滅亡の恐怖。それは冷戦の時代には、ネヴィル・シュート『渚にて』(一九五七年)など、多くのSF小説の題材とされていた主題である。映像作品でも、水爆実験によって復活した恐竜がニューヨークの街を破壊するハリウッド映画『原子怪獣現わる』(一九五三年)の例がすでにあり、田中友幸による構想のヒントになったという。だが日本の場合は、とりわけ空襲と原爆の記憶が生々しかったがゆえに、その恐怖感が一種の原体験のようになって、戦後社会のなかに生き続けることになったのである。

たとえば、先に名前をあげた国際政治学者、坂本義和による論文「中立日本の防衛構想——日米安保体制に代るもの」（『世界』一九五九年八月号初出。前掲『坂本義和集3』に再録）をとりあげてみよう。日米安保体制を批判し、東西両陣営の共存を唱える戦後日本の平和主義の立場を代表する論文であるが、同時にまた、当時に社会党・共産党などが唱えた非武装中立論を批判し、国連警察軍の日本駐留という防衛構想を提案する、独特のものであった。だがここでは、米ソの核軍拡競争の結果として、ふとした誤認から全面核戦争が起きてしまう「錯誤による破滅」の危機に、いまや全人類が直面していると述べるくだりでの説明に注目したい。

たとえていえば、さわやかな初夏の朝日を浴びて夫や子供が出かけていってから数時間後に、突然一家バラバラのまま地獄絵のような死の世界に投げ出されてしまうといった可能性が、実は現在国際政治の構造的要因になっているのである。これは決して「戦争ノイローゼ」ではない。なぜなら、もとより戦争の誘因はこれ以外にも数多くあることは当然だが、偶発事故を他のすべての誘因から区別する著しい特質は、まさにそれが全く予期しない時に発生するという点にあるからである。この意味では、われわれが戦争の危険をスッカリ忘れてしまっている時に勃発するという点にこそ、「錯誤による破滅」の特質があると言ってよい。

「錯誤」による核戦争勃発の危険性を、ここまで尖鋭に感じていた人々が、当時の日本にどれほどの数だけいたかはわからない。だが、平和な日常生活を送っていても、超大国が核兵器を保有している現実がある以上は、全人類が破滅するような大戦争が、次の瞬間に勃発するかもしれない。リスクの大きさをどう見積もるかは別として、その可能性をまったく否定することはむずかしい。

現在から時代をふりかえれば、一九六〇年代以降の歴史の大きな流れは、米ソ間の緊張緩和がしだいに進み、九〇年代初頭の冷戦終了に至るという順路をたどることになる。だが、第五福竜丸事件やソ連の核実験成功の報道がまだ生々しい、一九五九年当時にあっては、やはり坂本のような主張を「戦争ノイローゼ」と言い切ることはできないリスクの大きさを、少なからぬ人々が実感していたのだろう。アメリカの偵察機U2型機のソ連による撃墜事件はこの翌年のことであり、キューバ危機も三年後に起こっている。

もちろん他面で、米ソのあいだの緊張関係が軍事対決の一歩手前にまで高まったキューバ危機も、両国間の交渉によって回避できたことや、ヴェトナム戦争など地域紛争が数々起こっても、核兵器が使われないままにとどまったことで、六〇年代以降、核戦争をめぐる恐怖感は生々しさをしだいに失なっていったことだろう。実質上は岸信介内閣に対する打倒運動だったと言える、一九六〇年の安保条約改定反対運動を最後にして、平和運動が大衆規模でのもりあがりを見せなくなったなりゆきに、それはよく現われている。

だが、五〇年代以降の戦後日本の原体験のようになった、東西対立と核戦争に対する恐怖感の記憶は、その後も多くの人々の心に底流として残り続けたのではないか。それを示す例を、一九七三年のサブカルチャーにおける終末論ブームに見いだすことができるだろう。この年に起こった終末論ブームと、それに続くオカルト・ブームについては、一柳廣孝編『オカルトの帝国――一九七〇年代の日本を読む』(青弓社、二〇〇六年)や、初見健一『ぼくらの昭和オカルト大百科――七〇年代オカルトブーム再考』(大空出版・大空ポケット文庫、二〇一二年)といった著作で、詳しく紹介・分析されている。

終末論ブームについては、七三年の石油危機による不況の到来と結びつけて語られることが多いが、石油危機はこの年の十月で、合計三百八十万部をこえるベストセラーになった、小松左京のSF小説

『日本沈没』上下（光文社カッパ・ノベルス）の発売はその前の三月、筑摩書房の雑誌『終末から』の創刊は六月（翌年十月の第九号で終刊）である。一九九九年七月の「人類滅亡」を副題に掲げ、発行部数がたちまち百万部をこえた、五島勉《べん》『ノストラダムスの大予言』（祥伝社ノン・ブック）も発売は十一月であるから、企画はいずれも石油危機の前、田中角栄の『日本列島改造論』（一九七二年）をきっかけに、土地ブームとインフレが始まったころから進んでいた。

そのなかでも、小松左京『日本沈没』の構想はとりわけ早い。回想インタヴュー『SFへの遺言』（光文社、一九九七年）によれば、執筆開始は一九六四年。大阪での万国博覧会の開催にスタッフとして関わった期間をはさみながら、書き続けていたという。戦後日本の高度経済成長が頂点に達し、しだいに公害や都市問題、エネルギー資源問題といったひずみが意識されはじめたことが、終末論ブームの背景をなしたことを推測させる。ローマ・クラブが報告書『成長の限界』を発表し、ただちにダイヤモンド社から邦訳が刊行されたのも一九七二年であった。そうした気運のなかで準備された企画が、石油危機と重なってさらに注目を集め、爆発的なブームになったのだろう。

小松はインタヴューのなかで、最初考えた表題は『日本滅亡』だったと語っている。核兵器による世界戦争で、日本人が国土を失ない、世界中へと逃れて「流浪の民」となる物語を書こうと思ったが、現実には平和憲法と日米安保体制があるので、「簡単に大戦争に巻き込まれないだろう」。そこで別の選択肢を考えているとき、プレート・テクトニクスの理論に出会ったことで、地震による日本列島の沈没を考えたというのである。このように、作者自身は現状認識として、日本が核戦争の攻撃対象になることはないと見通していたが、もともとの構想は核戦争による滅亡の主題に近いものであった。

核戦争の不安とのつながりは、五島勉『ノストラダムスの大予言』になると、もっと露骨である。この本の末尾では人類存続の可能性にも触れているのだが、「空から恐怖の大王が降ってくるだろう」というノストラダムスの詩の文句に、ＩＣＢＭ（大陸間弾道ミサイル）が世界中に降り注ぐという予言を読みとる解釈が、強烈な印象を残す本である。しかも『日本沈没』と同様に、映画化され、テレビ番組や子供むけ雑誌での関連特集が大量に作られた。このブームもまた、戦後の日本の底流に存在し続けた、核戦争に対する恐怖感を、サブカルチャーの形で表面に噴出させたものと見ることができるだろう。

終末論の爆発的なブームは、一九七三年から翌年にかけての時期に限られるが、似たような性格は、八〇年代初頭、米ソ間の軍事的緊張がいっとき高まった「新冷戦」の状況下での、「核の冬」の理論の流行にも見られるだろう。「核の冬」はアメリカの宇宙物理学者、カール・セーガンらが一九八三年に発表した論文の題名で、世界が核戦争に巻き込まれた結果、数カ月のあいだ、火災の粉塵による雲が世界中を覆い、大規模な気候の変化と生態系の破壊をもたらすと予測するものであった。

また、これとは次元の異なる出来事ではあるが、オウム真理教の指導者、麻原彰晃（松本智津夫）がサリンによるテロ事件をひきおこす前、一九九一（平成三）年にノストラダムスの予言に関する本を出している（山本弘『トンデモ　ノストラダムス本の世界』洋泉社、一九九八年による）。そのほか、カルト宗教がノストラダムスの予言を布教の材料にする例は少なくない。こうした現象もまた、「恐怖の大王」予言を通じて、その背後にある恐怖感が、冷戦終了後も残り続け、ときに社会意識の表面へと浮上してきた例と言えるだろう。

もちろん、東日本大震災において人々が感じた衝撃が、冷戦時代に抱かれていた破滅の予感とじかに関連しているとまでは言えない。だが、津波による大規模な破壊を映像で見たとき、かつて空想のなかに植えつけられた滅亡の印象をそこに重ね、恐怖感を増幅させた人は少なくないだろう。少なくとも、ぬたを食べた子供の下痢に放射線による影響を心配した清水幾太郎について、福島第一原発事故に恐怖した人々は、早計と笑い飛ばせないはずである。『ヤマネコ・ドーム』にも、一九五七年の公園での事件で少女を突き落としたのではないかと疑われ、ひっそりと暮らしてきた近所の少年の母親が、年老いた「まだらぼけ」の状態で原発事故のニュースを聴き、第五福竜丸事件のさいに感じた放射能への恐怖を思い起こす場面がある。

「災後」の希望にむけて

東日本大震災は日本に住む人々にとって、戦後ずっと意識の底で長らく抱いてきた恐怖感を思い起こさせ、震災と原発事故からじかに感じた衝撃を、その回想が分厚く増幅した。そう考えると、震災後のメディアの報道ぶりや、放射性物質からの避難の流行も、そうした増幅効果によって、さらに深刻に、過剰になったと推測できるのではないか。

だが過去を想起する営みは、ひたすらに過去の類例による恐怖感を思い起こし、その恐怖に身をすくめる、あるいは恐怖から逃避する行動にとどまっていてよいのか。その問いを考えるとき、ラトヴィアにユダヤ系の女性として生まれ、アメリカで活躍した政治学者、ジュディス・N・シュクラーの晩年の著書『不正義の相貌』(Judith N. Shklar, *The Faces of Injustice*, Yale University Press, 1990) における議論が重要になるだろう。

シュクラーはここで、一見安定して見える秩序においても、そのなかで犠牲になっている人々の存在を発見し、権力者による不正義を告発するための、政治理論の役割を強調している。すなわち、人間にとって抗いがたい自然の力による不幸 (misfortune) と見えるものについても、権力者による操作や不作為がその原因をなしていると指摘し、人為による不正義 (injustice) の存在を告発してゆくこと。それが、近代のデモクラシーにおける市民のまっとうな営みだというのである。

シュクラーは、一七五五年のリスボンにおける大地震の例を、この意味での近代の出発点として重視する。この地震による多くの犠牲について、人間にとってはどうにもできない神の意図に基づく不幸だと見なして諦めてしまわないこと。それを、ジャン＝ジャック・ルソーとイマヌエル・カントは主張した。二人の思想家によれば、富と権力をもつ者たちが都市での過密な集住を選んだからこそ、地震の被害は巨大なものになったのである。一見は動かしがたいものと見える現実のなかに、不正義を受けて苦しむ犠牲者の存在を見いだし、彼らの苦難が避けがたい不運によるものでは決してないと告発する。そうした近代の政治行動の始まりが、リスボン大地震をめぐる論争には見られると説いた。

注意したいのは、およそ人間の営みである政治にかかわる思考について、地震という自然災害をどう理解するかに関する論争を、近代の出発点として位置づけようとするシュクラーの姿勢である。リスボン大地震における思想家たちの論争を、近代思想の出発点として位置づけるのは、よく行なわれることである。先に挙げた清水幾太郎の論文「日本人の自然観」にもそうした言及がある。

だが、清水がそこでとりあげるのは、リスボン地震をめぐるヴォルテールの議論のみである。現実に起こる出来事はすべて、究極的には善につながるよう神によって定められているという従来の哲学に対して、ヴォルテールは大地震による悲惨な犠牲を指摘し、その苦しみをごまかさずに直視することを唱えた。このことをシュクラーは、人が不正義を感じる核となる、裏切られたという感覚の重要性を説いたものとして、いちおう重視するが、より強調するのは、ヴォルテールを批判したルソーと、カントの方であった。災害から受けた苦難を直視することから出発して、さらにそのなかに潜む不正義を見いだし、従来の秩序の運営における責任のありかを探ってゆくこと。大事なのは、不運のなかから不正義の存在を切り出し、状況の改善を図ってゆく思考なのである。

先にふれたように、このたびの東日本大震災において想起された過去は、戦後の冷戦下で抱き続けてきた恐怖感だけではない。大正の大震災についても多くの言及がなされ、寺田寅彦の言葉がくりかえし引用されている。津波の被害について「天罰」と呼び、「津波をうまく利用して我欲を洗い落とす必要があるね」と発言した当時の東京都知事、石原慎太郎の発言が批判の的となったが、これもまた、大正の震災による被害に関し、「天譴」として理解する議論が流行した記憶の復活とも言える。澁澤栄一や内村鑑三をはじめとして、多くの論者がこの言葉を用いて大震災を論じたのであった。

しかし、尾原宏之による研究『大正大震災——忘却された断層』(白水社、二〇一二年)が詳細に論じたことであるが、大正大震災における「天譴」論は、天から下された罰なのだから、人間はただそれを受けとめて反省するしかないという議論だけに尽きるものではなかった。評論家、生田長江や政治学者、浮田和民のように、「天譴」論を単に人々の道徳的腐敗への反省に終わらせるのではなく、腐敗をもたらしている社会制度を問題にしなくてはいけないと説き、社会の根本からの「改造」を説く論者も現われていたのである。

このように、東日本大震災から大正大震災という過去を想起するにしても、ただ被害の悲惨さや、「忘れた時分に来る」将来の地震に対する心構えの文句に注目するだけでは、震災後の社会を構想するのには、あまり役立たない。重要なのは、厖大な被害のなかに、人為によって防ぎえた部分を見いだし、その不正義の告発を新たな社会構想につなげるような、生田や浮田の議論を改めて想起することだと思われる。

それと同じく、戦後の記憶に関しても、冷戦期の恐怖感のなかで、それをのりこえようと努力した、さまざまな議論をふりかえることが、「災後」の希望のありかを探るためには重要だろう。その意味で、「災後」を考えるためにも、「戦後」に人々が、社会をとりまく恐怖と、そこから抜け出すための希望をめぐって考えてきた軌跡をたどることは、不可欠の営みなのである。

Yoshie Kawade
川出良枝
東京大学大学院法学政治学研究科教授

リスボン地震後の知の変容

はじめに

一瞬のうちに多くの人命を奪い、かろうじて生きのびた者にも心身ともに深い傷を与え、平穏な生活を破壊し、慣れ親しんだ風景を一変させる大震災。こうした不条理な出来事に直面したとき、われわれはこの不条理のもつ意味を問い、それをどう解釈し、どう受容すべきか、問わずにはいられない。圧倒的な自然の脅威の前に、人間が営々と築きあげてきた文明の脆弱さが露呈した。科学の成果と技術の粋を結集した防潮堤の残骸をみるとき、そうした感慨をもたずにはいられない。だが、その一面で、東日本大震災の場合、それが現代文明の豊かさの一翼を担ってきた原子力発電所の事故をともなうものであっただけに、われわれは文明そのものが生み出す災厄の存在に否が応でも目を開かされた。安定的な電力供給なくして今日の生活水準を今後とも維持することはできないかもしれないが、かといって、この先も、大きなリスクを抱えながら原子力発電所に依存しなければならないのか。この震災を、文明の発達に驕り高ぶってきた現代人の全般的風潮への「天罰」(もちろん比喩的な意味ではあろうが)である、これは自然がもたらした災害ではなく、文明がもたらした災害、すなわち「文明災」である、といった論評が震災後の日本で飛び交い、また、それらに対する反発や批判の応酬もおこなわれた。今回の大震災の経験によって、われわれは、文明とは何か、これからどう文明と向き合っていくべきかという深刻な問いを突きつけられたのである。

大規模な自然災害をきっかけに、文明のあり方について真摯な反省の機運が高まったのは、何も今回が初めてではない。今あらためて、一八世紀のリスボン地震後に交わされた論争やそれによってもたらされた知の変容をたどり直すとき、そこで展開された様々な議論は決して異国の遠い過去の出来事であるとは思えないほどリアルな迫力をもってわれわれに迫ってくる。リスボンの大震災とは、一七五五年一一月一日に発生し、ポルトガルの首都リスボンを壊滅させた地震および津波とその後の大火災のことである。死者はおよそ三万人と推定されている。今回の東日本大震災の後、この震災のことがしばしば言及された。特に欧米のメディアでは、地震や津波という自然災害をリスボン地震というフィルターを通して論じるというやり方が良くも悪くも常態化している。その規模と損害の大きさという点では、二〇〇四年一二月のスマトラ島沖地震(死者二二万名とも推定される)は今回の東日本大震災を凌駕しているのだが、その際も、同様のことがおきた。フランスを例にとると、ジャン゠ピエール・デュピュイによる『ツナミの小形而上学』はスマトラ島沖地震をきっかけに二〇〇五年に刊行されたものだが、そこでもまた、リスボン地震をきっかけとして生じた知の変容がスマトラ沖地震後の世界の反応と合わせ鏡のように議論されている(二〇一一年に邦訳がでたが、日本語版の序文では東日本大震災にも言及されている)。また、二〇〇五年がちょうどリスボン震災の二五〇年にあたることから、リスボンの大震災がもたらした思想的・文化的影響について、いくつかの総括的な研究もなされた。

リスボン地震が後の言説を二五〇年以上も規定する。どうしてか。ヨーロッパが巨大な自然災害から比較的免れてきたから、という説明ももちろんあり得る。しかし、リスボン以前にもリスボン以降にも、全くその経験がないというわけでもなかった(たとえば、ナポリやシチリアも大震災を経験した)。リスボン地震がこれほどまでに語り継がれるその最大の理由は、よく知られているように、大震災が同時代の知的状況に大きな影響を与え、それが有名な作品や論争を生み出したというところにある。その旗振り役をつとめたのは、なんと言ってもヴォルテールである。地震のもたらした甚大な被害の報に接するや、この稀代の知識人は、『リスボンの災禍についての詩』(一七五六)を書き下ろす。この詩にヴォルテールの変節を読み取ったジャン゠ジャック・ルソーは、反論の手紙をつきつける。批判をものともせず、ヴォルテールは、自らが到達した境地をその代表作『カンディード』(一七五九)に結晶させる。

ドイツでは、若きカントがリスボン地震に注目した。カントはそこで、自分が明らかにするのは、あくまでも自然現象とその原因についての科学的分析であって、地震が人間や社会にもたらした一連の惨状——死の恐怖、財産の喪失からくる絶望感、他者の不幸を目前にしたときの無力感など——の説明ではないと宣言する。「このような[地震の惨状の]説明がなされれば、それは感動的であろうし、心を打つだけに、人心を改善するという影響すら及ぼしうる」かもしれないが、「そうした話は自分より巧みな手に任せる」(「地震の歴史と博物誌」『カント全集』第一巻、岩波書店)。カントが「巧みな手」に任せるとした課題を引き受けたのが、ハインリッヒ・フォン・クライストである。その短編『チリの地震』(一八〇七)は、一六四七年のチリの地震を題材としているが、リスボン地震から多くの題材を得ていることは明白である。こうした知のリレーがその後も現代に至るまで続いているということは、やはり特筆すべきであろう。

しかし、そもそも、なにゆえに、このように多数の論者がこの災厄にこれほどまでの関心を抱いたのであろうか。その理由として、この地震が発生した一八世紀中葉のヨーロッパの知的状況をあげることもできる。大規模な自然災害に直面して文明のあり方に深刻な反省の機運が高まったと先に述べたが、実のところ、「文明」という言葉の成り立ちからしてみても、この時代は重要な意味を持つ。というのも、明治期の日本で、文明ないしは文明開化という語によって訳出されたフランス語の civilisation または英語の civilization という語が、今日と近い意味、すなわち、物質的豊かさ、学問・技術の発展を含む社会の全般的な進歩という意味で盛んに用いられるようになったのが、まさにこの時期のフランスやイギリスであったからである。

リスボン地震とは、まさに「文明」という語が産声を上げたのとほぼ同時期に発生した悲劇であったのである。ようやく形を表しかけたとはいえ、まだまだ文明という観念の基盤は脆弱かつ不安定であり、これに対抗しようという旧来の勢力もまだ力を失っていなかった。その一方で、文明化のゆきつくところ、どういう未来図が描かれるのか、鋭敏な感性は早くもその将来に強い警戒を示していた。こうした綱引きの真最中に、いずれの立場にとっても予想外の災厄が発生した。しかも、それが他ならぬリスボンで、ということも、歴史の皮肉である。というのも、後に詳しくみるが、ポルトガルはスペインと並んで異端審問制度をいまだに残していたことで悪名高く、他方、ちょうどこの時期のポルトガル政府は、旧弊をあらため英仏をモデルとする近代国家の設立を急ピッチで進めていた。あえて図式的な言い方をすれば、リスボンは当時「文明」と「野蛮」の争いの主戦場であったのである。

文明との向き合い方について暗中模索している現代の日本にとって、リスボン地震がもたらした知の変容を可能な限り多角的に再検討する作業は大いに示唆的であると思われる。以下では、この課題を三つの問題群に絞って順に論じていく。すなわち、第一に、想定外の災害により、不合理な人間の情念(狂信)が噴出し、社会がカタストロフに陥った場合、それにどう対処するか、第二に、罪なき者を苦しめる震災という「悪」の存在をどう解釈するか、第三に、震災を自然災害(天災)とみるか、人為的災害(人災)とみるかという三つである。

カタストロフへの対処

第一の問題群は、想定外の危機に直面した人間の不合理な情念の噴出をめぐるものである。リスボン地震の際には、これは神が堕落の度合いを深めた人間に下した罰であるといった、いわゆる天罰論が噴出した。文明化を推し進めようという立場からすると、許しがたい狂信であり、迷妄である。この問題を考える上で、それがあくまでも事実ではなく、仮構の小説作品であるという制約をふまえた上で、まずはクライストの『チリの地震』をみてみよう。というのも、この作品は、色々な意味で、カタストロフに陥った人間の心理状況を劇的に解剖した作品であるからである。まずはごく簡単にそのあらすじを記す。

物語の前提は震災の前に遡る。貴族の娘ホセファ(ジョゼフェ)は家庭教師の青年ヘロニモ(ジェロニモ)との交際を親に反対され、修道院に入れられてしまう。だが、恋人との関係は続き、修道女でありながら男子を出産したため、大司教に糾弾され斬首の刑を宣告される。ヘロニモも収監され、絶望してまさに首をつろうとしたところで地震がおきる。二人、および二人の間の子供は、皮肉なことにこの地震がもたらした混乱のおかげで無事に逃亡でき、再会を遂げる。喜びを分かち合う二人は、震災後、生きのびた多くの被災者が助け合う様を発見し、これに深く感激する。「誰にもふりかかったあの災厄が、それからのがれた者たち全員をまるで一つの家族としたかのようだった」(『クライスト全集』第一巻、沖積舎)。今風の表現を使えば、「災害ユートピア」(レベッカ・ソルニット)と言えるような光景である。二人も、道中で遭遇した知り合いのドン・フェルナンドの家族を助け、友情を暖める。

ところが、その後、この友愛と和解の物語は暗転する。修道院の院主がミサを執り行うと聞いたホセファは神に感謝の意を表するために、夫と子供、また、ドン・フェルナンドの一家(負傷していた妻は自宅に残る)とともに倒壊をまぬがれた聖ドミニコ会の教会に出かける。だが、ミサでの説教は、この地震を最後の審判の前触れとみなし、風紀の乱れ、とりわけ、ホセファらによる修道院での冒瀆行為が神の怒りに触れたことによって引き起こされたのだと決めつけ、会衆を煽り立てる。一行は恐怖に駆られて教会から脱出しようとしたものの、ホセファの正体がばれてしまう。また、ドン・フェルナンドがヘロニモと取り違えられ、殺されかけたところ、ヘロニモが彼をかばって自ら名乗りをあげる。ついには、激高した群衆の手によって、ホセファとヘロニモ、この二人の息子と取り違えられたドン・フェルナンドの息子、同行していたドン・フェルナンドの妻の妹が、「神を汚した奴ら」として虐殺される。かろうじて生きのびたドン・フェルナンドは、妻と話し合い、自分たちの息子の代わりに一命をとりとめたホセファとヘロニモの遺児を養子に迎える。

以上が『チリの地震』の骨格である。宗教的偏見や身分・財産による差別によって分断されていた社会は、震災をきっかけに、苦難を共有する生き残った者たちからなる平等と友愛の共同体へと変貌する。だが、作者のクライストはこのつかの間の共同体に過剰な幻想を抱くことはない。この共同体は、扇動者の一声で、異質な存在を徹底的に排除しようというむき出しの暴力をうみだしてしまう。それは、自分たちが取り違えによって無関係な者の命を奪ったことに怯むことすらないパニック状態、まさに秩序の崩壊であった。もちろん、『チリの地震』は、息子を殺されたドン・フェルナンドとその妻が、遺児をわが子として慈しみ育てることを決意するというわずかな希望を残して終わっている。しかし、この作品を読む者は、危機に直面した人間がいかに易々と不合理な情念に身を任せ、平気で暴力に手を染める存在となるかを突きつけられ、戦慄せずにはいられない。実際、きっかけが自然災害であれ、戦争や経済恐慌であれ、人類は同様の事件を繰り返してきたからである。

とはいえ、これはあくまでも寓話である。リスボンの地震を強く連想させながらも、舞台をわざわざチリの地震に設定したことも含めて、作者は現実と創作との距離を曖昧にしてはいない。実際にリスボン地震の後のポルトガルでどんなことが起きたかといえば、それは物語におけるように、「野蛮」が「文明」に勝利をおさめたのではない。むしろ逆に、「文明」が「野蛮」の息の根をとめたとすら言えるような過程が着々と進行した。ただし、現実の政治過程は当然、こうした単純な図式におさまらないもので、それは、理性と狂信の激突というよりは、むしろ、秩序維持を最優先とする冷徹なリアル・ポリティークによる旧勢力の圧殺といった方が近いかもしれない。ポルトガルは当時、きわめて有能な大臣セバスティアン・ジョゼ・デ・カルヴァーリョ・イ・メロ、後のポンバル侯爵が実権を握っていた(以下、慣例にならいポンバルと呼ぶ)。ポンバルは、イギリスとの外交を重視しつつも、イギリスに過度に依存する自国経済の改革をはかるべく奮闘していた。ポンバルの近代化政策の最大の障害となったのが、植民地の経済を独占し、教育にヘゲモニーを握り、英仏で発展を遂げた新しい学問や技術の導入に抵抗を続けるイエズス会の存在であった。大震災は両者の対立状況の中で発生した。

震災後、ポンバルは疫病の原因として恐れられていた死体の収容を命じ、食料と仮の住居を供給し、免税措置や強力な治安措置を講じるなど、迅速に対応した。震災直後の不安定な時期に、ここでもまたイエズス会がポンバルにとっての敵対者となる。宗教者達は、悔い改めなければ堕落した人間を罰するためにさらなる地震が起きるだろうという予言を繰り返し、住民の不安を煽り続けた。なかでも、扇動的な言動を繰り返したのが、イエズス会士のマラグリダであった。マラグリダは、そのパンフレット「地震の真の原因についての意見」(一七五六)において、震災を単なる自然現象であるとみなす考えを真っ向から批判する。この悲劇の原因は「あなた方の罪であって、自然現象ではない」というのである。まさにクライスト描くところの狂信者による天罰論そのものである。

マラグリダの主張は、当時の一般的な自然観からみても常軌を逸した不合理な説であるが、こうした扇動行為に対するポンバルの対応が熾烈を極めたことも事実である。その政治力をフルに活用し、マラグリダの言論活動を制約し、のちに彼を異端(ただし地震の解釈をめぐる論点とは別の論点であるが)および国王暗殺計画を練ったかどで(実際にそのような確たる証拠はなかったにもかかわらず)、異端審問にかけてしまう。その結果、マラグリダは、一七六一年に有罪判決をうけ、処刑され、その死体は焼却される。弾圧の対象となったのはマラグリダだけではなく、国王暗殺未遂事件を最大限に利用して、ポンバルは、ポルトガルの近代化に抵抗したイエズス会士をほぼ完全に国外に追放する挙に及んだのである。

狂信と理性との戦いはかなり血なまぐさい形で後者の圧倒的勝利におわる。もちろん、それが血なまぐさいものであったとしても、政治家としてのポンバルの震災対応が歴史上高く評価されるものであったことは否定できない。ポンバルは、震災直後の初期の対応が一段落つくと、技術者を招集し、災害に強い新しい都市建設のプランを作らせたことでも有名である。それどころか、徴税制度の近代化、懸案だった教育の世俗化、火刑の廃止といった異端審問制度の改革なども推し進め、近代国家建設の道を強力に推し進めることに成功した。ヴォルテールはマラグリダの処刑についても簡単な批判的なコメントを残しているが、同時代を全般的に見れば、やや一方的に、イエズス会の狂信と異端審問制度に対する糾弾が繰り返されていた(ヴォルテール自身、反異端審問の騎手であった)。ポンバルの上からの改革は、言うまでもなく、近代化の過程の一つの側面であり、この一事をもって文明こそが野蛮であるといった極論を導くべきではないが、とはいえ、ポルトガルにおける天罰論の完全な排除には、リアル・ポリティークの貫徹という側面があったことも忘れるべきではない。

震災という「悪」の存在をどう解釈するか

第二の問題群は「悪」と「摂理」をめぐる問題である。ここでいよいよ本格的にヴォルテールに登場してもらうことにしよう。リスボンの大震災に大きな衝撃を受けたヴォルテールは、震災の直後に『リスボンの災禍についての詩』を刊行する。これは、後の『カンディード』とともに、しばしば、ヴォルテールがそれまで奉じてきた「最善説」の立場を放棄した作品とみなされてきた。後に見るように、必ずしもそうとは言い切れないのだが、少なくとも、震災の後、ヴォルテールがこれまで自分がナイーブに信じてきた最善説に真正面からの疑念をぶつけ、最善説に固執する者に対し、きつい風刺をぶつけるようになったことは事実である。

だが、話を進める前に、そもそも最善説とは何かを説明しておきたい。最善説とは、「オプティミズム」という語の訳である。現代では、楽天主義という訳がつけられるが、ヴォルテールの時代の用例には、原義の最善説という訳語が適切である。この語は、フランスでは、ちょうどこの時期に広範に用いられるようになり、一七五三年のアカデミーの辞書は、「存在するものすべては、可能な限り最も良いと考える哲学の教説」と定義している。ここでいう哲学の教説とは、ドイツの哲学者ライプニッツの立場、およびそれをより一般化したイギリスの思想家シャフツベリーやポープの立場を大まかに表している。もう少し厳密にその内容を示すなら、ライプニッツはその『弁神論——神の善性、人間の自由、悪の起源について』(一七一〇)において、次のような主張を展開した。すなわち、神は可能な限り最善の秩序を宇宙に与え、この神の計画においてなんら修正の余地はなく、悪はより大きな善のために存在するのであって、悪もまた宇宙の調和の一部であるというのである。ただし、人間は不完全な存在であるため、すべてをみてとることができず、悪が善なるこの世界の必然的一部であることを理解できないともされた。こうした議論に影響を受け、ポープは有名な「すべては良い」の詩を書き、最善説の教義の幅広い流布に貢献した。

こうしたライプニッツ・ポープ流の最善説は、人間の原罪を強調し、自然の秩序すらも超越する神の絶対的な自由意志を強調する教義に対する反論という性格をもつもので、ヴォルテールも当初、とりわけポープに礼賛をおしまなかった。ところが、ヴォルテールの最善説はリスボンの大震災における甚大な被害を前にもろくも崩れる。どう言いつくろおうとも、震災における罪なき者の大量の死とは悪であり、これもまた、すべてが善に向かう必然的な神の摂理の一部であるとはとうてい考えられないというのである。『リスボンの災禍』からいくつかの節を引用しよう。

「ああ、不幸な人間たちよ、ああ、嘆かわしい大地よ。『すべては良い』と叫ぶ迷妄の哲学者たちよ、ここに来て見よ、この廃虚、残骸、屍を。大理石の下に埋もれ、手足は千切れ、折り重なる女や子供たち。大地にむさぼり食われた十万の不幸な人々、血を流し、引きさかれ、まだ息をしながら、自分の屋根の下敷きになって、助けもなく、恐ろしい責苦のうちに最期をとげるのだ」。

「血まみれのわたしの屍体から無数の虫が生じるだろう。わたしの苦しみが死によって極まる時、虫に喰われるとは、結構な慰めだ。(中略)この致命的なカオスの中でも、この不幸は全体にとっての幸福だと諸君(=最善説の信奉者)

は言う。何という、幸福か」。

「神は自由で、正しく、けっして冷酷ではない。それならば、なぜわれわれはこの公正な主の元で苦しむのだろう。これが解かれなければならない宿命的な謎なのだ」。

「完全な存在から悪が生まれるはずはない。悪が神以外に由来することはない。なぜなら神だけがこの世の主だからだ。しかし、悪は存在する。なんと悲しい真実か」。

「自然は寡黙で、われわれは空しく探求する。われわれには、人類に語りかける神が必要だが、神は神自身にしか、その作品について説明しない」。

詩の全体を貫くのは、罪なき者も罪ある者も区別なく死に追いやる神と自然に対する怒りである。宗教的不寛容との戦いにいわば生涯をかけたヴォルテールからすれば、異端審問官のような不寛容の権化たる存在こそが、この震災で被害に遭えばまだ良かったものを、自然はおよそ、そうした道徳的な判断とは無縁である。また、この詩の随所で登場するのは、こうした苦しみは部分的な悪に過ぎず、全体の善に寄与するものでしかないとうそぶく最善説を奉じる哲学者――もちろんかつての自分も含めて――に対する怒りである。とはいえ、全体を支配する怒りと嘆きにもかかわらず、この詩の最後でヴォルテールは希望の余地を残す。「いつか、すべては良くなる、これがわれわれの希望である。今日、すべてが良い、それは幻想だ」。実はこの締めくくりの一文は、元のままで出版したら教会の逆鱗にふれかねないという、友人のアドバイスによって後から付け加えたもので、解釈の難しい文章ではある。とはいえ、ここではこれ以上立ち入らないが、諸般の材料から見て、やはりこれはヴォルテールの真意をあらわす結論だとみなすべきである。最善説を信奉していた頃と比べて、不可知論の度合いが深まったとはいえ、それはもっぱら、人間には神の摂理をすべて理解する能力がないという、人間の認識能力の限界に由来するものである。先述のようにライプニッツもまたこうした留保は置いていた。われわれがその仕組みのすべてをただちに理解できないにせよ、世界そのものは合理的な自然法によって整然と秩序づけられていると考えるしか他にないという基本的な想定は、決して放棄されていない。個別の悪の存在に動揺しても、ヴォルテールは神の善性の否定にまで進んではいない。

しかしながら、この詩をヴォルテール本人から贈呈されたジャン＝ジャック・ルソーは、そこにヴォルテールの許しがたい変節しか読み取らず、詩の何倍もの分量にのぼる長文のヴォルテール批判（『ヴォルテール氏への手紙』）を書き上げる。もともとヴォルテールとルソーの神学的立場は近く、単純化すれば、理神論（啓示やドグマを否定するが、神的なものの存在、およびこの世界が普遍的・合理的な自然法に支配されていることは信じるという神学・哲学的立場）または自然宗教論である。一方で、神の全能と人間の原罪をはじめとするドグマを強調し、他の宗教・宗派に不寛容なカトリック教会を批判しつつ、他方で、神の摂理を否定し、すべてが物質の因果連鎖の産物であるとみなす無神論的なフィロゾーフ（ディドロ、エルヴェシウス、ドルバック、ラメトリなど）を批判するという点で二人は本来ならば共闘できる関係にあった。当時まだ駆け出しの文筆家であったルソーは、ヴォルテールに私淑し、この大知識人に認められたいと渇望していた。しかし、二人の関係は徐々に冷ややかなものとなっていった。ルソーが自分の自信作である『人間不平等起源論』をヴォルテールに謹呈した際には、「あなたの著作を読むと四本の足で歩きたくなります」との強烈な皮肉を含む返礼を受けていた。また、後年ルソーはリスボン地震をめぐり反論の手紙を書いた経緯として、「富と栄光の重みにいわば押しつぶされている哀れな男［ヴォルテール］が、にもかかわらず、この世の悲惨を厳しく弾劾し、終始すべては悪だと思っているのをみて驚き、私は彼を自分自身に立ち戻らせ、すべては善だと彼に証明してやろうという無謀な計画を思いついた」と述懐している。

こうした私的な事情はさておき、ではルソーはヴォルテールのどこを批判したのだろうか。ルソーの批判は、ヴォルテールは個別の悪の存在に拘泥し、それを一般的な悪にまで押し広げて、最善説を批判している点で間違っているというものである。最善説は個別の悪の存在を否定するものではなく、ただ、個別の悪が全体の中に位置づけられたとき、全体において悪は存在しない、すなわち、「すべては全体にとって善い」というのがその本質だというのである。「摂理はただ普遍的なものであって、宇宙の支配者は類と種とを保存すること、全体を司ることで満足し、各個人が現世の短い一生をどうすごすかについては心を煩わさない」(『ヴォルテール氏への手紙』ルソー・コレクション『文明』所収、白水社)。

そもそも、ルソーが摂理の問題についてヴォルテールを批判するやり方は、第三者的に見ると、あまり公平なものではない。ルソーによれば、ヴォルテールは「不幸なものよ、永遠に堪え忍びたまえ。不幸が終わるなどと期待してはいけない」と示唆していることになり、自分はそんな無慈悲な主張には耐えられないと主張するが、そもそも詩を最後まで読めば、それがこうした悲観論を標榜していないことは明らかである。ヴォルテールが最終的には自分の最善説を放棄していないなら、ルソーが個別の悪・部分の悪を全体の善で正当化できるという、最善説の基本的な教説を再びもちだして、ヴォルテールを本来の立場に立ち戻らせようとしたとしても、ヴォルテールにとってはどこ吹く風とでも言えるものであった。

他方、ヴォルテールは自分が到達した境地をさらに練り上げていく。その最も美しい表現が、『カンディード』において主人公が最後に導き出した結論「自分の畑を耕さなければなりません」であろう。『カンディード』とは、主人公カンディードと、その家庭教師で最善説の熱烈な信奉者パングロスを軸とする物語である。二人は、戦争、病、婚約者との死別(後に再会)、嵐による海難事故、地震、異端審問、裏切りや詐欺等々、様々な災厄に見舞われる。災厄には、病や自然災害のような自然的なものと、戦争や宗教迫害や犯罪や奴隷制度のような人間がもたらす人為的なものが網羅されている。ところが、カンディードがどんな苦難に直面しても、また、どれほど多数の悲惨な境遇にある罪なき人々と遭遇しても、パングロスはこの世のすべては善であり、部分的な悪は全体の善に必然的に連関しているという立場を貫く。初めは素直に教えに従っていたカンディードもパングロスの説に疑念を抱き、一時は、マニ教的善悪二元論を開陳するマルティンに接近する。その教えとは、この世は善と悪の不断の闘争の場で、しかも悪は常に善に優位するというもので、パングロスの対極にある思想の持ち主である。数々の苦難の末、変わり果てた姿の婚約者と再会し(不本意ながら)結婚、質素ではあっても何とか平穏な生活を送れるようになったカンディードに対し、パングロスがなおも、自説の正しさを説こうとする。すなわち、今日の幸福も、これまでの苦難があってのことではないか、というわけである。カンディードがそれを遮り、「お説はごもっともですが、自分の畑を耕さなければなりません」と宣言したところで物語は終わる。

カンディードのこの有名な言葉は、地に足のついた生活者の良識や世間知、もしくはプラグマティズムの勝利という風にも読めるが、本当に問題が解決したわけではなく、謎めいている。ヴォルテールは、パングロスともマルティンとも批判的な距離をおきつつ、読者にこの曖昧な結論の解釈を委ねている。

この作品を読んだルソーは、『カンディード』は、自分の批判の手紙に対するヴォルテールの返答だと思いこんだ。ヴォルテールがそこまでルソーを意識していたかは明らかではないが、ルソーの批判を通してヴォルテールの大震災に対する態度を見直すと、ヴォルテールが『リスボンの災禍』および『カンディード』で示した立場の特徴がよく分かる。ルソーが最善説を固持するということは、リスボン地震という文脈で解釈すれば、震災の被害はしょせん個別の悪に過ぎず、全体秩序にはいささかのゆるぎもないことを示唆するものである。これは、まさに、パングロス顔負けの冷徹な論理である(公平のために一言付け加えれば、ルソーの議論の前提には、人間にとって真の慰めは魂の不死以外にはないという立場が控えていた)。他方、ヴォルテールにとっては全体はともあれ、まさにそこにある個別の悪に配慮するということこそが、震災を通して深く学んだ点である。なるほど、ヴォルテールにとっても、それは究極的には全体の善によって意味づけられる存在かもしれないが、そのような悪が確かに目の前に存在する以上、自分としてはその悪に苦しむ者の痛みに目をつむることはできない。再び、『リスボンの災禍』から一節を引用しよう。

「冷静な観察者、大胆不敵な精神よ。あなた方は難破した兄弟が死にゆくときにも考察を忘れず、平然と嵐の原因を探るのだ。だが、敵である運命の一撃を感じて、より人間らしくなり、われわれと同様、涙を流す」。

人間の知性の限界を超えたカタストロフを前にして、分からないことは分からないものとして受入れ、不幸に苦しむ他者のためにただ涙を流す。すべてを理解し、すべてを思い通りにできないからといって、シニシズムに陥ることなく、自分のできることに全力をつくす。これがリスボンの震災をへて導き出したヴォルテールの結論ではなかったか。

震災を自然災害とみるか、人災とみるか

ルソーによる『ヴォルテール氏への手紙』には、悪に対する対処という問題群以外にもう一つ、重要な論点が隠されていた。すなわち、そこでルソーは、この震災の甚大な被害を、自然がもたらしたものというよりは、人為の所産であるという立場を前面に押し出したのである。ルソーのみるところ、純粋に自然的な出来事に無理やり神の正義を読み取ろうと

してきた天罰論が愚かなだけではない。悪の原因は神でもないし、では、それが自然かといえば、大半の場合、自然が原因ですらない。リスボンの住民が、高層の建物を密集させ、大都会の豊かな暮らしにこだわったからこれだけの惨禍がもたらされた。「たとえば、自然のほうからすれば、なにもそこに七階や八階建ての家を二万軒も集中させることはまったくなかった」。しかも、リスボンの住民の豊かな生活への固執がさらに被害を拡大させた。「一回目の地震のときに全住民が逃げ出していたら、翌日にはそこから二十里のところで、何も起こらなかったときとまったく同じく陽気な人々の姿が見られたことだろう。しかし〔残した財産を失うのが惜しくて〕人々は居残り、（中略）あらたな地震の揺れに身をさらす」。地震が起きたのが砂漠であったなら、これほどの損害は発生しなかった。だが、人間の都合で、自然に対して、人間が都市を建設した場所に地震を発生させることを禁じようとでもいうのか。「世界の秩序は、われわれの気まぐれに従って変わらなければならない」とでもいうのか（『ヴォルテール氏への手紙』）。要するに、ここでルソーはリスボンの大震災が近代化を急速に進めるリスボンにおける都市型災害であり、いわば文明の悪、人為の悪（＝人災）であると診断するのである。

ところで、ルソーのこのような批判を、それならば、ルソーがここで「自然に帰る」ことで悪を解決することを示唆していると読んだとしたら、それは誤りである。前述の『人間不平等起源論』に対するヴォルテールの批判（「あなたの著作を読むと四本の足で歩きたくなります」）以来のルソーへの誤解といってもよい。ルソーの基本的立場は、不平等や政治的抑圧に対する処方箋に典型的にあらわれるように、「悪（病）そのものからそれを癒す治療薬を引き出す」というものである。すなわち、それが人為的な悪であるなら、それを正せるのも人間であり、悪は人間の力で、まさに人為的に解決すべきだ、というものである。まさに『社会契約論（ジュネーヴ草稿）』の一節が如実に示すように、「最初の人為が自然に加えた悪を、完成された人為が矯正する」。人間にとっての悪の原因が神の懲罰でもなく、また、その大半が自然的原因によるものでもないと断じることは、人間が悪の発生と解決にすべての責任を負うという方向に大きく舵を切ることを意味する。

確かに、ルソーのこうした部分は、これまでもルソーを擁護する者、批判する者の双方から指摘されてきたように、ホッブズの哲学と並ぶような徹底した「近代主義」の表現であるといえる。リスボン地震をめぐる群像の中で、こうした近代主義を代表する人物としては、ポンバルを想起せざるを得ない。天罰論を一蹴し、自然から神聖性をはぎとり、上からの強力なリーダーシップにより、震災直後の人心の動揺を押さえ込み、被害者の救済と震災からの復興のために手段を尽くし、より安全なリスボンの都市計画に着手したポンバルは、大半の問題を人間は自らの力で責任をもって解決することができることを示した点では、ルソーと近い関係に立つ。同じ頃、ドイツにおいて、地震という現象を純粋に自然現象として捉え、そのメカニズムの解析に乗り出したのがカントであった。実のところ、カントもルソーと同様、地震がこれほど大きな被害をもたらしたのは、大地の揺れに対し脆弱な建造物が密集していたところに原因があったと指摘していた。そうであればこそ、地震のメカニズムを科学的に解明することが重要なのである。よく知られているように、カントの一連の地震論は、一九世紀以降本格的に発展する近代地震学の最初期の試みであった。

だが、ポンバルやカントと比較することは、人為の生み出す巨大な力の解放という流れを共有しながら、いかにルソーの提言が特異であったかを逆に明らかにするとも言えよう。同じく人為の力に期待するといっても、ルソーの悪に対する治療方法は、ポンバルとは大きく方向性を異にする。ポンバルは、技術的不備はさらなる技術の発展によって乗り越えていくという、まさに文明化をさらに推し進めるというかたちで人為を加える。それに対し、ルソーが示唆するのは文明化の過程をいわば巻き戻すために人為を加える、というものであった。『学問芸術論』や『人間不平等起源論』以来、ルソーが一貫して示したのは、文明化を推し進める社会に対する批判であった。人間は、より豊かでより贅沢な生活を送りたい、できるだけ労苦を避け安楽に目的を達成したい、他人から褒めそやされたい、他人を犠牲にしても自分の思うままに生きたいという自らの欲求を解放し、学問や技芸を発展させ、その欲求を次々に実現してきた。だが、その結果、人間は分業を通して他人に依存し、社会にがんじがらめにされ、富める者、力ある者とそうでない者との間の不平等と抑圧の制度を作り上げてしまった。リスボンの災禍もまた、こうした人々の際限のない欲求の暴走がうみだした悪の帰結である。しかも、それは、長い時間をかけて他ならぬ人間自身が作り上げてしまった人間的な悪の帰結である。

繰り返しになるが、ルソーは、こうした文明の悪、人為の悪を単に自然に戻ることで解決しようとしたわけではない。未開の段階を脱した人間はいわばパンドラの箱を開けてしまったわけで、そこに残された手段は、いわば毒をもって毒を制するというやり方でしかない。人為の悪はさらなる人為を尽くすことでコントロールしなければならない。既存の文明に抗する新たな文明を作る。これが震災への対応に限らず、社会のあらゆる問題に対して示したルソーの終始一貫した確信である。

文明とどう向き合うか
——東日本大震災への示唆

リスボンの大震災が欧米社会において、二五〇年後にも振り返られ、それがもたらした一連の対応や論争がいまだに新たな災害を認識する際の認識枠組みになっているのも、以上述べてきたような様々な観点がそこに含まれていることをふまえれば、ある程度納得がいく。巷間いわれているように、大きな災害に直面し、楽天主義がふっとんだ、といったレベルには到底納まらないような、西洋社会にとって、大きな試金石となった事件であった。

もちろん、こうした認識枠組みを金科玉条のように日本社会にもちこむべきだというのが、本論の提案ではない。自然災害への対応の歴史という点では、不幸なことに、日本の方が大半の西洋社会よりはるかに洗練されているとすら言えるかもしれない。とはいえ、リスボンの大震災をめぐる問題群が、三年を経る東日本大震災に示唆するものは決して小さくはなく、以下、考察をくわえたい。

おそらく、一番印象的なポイントは、今回、原子力発電所の事故が震災の衝撃の中核をしめることになったことに由来するとは思うが、一般に、この震災を天災ではなく、人災であるとみなす議論が非常に多かったということである。震災の直後に、東京電力関係者が、われわれだって震災の被害者だといった発言で顰蹙をかったが、それはさておき、マスメディアで浮上するのは、地震という大きなリスクをコントロールできなかった技術的不備と、またそれに携わる人間の慢心、注意力不足、無責任さ、または指導力不足への批判であった。当然、今後同様な事態を想定し、人知を尽くしてそれに備えるべきだ、または、代替自然エネルギーの早急な開発で脱原発を推進すべきだ、という、そのこと自体はいたって健全で、批判するまでもないものだが、こうした反応が現代の日本社会の主潮流を形成したということは、リスボンの大震災を合わせ鏡にすると、どうしても目にとまる。あえて図式的に述べれば、ポンバルとルソーの子どもたちが主流を占め、人間を超越した圧倒的な自然の力を前にした人間の無力と悲惨をただストレートに嘆くという、ヴォルテールの子どもたちは影を潜めたとでもいおうか。ましていわんや、マラグリダの子孫は復活の余地すらなかった。たしかに、ごく一部で「天罰」論が浮上した。これは石原慎太郎氏だけでなく、それに理解を示した仏教学者末木文美士氏とこれに反発し論争を挑んだ同じく仏教者の佐藤哲朗氏とのブログ・ツイッター上の論争という形でしばらくくすぶり続けたようである。しかし、それも局所的な論争という感は否めない。

天災云々はともかくとして、自然災害か、人災かといえば、大震災はそれらが複合した災害であるとしか言いようがない。なるほど、震災復興のためには、ヴォルテールのように、ただ嘆き悲しみ、やがて受容と諦念の境地に達するだけでは何も始まらない。ある意味では、われわれに必要なものは、もっと強力なポンバルだったかもしれない。ただし、その強力なリーダーシップが「上から」の権威ではなく、より民主的な合意形成に根ざすようなものであるべきで、そうであればこそ、なおさらそれはより有効なものともなろう。また、他方でわれわれに必要なものは、もっと賢明なルソーだったかもしれない。もっと賢明な、という意味は、幸福な生活というものに対する個々人の広範な欲求についてあらかじめ四角四面な枠をはめず、また、すべてを一気に解決できる万能薬など存在しないことを自覚するという意味においてである。われわれの今日的な課題に置き換えるなら、原子力発電に依存することを容認し続けることによる利点とリスク、脱原発を推進することによる利点とリスクをつきあわせ、いずれの立場をとるにせよ、それをわれわれの「文明」の問題として促え、あくまでも科学的な計算を元に判断すべきであろう。

いずれにせよ、ポンバルとルソーは、悪とは人間が生み出したもの、したがって、人間が自己の責任で解決することができるものだという確信を抱いていた点では共通する。では、われわれにとって、もはやヴォルテールの教訓は不要であろうか。

あらためてヴォルテールとルソーの論争を振り返るなら、被災者に同情する前者と同情しない後者という対比が浮かび上がる。ルソーがヴォルテールを批判したとき、被害者の痛みに対するヴォルテールの強い同情と悲嘆に、大金持ちで全欧州的な名声を誇る大家の滑稽な偽善を感じ取り、これを揶揄する気持ちがなかったとは言えない。ルソーからしてみれば、自国に根を下ろすことなく、遠い異国の住民の不幸に思いをはせるというのは、コスモポリタニズム（世界市民主義）の信奉者の偽善である。「コスモポリタニズムを奉じる者には警戒すべきである。連中は自分たちの著作の中で義務について深遠な探求をおこなうが、身近な人々に対する義務を免れようとする」（『エミール』）。「人類愛の感情は、地上全体に広がるときには、薄められ、弱まるようである。われわれは、タタール人や日本人の災害に、ヨーロッパの人民の災害に感じるほどの心の痛みを感じることはない」（『政治経済論（統治論）』）。自分が提示するような根本的解決と比べると、カタストロフに直面し、ただ右往左往し、嘆くだけのヴォルテールの人類愛は、ルソーの目には何の役にも立たない自己満足的な感情に見えたのかもしれない。しかし、人間が文明の力でものごとを合理的に解決していこうという意欲が、いつの間にか、およそすべてを合理的に解決することができるという確信に変わるとき、われわれは文明の絶対化という危険な隘路に導かれるおそれはないか。ヴォルテールが批判したところの、難破した兄弟が死にゆくときにも嵐の原因を探る「冷静な観察者」だけでは、文明の絶対化に歯止めをかけることはできないのではないか。

なるほど、ルソーが考えたように、ヴォルテールの被災者への共感は薄められた人類愛の感情であったかもしれないが、その薄さゆえに縦横無尽に世界中を覆うことも可能である。ヴォルテール的な視点を完全に失うということへの警戒も同時に必要であるように思われる。

Takuo Dome
堂目卓生
大阪大学大学院経済学研究科教授

共感、愛着、および国民的偏見

アダム・スミスの場合

序論

東日本大震災以前の日本には、閉塞感や孤立感が蔓延していた。「失われた二〇年」に象徴される停滞から抜け出せない経済、あるいは、「無縁社会」が示す人と人との絆を失った社会というイメージを抱いて人びとは暮らしていた。こうした状況のもとで、すべての国民を震撼させる大災害が起こった。被災した人びとはもちろん、そうでない人びとも言葉を失い、絶望感に打ちひしがれた。しかし、国家的危機に直面する中で、互いの共感が呼び覚まされ、国民的団結の気運も高められ、復旧・復興への道を歩んできた。

震災から三年経った今、私たちは当時の感情や行動を振り返りながら、それらを整理し、風化させてはならないものは何かを確認する必要がある。本稿は、そうした作業を助ける道具として、十八世紀の道徳哲学者アダム・スミスが示した「共感」、「愛着」、

「国民的偏見」の諸概念を提示する。次節では受動的感情と能動的行動における共感の仕方の違いを論じ、その次の節では能動的行動における共感の有効範囲を説明するものとしての愛着、そして祖国への愛着が転成して起こる国民的偏見について考察する。最後に、これらの諸概念からなる枠組みを使って東日本大震災後の日本を振り返る。

受動的感情と能動的行動における共感の違い

実は、スミスの著作活動は大地震と無関係ではない。一七五五年に起こったリスボン大地震に対して、ヴォルテールが一七五九年に『カンディード』を著したのであるが、同じ年にスミスも『道徳感情論』の初版を出版した。スミスは、この時点では、『カンディード』を読んでいなかったが、友人のヒュームから紹介され、一七六一年の『道徳感情論』第二版において、『カンディード』から影響を受けたと思われる以下の文章を付け加えた。

「シナという大帝国が、その無数の住民のすべてとともに、突然、地震によって飲み込まれたと想定しよう。そして、ヨーロッパにいる人間愛のある人で、世界のその部分にどんな種類のつながりも持たない者が、この恐るべき災厄の報道を受け取ったとき、どんな感受作用を受けるだろうかを考察しよう。私の想像では、彼は何よりもまず、その不幸な国民の悲運に対する悲哀を非常に強く表明するだろうし、人生の不安定、このようにして一瞬に破滅させられうる人間のあらゆる働きの虚しさについて、多くの憂鬱な省察をするだろう。彼はまた、おそらく、もし彼が思慮深い人であったならば、この災難がヨーロッパの商業および世界全体の貿易やビジネスにもたらすかもしれない影響についての多くの推論に入っていくだろう。そして、この見事な哲学的探求のすべてが終わったとき、つまり、これらの人道的諸感情のすべてが、ひとたびうまく表現されてしまったとき、彼は、そういう偶発事件が何も起こらなかったかのように、いつもと変わらぬ気楽さと平静さをもって、自分の仕事や快楽を追求するであろうし、休息をとったり、気晴らしをしたりするであろう。一方、彼自身に降りかかりうる最小の災難でさえ、もっと現実的な混乱を引き起こすだろう。たとえば、もし彼が明日、自分の小指を失うことになったとすれば、今夜、彼は眠れないであろう。しかし、一億人の兄弟の破滅にもかかわらず、彼らを見たことがまったくないならば、彼は深い安心をもって、いびきをかいて眠るだろう」(Smith 1759/邦訳、上巻三一三頁)

この文章を読むと、スミスは人間を自己中心的な存在と見なしているように思われるかもしれない。人間には他人の感情を自分のものとして感じ取る能力、すなわち共感の能力が備わっているのだが、共感によって感じ取られる他人の感情の重要性は、共感者自身の感情の重要性と比べれば非常に小さいと言っているからだ。しかしながら、スミスが強調したい点は、これに続く以下の文章の中にある。

「だからといって、彼自身に対する(小指を失うという)ささやかな悲運を防ぐために、人間愛のある人が、一億人の見たことのない人びとの生命を犠牲にしようとするだろうか。その考えに人間の本性は恐怖を感じて驚愕するし、世間は、その最大の堕落腐敗の中にあってさえ、そうした考えを抱きうるだけの悪漢をけっして生み出さなかった。この違いを生むのは何だろうか。われわれの受動的な感情(passive feelings)が、ほとんど常に、これほど卑しく、これほど利己的であるのに、どうして、能動的な行動原理(active principles)は、しばしばこれほど寛容であり、これほど高貴でありうるのか。われわれが常に、自分に関わる事柄についてはわれわれが常に、自分に関わる事柄については何でも、他人に関わる何事によってよりも、はるかに深い感受作用を受けるのに、何が、寛容な人ならばあらゆる場合に、凡庸な人でも多くの場合に、自分自身の利害を他の人びとの利害のために犠牲にするように促すのだろうか。」(Smith 1759／邦訳、上巻三一三-四頁)

引用文の中に出てくる「受動的感情」とは、自分の行為と直接関係しない他人の幸不幸に対する感受作用のことであり、「能動的行動原理」は、他人の幸不幸に直接影響する行為を支配する原理のことである。人間は受動的感情においてはきわめて自己中心的だが、能動的行動においては、かなり寛容で、しばしば自分よりも他人の利益を優先させることができる。そうした寛容な行為を可能にしているのは、各個人の心中に「公平な観察者」(impartial spectator)が存在するからだとスミスは考える。それは、「理性、原理、良心、胸中の住人、内部の人、われわれの行為の偉大な裁判官にして裁決者」であり、「われわれは大衆の中の一人に過ぎず、どんな点においても、そのうちのどの他人にも優らないのだということ」を私たちに告げる存在である。私たちは、視点を自己中心的立場から公平な観察者の立場に移し、そこから自分と他人の幸福や利益を比較することによって、自分よりも他人を優先する決定を行うのである。

こうした人間の道徳的判断の方法は、物理的な認識の方法と類似している。物理的な世界において、諸対象は、実際の大きさに応じてよりも、それらの位置が近いか遠いかに応じて、肉眼には大きく、または小さく見える。たとえば、部屋の中から窓を通して遠くの景色を見るとき、草原や森、山々などの風景は、窓よりも小さく、部屋よりもさらに小さく見える。だが、広大な風景と、周りにある小さな物とを正しく比較するためには、観察者は、想像の中で両者をほぼ等しい距離で眺めることができるような別の場所に自分を移し、そこから両者の本当の大きさについて判断を下さなくてはならない。実際、私たちは、無意識のうちに、このような視点の移動を行い、肉眼によって捉えられる大小関係を是正する。

同様の是正は、道徳的判断においてもなされる。自己中心的な立場から見れば、自分自身の利害は、特別なつながりを持たない他人の利害よりも、はるかに大きく見える。この立場に立っているかぎり、自分の利益を促進すると思われる行為を、それが他人にとって有害であることが分かったとしても、控えることはできないだろう。対立する利害の大小関係について正しい判断を行うためには、「自分自身の場所からではなく、といって相手の場所からでもなく、自分自身の目をもってではなく、といって相手の目をもってでもなく、第三者の場所と目をもって見なければならない」、つまり公平な観察者の立場に立たなくてはならないのである。

人間は、受動的感情の場合は、自己中心の立場から公平な観察者の立場への視点の移動を行うことがほとんどできない。災害で多くの犠牲者が出たことを知ったからといって、自分自身の日常生活ができなくなることはない。一方、能動的行動の場合は、視点の移動を行い、そこから見た物事の大小関係を自分の行動に取り入れることができる。受動的感情と能動的行動における、このような違いを生じさせるものは何なのか。この問題について、スミスは明確な説明を与えていない。しかし、その違いは、個体の保護と種の繁栄という「自然の偉大な掟」に一致するものだと言えよう。人間が自分の行為とは直接関係ないすべての人の苦しみや悲しみを、当事者とまったく同じ強さで感じ取るようになれば、誰も生きていくことはできないであろう。他方、人間が自分の行動によってもたらされる他人の苦しみや悲しみを一切感じることができないならば、人類は滅んでしまうだろう。

しかしながら、人間は、能動的な行動においてさえ、視点を自己中心的な点から公平な観察者へ移せないことがある。つまり、他人にとって有害な行為を平然と行うことができる場合がある。スミスにとって、十八世紀の東インド会社の社員たちの現地人に対する振る舞いは、まさしくそのケースに該当した。重商主義批判の要ともいえる『国富論』第四編第七章「植民地について」では、インド人からの略奪や搾取によって行われる社員のサイド・ビジネスが次のように語られる。

「東インド会社の社員たちは、その立場の性質上から、自分たちが支配する国の利益に反してでも、自分の私的利益を断固として守ろうとする傾向を、彼らの主人(株主)以上に持っているにちがいない。その国は、彼らの主人たちに属するものであるし、主人たちは、自分たちに属するものの利益をいくらか顧慮することを避けえない。しかし、その国は社員たちに属するものではない。[中略]それは極めて奇妙な統治で、管理運営にあたる社員は、できるだけ早くインドから出て行き、統治機構(会社)と手を切りたいと思っている。そして彼らの利害関心にとっては、そこを去ってしまったら、そして全財産を持ち出していたのなら、その翌日、その国の国民が地震に飲み込まれてしまったとしても、まったくどうでもいいことなのである」(Smith 1776/邦訳、第三巻二五八-九頁)

スミスの目から見れば、東インド会社の社員たちは、受動的感情においては言うまでもなく、能動的行動においても自分の利益とインド人の利益を等距離で見る見方をまったく採用していない。何故そうなるのか。能動的行動原理において、公平な観察者への視点の移動を促したり妨げたりする要因は何なのか。この問いに対するスミスの答えは、「愛着」(affection)であった。

習慣的相互共感と愛着、および国民的偏見

愛着の問題は、『道徳感情論』の最終版である第六版(一七九〇)で新たに設けられた第六部「徳の性格について」において論じられる。スミスは、愛着は

図１：習慣的相互共感と愛着の序列

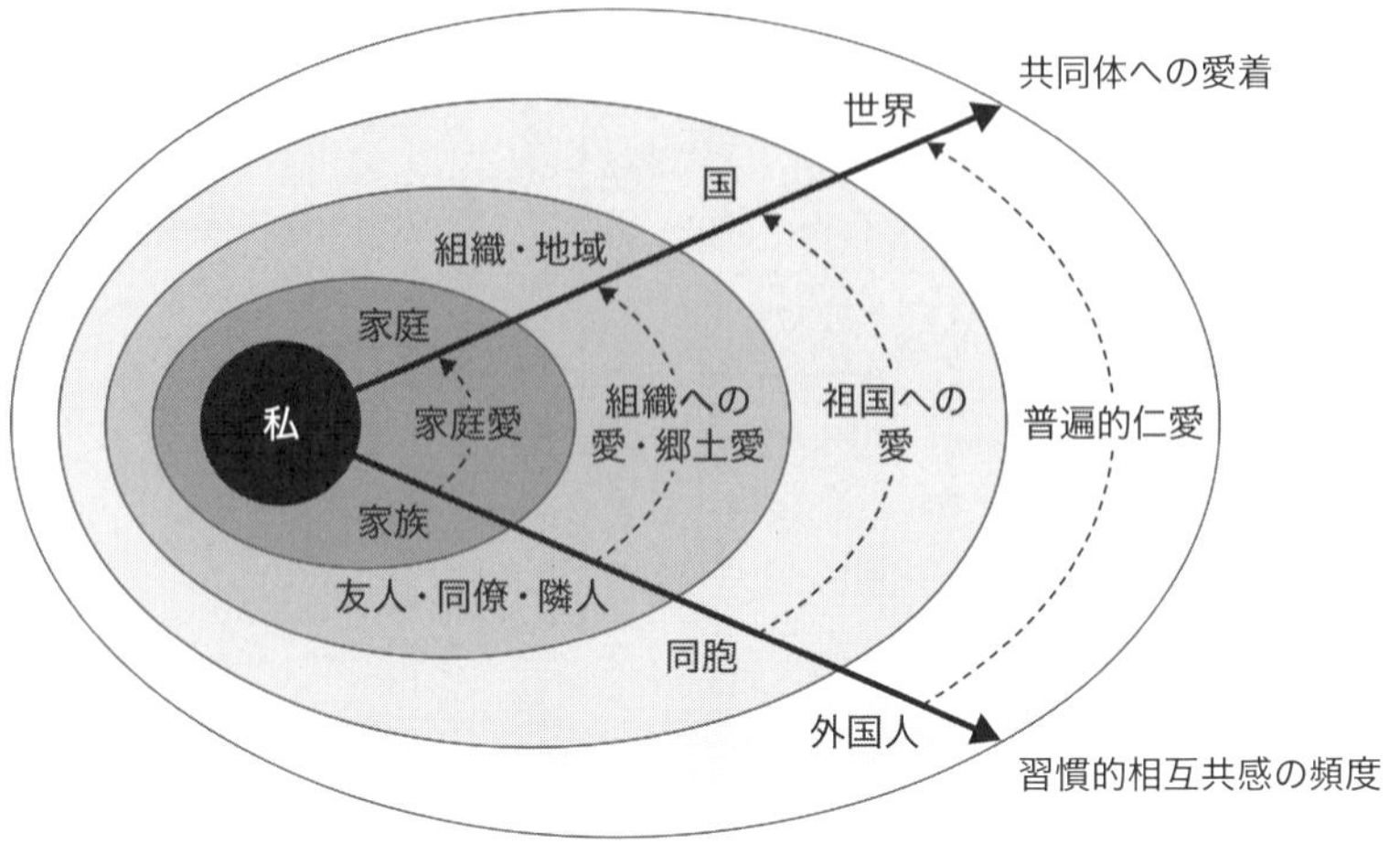

「習慣的共感」（habitual sympathy）にもとづくと考える。個人は、共感によって他人と同じ感情を引き起こせるならば、その人の感情や行為を是認するが、できないのであれば否認する。同様にして、相手も、自分の感情や行為を是認したり、否認したりする。個人への愛着は、このような相互の是認・否認を日常的に繰り返すうちに生まれる。私たちは、愛着のある相手の幸福を自分の幸福のように気遣い、それを増進しようとする。さらに、個人への愛着にもとづいて、その個人が属する共同体への愛着が生まれる。

図1は、『道徳感情論』第六部の第二編第一章「自然によって、われわれの配慮と注意にゆだねられる、諸個人の順序について」と、第二章「自然によって、われわれの慈恵にゆだねられる、諸社会の順序について」で論じられる、個人に対する愛着の序列と共同体に対する愛着の序列をまとめたものである。

図の「習慣的相互共感の頻度」の矢印は、「私」を中心として、「家族」、「友人・同僚・隣人」、「同胞」、

「外国人」の順に頻度の序列を示す。それは個人に対する愛着の序列でもある。一方、「共同体への愛着」の矢印は共同体への愛着の序列を表す。それは、「私」からはじまって、「家庭」、「組織・地域」、「国」、「世界」の順となる。このような順序になるのは、家族との習慣的相互共感によって家庭に対する愛着が、友人・同僚・隣人との習慣的相互共感によって組織への愛や郷土愛などが、同胞国民との習慣的相互共感によって祖国への愛が、そして外国人との習慣的相互共感によって世界に対する愛、すなわち普遍的仁愛が生まれるからである。

スミスは、通常の場合、共同体に対する愛着が有効に機能する範囲は国までだと考えた。普遍的仁愛の実践、すなわち人類全体に対する世話は、神の仕事であって人間の仕事ではない。人間に任されているのは、自分自身、自分の家族、自分の友人の世話であり、せいぜいのところ自分の国の世話までである。なぜなら、習慣的相互共感の範囲が、通常の場合、自国に住む人までであるからだ。もちろん、例外もあるが、スミスは、誰もが人類愛に基づいた行為を実践できるとは考えず、その前提に立って社会理論を作ろうとはしなかった。

共同体への愛着の中で、有効範囲の限界である祖国への愛は、個人にとって特別な意味をもつ。その理由を、スミスは次のように説明する。

「われわれが、その中で生まれ、教育され、そして、その保護のもとで生活を続けている、国家(あるいは主権)は、通常の場合、われわれの善悪の行動が、全体の幸福または悲惨に大きな影響を与えうる最大の社会である。したがって、国家は、元来、非常に強く、われわれに委ねられている。われわれ自身だけでなく、われわれの最も強い愛着のすべての対象、すなわち、われわれの子どもたち、親たち、親族たち、友人たち、恩人たち、われわれが自然に最も愛し最も敬う人びとは、同じ国家の中に含まれるのが普通である。彼らの繁栄と安全は、ある程度、

> 国家の繁栄と安全に依存する。したがって、国家は、元来、すべての利己的な意向によってだけでなく、すべての私的な仁愛的意向によっても、われわれにとって愛すべきものとされるのである。このようにして、われわれが国家と結びつくため、国家の繁栄と栄光は、われわれ自身に、ある種の名誉をもたらすように思われる」（Smith 1759／邦訳、下巻一三〇－一一頁）

祖国への愛は、その中に愛する人のほとんどすべてが住んでいること、そして自分の行動で運命を変えることができると感じられること、これら二つの理由によって形成される。反対に、外国については、愛する人がほとんど暮らしていないこと、そして自分の行動で運命を変えることができるとは感じられないことによって、同様の愛着をもつことは困難なのである。前節の議論と結びつけるならば、能動的行動において、個人が公平な観察者の視点に立って自分の利益や幸福と比較することができるのは、国の利益までだということになる。

スミスの場合、公平な観察者の判断基準は、人類にとって普遍的なものが先験的に与えられているのではなく、共同体における習慣的相互共感の蓄積によって経験的に形成されるものであった。したがって、国ごとに、伝統、文化、慣習の影響を受けた独自の公平な観察者の基準があることになる。その基準は、社会にとっては法の基礎になるとともに、諸個人にとっては道徳的判断の基礎になる。諸個人は、社会の中のさまざまな人と交流することによって、その社会で通用している公平な観察者の基準が何であるかを学び、それを心中に内部化する。もちろん、内部化された公平な観察者の基準が個人間でまったく同じというわけではない。持って生まれた性格や、その後の生活環境によって相違が生じるだろう。しかし、諸個人の間で異なるとはいえ、その差異は、判断基準の異なった公平な観察者の影響下にある外国人と比べれば、一般的に小さなものであろう。

同胞とは似たもの同士のことであり、同胞に対しては、似たもの同士にさせている原点、つまり公平な観察者の視点に立って、能動的行動を自己規制することができる。しかし、外国人、つまり似ていない人に対しては、自己規制の度合いは一気に弱まるのである。前節において論じたように、東インド会社の社員が、財産形成のために一時的にしか滞在しないインドにおいて、現地人の利益や幸福を顧みない行動をとることができたのは、現地人を公平な観察者の視点を採用すべき仲間だと思っていなかったためだということになる。

では、異なった公平な観察者のもとに統合されている二つの国民の間で、秩序を形成することは可能だろうか。もしも、二国民の間で、公平な観察者の判断基準が同一であるならば、両国の国民が公平であろうとしさえすれば、両国民の間で判断は一致するだろう。この場合、両国の間で生じる、貿易上、外交上、軍事上の問題は、話し合いによって解決することが可能であろう。反対に、公平な観察者の判断基準がまったく異なるならば、両国民の間での判断が一致することはなく、両国民がいくら公平であろうとしても、諸問題を話し合いによって解決することは不可能であろう。

スミスによれば、公平な観察者の判断基準は、慣習の影響を受けるために、諸国民の間で完全に一致することはない。しかしながら、社会の存続にとって重要な問題、特に正義の問題については、公平な観察者の判断基準は、諸国民の間で共通の部分があるはずである。この共通部分に依拠し、また、それを拡げることによって、国家間の問題を判断する共通の基準を見出せないかという問題意識が、スミスにはあった。

しかしながら、国際秩序を形成することが容易ではないことをスミスは知っていた。国家権力を超える権力機構が存在しないことが最大の原因であるが、それだけではない。それぞれの国の政治家や国民が、外国人に対しては、自国民に対してするような公平な判断をしないことも原因になる。相互共感の習慣の中にいない外国人には愛着が持てないからである。

愛着が持てないだけでなく、悪意を持つこともある。スミスは、このような悪意を「国民的偏見」(national prejudices) と呼び、その起源を以下のように示した。

「われわれは、自国民に対する愛によって、近隣国民の繁栄と勢力拡大を、悪意に満ちた嫉妬と羨望をもって見るようになる。隣り合った諸国民は、彼らの紛争を解決する共通の支配者をもたないので、継続的な相互の恐怖と猜疑の中に生きている。各国の主権者は、彼の隣人たちから、ほとんど正義を期待できないので、自分が受けるのと同じだけわずかな正義をもってしか隣人たちを取り扱おうとしない。国際法――独立諸国家が相互の取り扱いにおいて守る義務があると考えていると公言し装うルール――の尊重は、実際のところ、単なる偽装と公言にすぎないことが多い。取るに足りない利害のために、また、取るに足りない挑発のために、それらのルールが毎日、恥も良心の呵責もなく、すりぬけられたり、侵犯されたりするのを、われわれは見ている。各国民は、隣国の強化や勢力拡大の中に、自己が征服されることを予見するか、あるいはそのように想像する。この国民的偏見という下劣な原理は、しばしば、祖国への愛という高貴な原理の上に築かれている」

(Smith 1759/邦訳、下巻一三二－三頁)

スミスによれば、愛着の限界である祖国への愛が、愛着の限界外にある外国人、とくに利害関係が衝突している国の国民に対する偏見を生む。国民的偏見は、外交のみならず、国内の政治や経済政策においても合理的判断を妨げる可能性がある。実際、スミスの目から見れば、イギリスをはじめ、当時のヨーロッパ諸国が採っていた保護主義的な貿易政策や植民地政策は、国民的偏見の影響を受けた一国主義の政策であった。それらの政策は、ヨーロッパ全体の利益にとっても、当事国の利益にとっても、経済合理性を欠いたものであった。

国民感情を統合して国内の秩序を維持しつつ、同時に国民的偏見を乗り越えた国際関係を構築するにはどうすればよいか。スミスは、この課題を、オランダの法学者で後に国際法 (law of nations) の父と呼ばれるようになるグロチウスから引き継いだ。超国家的権力がない中で国際秩序を形成することは困難であったが、自由貿易の拡大が、諸国民間の依存関係と国境を越えた習慣的相互共感の拡大をもたらす可能性があった。スミスの『国富論』(Wealth of Nations) は、そのような可能性を追求した著作であった。

震災後の日本を振り返る

スミスが示した共感、愛着、および国民的偏見の諸概念を用いて、震災後の日本を振り返ってみよう。

まず、日本人にとって、今回の震災は国内で起こったことであり、スミスが『道徳感情論』で言及したような外国で起こった災害ではないことに注意しなくてはならない。受動的感情においても、二〇〇八年の中国の四川大地震や二〇一〇年のハイチの大地震とは比べものにならない大きなショックをすべての日本人が受けたことは言うまでもない。大竹論文（一八九頁－二〇五頁）でも、福岡、大阪、名古屋、東京、新潟の平均幸福度は、仙台の平均幸福度を上回っているものの、震災後、数週間にわたって持続的に低下したことが報告されている。もちろん、その後、平均幸福度は仙台を除いて回復傾向を見せ、新聞における震災関係の取り扱いも、震災後八〇日を過ぎると減少したことも事実であり、同胞国民といえども、受動的感情における自己中心性を免れたわけではない。一方、能動的行動においては、義援金やボランティアをはじめとした個人や民間団体の支援が多数寄せられ、各人が公平な観察者の立場に立って、自分の利益を進んで差し出したと言える。花見や各種のイベントの中止、コマーシャルや娯楽番組の差し替えについても、合理性があったかどうか、つまりそういった行為が実際に被災者の感情を慰め、利益につながったかどうかは疑わしいが、被災者の感情を傷つけると思われるような行為は慎まなくてはならないという配慮が働いたのは事実であろう。ただし、福島の原発事故については、当事者への配慮が働く一方、内部被曝の問題など、国民全員が潜在的な当事者の立場に立たされ、情報リテラシーの制約もあったため、必ずしも冷静で公平な判断がなされたとは言えない。

他国の災害、あるいは関東大震災と比べて、被災地において略奪や暴動がほとんど起こらなかったことも今回の震災の特徴である。非常時に当事者たちが、自分の利益のみを優先させることを避け、能動的行動における公平さと寛容さを保つことができた。その理由として、大竹論文が指摘するように、救援活動が迅速におこなわれたことや、所得格差が関東大震災の時と比べて小さいことなどが考えられる。現場の警察が監視を怠らなかったこともあるだろう。しかし、これらの原因とともに、地域内での人間的なつながりが強かったこともあるだろう。人間的なつながりが、ひとりひとりの中で、郷土の人びとに対する愛着を形成し、寛容な行動をとることを可能にしたと考えられる。

他方で、「がんばろう!日本」や「絆」という言葉に象徴されるように、被災地の人びとの間のつながり、あるいは被災地の外の人から中の人へのつながりだけでなく、日本人全体のつながりを確認し、強める雰囲気が広まったように思われる。たしかに今回の大震災が国民全体の感情に大きな衝撃を与えたのは事実であるし、サプライチェーンの喪失や原発事故、そしてそれに伴う節電の問題など、阪神大震災のときと比べて、国民生活全体に与えた影響、あるいは与えると予想される影響も大きかった。また、先に述べたように、被災地での略奪や暴動が少なかったことや、さまざまな形で支援の手が差しのべられたことをはじめとして、日本人の礼儀正しさや寛容さなど、世界に誇れる美徳を再認識することができた。しかしながら、こうした国民的なつながりの再認識は、日常生活における諸個人間の相互共感によって醸成された共同体への穏やかな、しかし深い愛着にもとづいてなされたというよりも、非日常的な出来事によって沸き立った絶望感や孤立感への反動として生じたように思われる。冒頭で述べた通り、絶望感や孤立感が支配する状況は震災前からあった。そのような中で起こった国家的危機を前にして、国民的なつながりの回復が強く求められ、受け入れられたとしても不思議ではない。

危機をきっかけに国民的なつながり、および、それにもとづいた祖国への愛が強まることは望ましいことであり、復旧・復興も、それらなしには遂行できないであろう。しかしながら、持続性のあるつながりは顔の見える相手との習慣的相互共感によって形成されること、そして、祖国への愛は、そうしたつながりの結果生じる諸個人への愛着にもとづいていなくてはならないことを思い起こすべきである。また、スミスが論じたように、祖国への愛が国民的偏見につながる危険性もあることも忘れてはならない。実際、五野井論文(二三〇頁－二五二頁)が指摘するように、震災後、再魔術化された若者、そして再魔術化を逆手にとる者たちによって「絆」という一元論が敵・味方という二元論へ転換される傾向にあるとするならば、複雑化する隣国関係の中で、国民的偏見の罠に陥らないよう注意すべきである。

震災から三年を経た今、私たちは、人と人とのつながりが重要であるという認識を風化させてはならない。日常的に交流する周りの人びとを大切にするとともに、今も被災の苦しみを受け続けている同胞がいることも忘れてはならない。さらに、相互共感の範囲を、国境を越えて拡げていく努力をしなくてはならない。特に利害関係が対立する国民との交流を回復する必要があるだろう。スミスの視点から見るならば、これらのことを地道に実践していくことこそ、震災による犠牲を生かす道であると思う。

＊引用文については、原則として、巻末の［参考文献］にある訳本を用いた。ただし、必ずしも訳本のとおりではなく、若干の修正が施されている。

Yurika Umeda
梅田百合香
桃山学院大学経済学部准教授、ケンブリッジ大学政治国際問題研究学科客員研究員

東日本大震災と「政治的なもの」

自然災害と「政治的なもの」

(1)「政治的なもの」からの逃走の終わり

政治の停滞と国民の政治的無関心が極限まで広がっていたかのような二〇一一年三月の日本。しかし、国民のそんな政治に対するアパシーあるいは忌避や嫌悪の心情は、三月一一日の東日本大震災の発生により突然吹き飛ばされた。千年に一度と言われるほどの巨大地震が一気に大量の人間の命を奪い、国土を破壊し、これに伴って生じた福島第一原子力発電所の事故が底知れぬ死の恐怖で国民を震えあがらせたからである。いかに日本の政治が未熟であっても、政治不信に覆われていようとも、この緊急事態に対応するのは政治であり、政治に目を向けざるをえない。日本社会に蔓延していた「政治など見たくない」という「非政治性」は、いやおうなく終わりを告げた。大規模な自然災害と原子力災害の複合により、

人々がみな生命の危険を感じるような不安定な状態が社会に一挙に生じ、これまで隠れていた「政治的なもの」が突如として顕在化することになった。

政治の本質は敵か味方かを識別して敵を殲滅するところにあると「政治的なもの」の概念を論じたのは、二〇世紀ドイツの公法学者・政治学者のカール・シュミット（一八八八−一九八五）である。原発事故における政府や原発関係者の対応をテレビの前で食い入るように見ていた国民は、やがて「原子力村」という揶揄的造語が現れてくるように、いかに日本には見えないところで「政治的なもの」がはびこっていたか、そしていかにそれが「安全」神話によって隠蔽されてきたかを知ったのである。気づいてしまった以上後戻りはできない。被災地の復旧・復興、途方もなく時間がかかるであろう原発の放射能漏れ問題の解決に取り組んでいくためには、もう政治からは目を背けてはいられない。いかに政治が不快で苦々しく恐ろしさを感じるものであっても、それが私たちの生活と未来を形づくっていくのである。「政治的なもの」から逃げていることはもう終わらせなければならない。

シュミットが「政治的なもの」を構想したワイマール期のドイツでは、第一次世界大戦の敗北、ヴェルサイユ条約による巨額の賠償、天文学的インフレ、世界恐慌による経済への壊滅的打撃、暗殺や一揆などの暴力的事件の多発によって、深刻な社会不安が引き起こされていた。政治はこの危機を克服しなければならないはずであった。ところが、シュミットのヨーロッパ精神史の分析によれば、二〇世紀のヨーロッパは、精神の中心領域に「技術的なもの」が登場し、中立化と世俗化という近代化過程の最終段階に到達したという。つまり、政治闘争の解決を追求し続けてきたヨーロッパ近代が行き着いたのは、すべてに中立的な技術の精神に基づく政治の極小化、すなわち「政治的なもの」からの逃走であった。そして、政治を極小化し、「政治的なもの」を抑制しようとするヨーロッパ近代の精神は、ドイツではワイマール憲法において具現化した。

シュミットによれば、ワイマール憲法下の議会制は、市民的法治国家の原理に基づき、政治的意志決定を下す機関としてではなく、むしろ政治権力を監視し、市民的自由を守るための自由主義的機構として構成された。現実のドイツは危殆に瀕していて、政治がこの危機を乗り越えなければならないにもかかわらず、ワイマール憲法に基づく議会は政治を抑制するよう機能し、大衆を同一の共同体へと統合できず、シュミットからすれば、危機を解決するどころか増幅させていたのである。そこでシュミットは、国家の存続そのものが危ぶまれていたドイツにおいて、通常時には社会のなかで隠蔽されている「政治的なもの」を顕在化させることにより、国家の基礎を国民に想起させ、政治を蘇生し強固な国家としてドイツを再確立しようとしたのである（シュミットについては、竹島博之『カール・シュミットの政治――「近代」への反逆』風行社、二〇〇二年を参照）。

技術それ自体は道徳的にも政治的にも中立であるがゆえに、人間がどちらの方向に進むべきかについて解答を与えることはできない。最先端の科学技術の粋を集めて開発・設計されたはずの原子力発電所の事故に関しても、どう対応し、どのように解決していくかを決定するのは、技術ではなく政治である。今後も「東海・東南海地震」など大規模地震が起きることが想定されており、被災地の復興はもとより、損傷した福島第一原発に二次災害が生じないような対策と解決への長期的取り組みが求められる。しかしその過程で、「政治的なもの」が再び隠蔽されたり、敵か味方かの短絡的な二項対立の道具として利用されたりしないように、私たちは冷静に直視し、判断し、声をあげて関与していかなければならない。つまり、「政治的なもの」と政治的に戦う覚悟が必要ということである。

(2)シュミットの「政治的なもの」とホッブズの「自然状態」から導かれる二つの秩序観

シュミットの「政治的なもの」は、一七世紀イギリスの哲学者トマス・ホッブズ（一五八八－一六七九）の「自然状態」概念から着想を得たものである。人間は生まれながらに自由で平等であるというホッブズの思想は、現代において基本的人権の思想へと受け継がれており、彼の社会契約論は近代憲法の理論的基礎を提供したとされている。ここで、両者の議論の関係を簡単に整理することにより、シュミットの近代批判・自由主義批判の観点がどのようなものであり、シュミットとホッブズの秩序観がどう異なるのかをつかんでおきたいと思う。

シュミットはホッブズの思想をきわめて高く評価し、この思想がもつ自由主義的「欠陥」を取り除き、現代に再生させることを試みた。シュミットはとくにワイマール末期からナチス期にホッブズ論を展開しており、一九二七年に出版され、一九三二年の第三版で大幅な改訂を施した『政治的なものの概念』や一九三八年の『トマス・ホッブズの国家論におけるレヴィアタン――ある政治的象徴の意義と挫折』において、ホッブズの国家論をベースに独自の秩序像を構想している。

ホッブズの『リヴァイアサン』における「自然状態」とは、「万人の万人に対する戦争」という有名なフレーズで知られるとおり、国家が崩壊した状態における個人と個人との間の「戦争状態」である。国家のない「自然状態」では、バラバラに存在する個人は無制限の自由を平等に享受しており、まさにそれゆえに「戦争状態」に陥る。シュミットはこの「自然状態」を「友」と「敵」とに分かれての戦争状態と捉え直し、集団対集団の内乱状態へと議論を変化させ、この友と敵との間の闘争状態を「政治的なもの」という名で概念化したのである。

ホッブズの政治理論によれば、国家の存在しない状態にある各個人は、「戦争状態」としての「自然状態」から脱却するために、社会契約を結び国家を設立する。自由で平等な諸個人は自分たちの生命の保存のために国家を樹立するが、いったん設立されたならば、国民となった各人は国家の命令つまり法律に従う義務を負う。国民の国家への服従は国家による国民の保護と相関関係にある。国民は必ず法に従う義務を負い、国家は国民を防衛する義務を負う。ただし、両者がそれぞれ持つ義務の究極的根拠は自然法であって、ホッブズの自然法は独特の論理で神に対する義務というキリスト教的な道徳的根拠を有している。なお、ホッブズは、国家にとって国民の防衛は最重要任務であるが、しかし、その国家自体を防衛するために、武器を取りうるすべての者の協力をただちに必要とする場合には、各人は自分たちが設立した国家を維持するために、これを防衛するよう義務づけられる、と論じている。ホッブズの自然法論は、法学と心理学と倫理学の議論をミックスしたような論理をとっていて、中世のキリスト教的自然法とは異なるが、その自然法を守る道徳的な義務の根拠として神が存在していることは確かである。

ホッブズが『リヴァイアサン』で示した国家論は、「イエスはキリスト(救世主)である」という最小限の本質的信仰箇条のみがキリスト教の核心部分であり、それ以外の教義等はすべて秩序を維持するために政治的主権者が統制・管理できるとするものである。それはいわば、教会権力を政治的主権者の一元的な支配体制の下に置く国家教会体制論である。この国家は、「自然状態」を論理的基礎とし、個人の自然権の放棄に基づく社会契約論によって導出される。その特徴は、個人主義的人間論と絶対主義的主権論である。シュミットはこのホッブズの論理構成を基本的には応用するが、しかしながら、二つの特徴のうち前者をできるだけ縮小し、後者を最大化しつつ、次のような論理操作を行っている。すなわち、彼がホッブズの思想的「欠陥」と見る要素、つまり国家を魂なき機械に堕してしまう自由主義的要素——あらゆる価値の相対化を引き起こす自由主義の端緒となる個人の「内面の自由」という観点と、精神なき技術が支配する世界をもたらす科学的思考様式——を取り除く。そして、ホッブズのきわめてミニマムな形而上学的な要素、つまり「イエスはキリストである」というキリスト教信仰を、国民を共同体へと統合し国家を神話化する普遍的原理として前面に打ち出すのである。

シュミットは、ホッブズの自然法や国家教会体制論のなかにみられる形而上学的要素を大きく拡大して、国家の神話化という論理へと切り替え、利用する。そして、ドイツ国民に恐怖をたえず喚起するために、諸国家を統べる世界国家のない国際関係は「自然状態」＝「戦争状態」であると論じるホッブズの教説を用いて、国家間の「自然状態」すなわち「戦争状態」を強調し、国家の防衛を力説するのである。

このように、シュミットの秩序構想とは、国家の決断によって国家の核心として設定されたキリスト教信仰を求心力として国民を同一の共同体へと吸収し、これを軸に、あとは「政治的なもの」すなわち友敵理論が生みだす国家内外の不安定な緊張関係が国民にたえず恐怖を呼び起こし、国家の神話化を不断に喚起し続けるというものである。つまり、友と敵との対立からもたらされる、人為的に創出された不安定さという「運動」によって成り立つ国家論なのである。ホッブズの特徴である個人主義的人間像はかき消され、自由主義批判の観点に基づく全体国家論が提示されており、結果的にホッブズとは似て非なる国家論となっている。

「自然状態」＝「戦争状態」という有名なテーゼからきな臭い政治のイメージの強いホッブズであるが、彼の国家論の核心は社会契約によって「自然状態」から脱却したのちの「国家状態」にあり、彼の課題はいかに戦争を終わらせ秩序を回復し、平和を獲得し維持するかにあった。ホッブズの秩序構想の特徴は、政治から法へという法的志向性であり、紛争を、「自然状態」における武力による決着から「国家状態」における法廷闘争に転換する論理構造にある。要するに、ホッブズの秩序構想は法的で静態的なのである。これに対し、シュミットのそれは、法から政治へという運動志向性を持ち、動態的である。敷衍していえば、シュミットは、ホッブズの秩序構想をあえて逆向きにひっくり返し、ワイマール憲法において、法的な市民的法治国家の論理で抑え込まれている大統領と議会という政治的な部分を解放し、本来の政治的な決定をもたらす機関へと転換しようとしたのである。言い換えれば、ホッブズのなかにある政治的な部分を抽出することによって、ホッブズを先鞭とする自由主義の発展の帰結である、市民的法治国家の論理における非政治性あるいは反政治性を打ち砕こうとしたのである。

(3)シュミットの自由主義批判と日本国憲法

シュミットの自由主義に対する徹底的な攻撃は、当時の英米の普遍主義的秩序観への対抗という特殊ドイツの目的と時代的な課題を持つものであった。しかし、彼の理論は全体主義につながる危険な思想ではあっても、あるいはそれゆえに、自由主義が内に含み持つ矛盾や原理的な問題を暴露し、自由主義的社会に生きる私たちに根源的なところから再考を促すところがある。その意味で、シュミットの逆視点の発想は依然今日的意義を有しているといえよう。

ワイマール憲法に対するシュミットの自由主義批判の問題視角は、近代憲法の一つの成果である日本国憲法にも向けることができる。シュミットの観点に即せば、九条、自衛隊、日米安保条約という国の基本構造におけるきわめて政治的な問題群が、日本国憲法においては、市民的法治国家の論理の導入により、巧妙に非政治化されている、ということになる。私たちは、憲法の改正に反対するにせよ賛成するにせよ、あるいは国家の安全保障や沖縄の米軍基地問題を考える場合にも、「政治的なもの」と真剣に向き合うことによって、これらの問題群を冷静に熟考し、判断する必要がある。いうなれば、東日本大震災は「政治的なもの」の顕在化を伴うことによって、国家や社会に潜在していた根源的問題を必然的に浮かび上がらせたのである。

本稿はこうした問題意識から、日本国憲法における政治的な部分に光を当て、具体的に、東日本大震災により可視化された国家緊急権、自衛隊、天皇制の問題をシュミット的な観点から再検討してみたいと思う。

日本国憲法と「政治的なもの」

(1)国家緊急権をめぐる法と政治

緊急事態規定とは、戦争や大規模な自然災害など、平時の法体系では対応しえない事態が生じた場合に、政府が通常の統治システムを一時停止して、危機克服のための特別措置を行うことを認めた条項をいい、この例外的な特別の権能のことを国家緊急権という。実は、日本国憲法にはこの緊急事態規定がない。

一九九五年の阪神・淡路大震災の際、政府の災害への対応に混乱が続き、これが契機となって危機管理の問題が広く認識されるようになった。そこで登場したのが次のような議論である。大震災のような非常事態に対応するために、日本国憲法のなかに緊急事態に関する条項を設け、首相もしくは緊急事態のための特別機関に対し、シュミットの「委任独裁」のような独裁的権限を法的に付与すべきであるという議論である(野田宣雄「「例外状態」における国家」『諸君!』第二七巻第三号、一九九五年を参照)。シュミットの「委任独裁」論は、『独裁——近代主権論の起源からプロレタリア階級闘争まで』(一九二一年)で展開されている。

シュミットはまた『政治神学』(一九二二年)において、国家はかろうじて残っているが既存の全秩序が停止した状態を「例外状態」として設定し、この「例外状態」を主権論の基礎に据え、独自の憲法論を展開した。彼によれば、近代国家の最大の目的は国民の安全と秩序を確保することであるから、国家の最高政治指導者は、公共の安全が脅かされる危機に際して、平時の法体系に縛られず迅速に決断し対応できるよう、「例外状態」を念頭においた法規的独裁の権限を与えられるべきであるという。シュミットがこの独裁的権限の法的拠りどころとしたのは、ワイマール憲法第四八条の大統領の緊急命令権であった。

第二次大戦後の西ドイツは、こうしたワイマール時代の非常事態制度を継承して、一九四九年に占領下で制定され、軍隊に関する規定も非常事態に関する規定も持っていなかったドイツ連邦共和国基本法(憲法)を一九六八年に改正し、緊急事態に関する条項を盛り込んだ。もちろんナチス時代の反省から、独裁的権限の濫用を防ぐ細かな規定も設定された。

日本においても、戦前の大日本帝国憲法(明治憲法)は緊急事態規定を備えていた。第八条の天皇の緊急命令権、第一四条の戒厳令規定、および戦時・国家事変の場合に国民の権利が制限されることを規定した第三一条の天皇の非常大権である。敗戦によって明治憲法から日本国憲法に移るなかで、天皇制の変容と第九条の戦争の放棄と相まって、国家緊急権の条項は姿を消した。ただし、どの国の憲法にも緊急事態規定が含まれているわけではなく、現憲法のモデルであるアメリカ合衆国憲法にもその規定はない。

日本の場合、憲法には規定はないが、法律のレベルで様々な緊急事態に関する仕組みが設けられている。武力攻撃事態対処法、自衛隊法、警察法、災害対策基本法、原子力災害対策特別措置法などがそれである(水島朝穂『東日本大震災と憲法――この国への直言』早稲田大学出版部、二〇一二年を参照)。

しかし憲法学者の間には、そもそも国家緊急権の必要性を論じる意味があるのは、戦争あるいは内乱といった国内外における武力攻撃の場合のみで、自然災害との関係で論じることはむしろ惨事便乗型の改憲論に資することになり有害である、という見解もある(愛敬浩二「国家緊急権と立憲主義」、奥平康弘・樋口陽一編『危機の憲法学』弘文堂、二〇一三年を参照)。

一般的にみれば、国家緊急権論を論じることは「危機」とは何かを法理論的に考察することであるということができるが、日本の場合、現憲法下で国家緊急権の問題を問うことは、すぐさま護憲か改憲かの政治的な対立につながるという独特の問題状況がある。いわば、「危機」とは何かをめぐり、改憲反対のために緊急事態における「超法規的」措置の可能性をも容認する法律学者——法の側の政治性——と、立憲主義を主張し、改憲を求める政治家——政治の側の（形式的？）法治主義——との逆説的な対抗という構図がある。どちらの立場に与するにせよ、私たちは、こうした「法の政治性と政治の非政治性（法治主義）」という逆説的状況が、現時点での日本の一つの所与の条件であるということを認識しておかねばならないだろう。

　憲法に緊急事態規定がないことによる一つの問題は、現行の非常事態に関する法制度の想定を超えた事態が発生した場合、政府は現実に超法規的措置を取ることによって事態を切り抜ける道を選ばざるをえず、そしていったん超法規的措置が容認されると、それがその後先例となって、歯止めのないままに次々と繰り返される危険性があるということである。かつて日本赤軍が起こしたテロ事件で三木武夫と福田赳夫両首相がこの措置を取って事態に対処したことがある。

　したがって、一般論としては、超法規的措置は法治国家としてはあってはならない行為であるが、現行の状態では、それは今後も起こりうることが想定されるのである。例えば、もし万が一大規模災害や武力攻撃によって、国会も内閣も機能しなくなるような究極的な状況に直面した場合、国民は、日本国憲法では政治的行為を認めていない天皇に対し、本来国会の指名に基づいてなされるべき首相任命をその親裁に委ねるという超法規的措置を容認せざるをえない事態に陥るかもしれない（松村昌廣「新旧憲法の継続性——天皇制を焦点に」『桃山法学』第一九号、二〇一二年を参照）。未曾有の大災害に遭遇した私たちには、そうした究極的状況は将来にわたって起こることはないと断言することはもはやできないだろう。

　むろん周知のとおり、日本国憲法は天皇の国政に関する権能を否定し、国事行為における非政治性を厳格に定めており、天皇が首相をだれにするかについて自ら裁決を下すことは違憲である。たしかに、国会も内閣も機能しなくなるような、一刻を争う究極的な緊急事態は将来起こりうるかもしれない。しかし、そもそも地震多発国の日本において、災害によるこうした最悪の緊急事態は予想されうることであり、天皇による超法規的措置については可能性の余地を残すべきではない。

戦後約七〇年経つ現在、象徴天皇制、すなわち国民主権のもとでの立憲的象徴君主制は定着しており、象徴天皇制を一つの柱とする現憲法を守っていくためには、大規模災害にしろ外部からの武力攻撃にしろ、想定外の究極的状況における超法規的措置に天皇を担ぎ出すことは厳に避けねばならない。「主権者とは、例外状態に関して決断を下す者である」というシュミットの『政治神学』における定義に基づくならば、万が一天皇による超法規的措置が現実のものとなれば、「明治憲法の世界に逆戻り」という激しい非難が噴出する事態となり、かえって天皇制の正当性そのものを根幹から揺るがすことになるだろう。

したがって、まずは早急に法整備をすることで対応すべきであろう。あらゆる非常事態に完全に対応するような法制化は不可能であるとしても、制度の精緻化は今後も大規模な地震が起こることが想定される以上、地震多発国の日本においては不可欠である。緊急措置を政令で行うことなどを定めた災害対策基本法第九章の「災害緊急事態」は、大災害時に厳格な要件のもとで内閣に必要な権限の臨時集中を認めており、国家緊急権の制度化の側面をもっている。

今後は、内閣および国会自体が機能不全に陥ったケースなど、さらに現行の災害対策法制の問題点を洗い出して、時間のかかる憲法改正を待たずに、まずは現憲法に適合的な方向で早急に見直しに取りかかるべきである。それと並行して、専門家は、超法規的措置の承認か憲法改正による緊急事態規定の追加かという問題に対し、シュミットによる市民的法治主義への根源的な問いにどう答えるのかという思想的課題にも応答しつつ、日本の諸条件(法制度・法慣習、歴史・伝統、政治・社会状況、地質・自然環境・国際環境等々）を前提とした専門的見地を提出していく必要がある。

（2）自衛隊による災害救助活動と九条

国家による安全保障とは、戦争のような対外的なものだけではなく、国内において国民を防衛することも当然含む。東日本大震災の経験は、国民の安全をいかにして守るかという課題において、政府と自衛隊の役割と責務を再認識させた。

阪神・淡路大震災のときは、政府の危機管理体制が不十分で、初動対応が遅れた。こうした不備が反省され、これを機に災害対策法制が整備された。とりわけ自衛隊の出動が遅れたという問題に関しては、自衛隊法を改正して、自衛隊の災害出動を「主たる任務」に格上げすべきだという議論も提起された。自衛隊法は、第三条一項で、自衛隊は「我が国の平和と独立を守り、国の安全を保つため、直接侵略及び間接侵略に対し我が国を防衛することを主たる任務」とすると定めており、この「主たる任務」の遂行に支障を生じない限度において、自衛隊の災害派遣を第八三条でいわば「従たる任務」として認めている。

先の議論は、災害派遣を法改正によって国防と同じ本務化するという見解であるが、自衛隊のアイデンティティを国防にあるとする立場からは災害派遣の本務化には強い抵抗がある。他方、自衛隊を憲法第九条に反し違憲と見る立場からは、「主たる任務」を国防から災害救助に転換し、自衛隊を災害派遣専門部隊に改組する構想が提示されており（栗城壽夫「危機管理と憲法」『震災の思想——阪神大震災と戦後日本』藤原書店、一九九五年を参照）、両者の溝は深い。それゆえ、災害派遣の本務化についても、その実現の見通しは立っていない。

しかし、東日本大震災では、この「従たる任務」である災害派遣が全面的に展開した。全力をかけた救援活動により、自衛隊は多くの人々から感謝され、その評価を大いに高めることになった。現時点において、国民が自衛隊に対して与えている支持の中心務」での評価が高くなればなるほど、「主たる任務」は、明らかに「主たる任務」ではなく、「従たる任務」である災害派遣にあるといってよいだろう。

阪神・淡路大震災のときとは異なり、自衛隊は東日本大震災ではきわめて迅速に対応した。というのは、阪神・淡路大震災のときの教訓から、自衛隊は災害派遣の割り当て部隊を設けて、即応態勢を維持し、本格的な災害派遣の訓練を積み重ねてきたからである。消防も警察も海上保安庁も活躍をしたが、東日本大震災は津波の被害が海岸線南北六〇〇キロにも及び、彼らだけではきわめて広範囲の被災地に展開するには人数に限りがあった。広大な地域にわたる人命救助と災害救援の緊急性と規模からみて、国内最大の組織的マンパワーと大規模で迅速な輸送能力を備える自衛隊の活用は、合理的かつ不可欠である。

東日本大震災の救援活動における大変な活躍によって、自衛隊は被災地の人々からだけでなく、国民全体からも高い評価を受けた。しかし、「従たる任務」での評価が高くなればなるほど、「主たる任務」とのバランスや関係を問われることになり、自衛隊は存在理由それ自体の問い直しをおのずと迫られることになる。今後発生する可能性が高いとされている東海・東南海地震等に対する災害対応の計画のなかで、自衛隊法の改正による本務化には至らずとも、編制における「従たる任務」のいっそうの重点化が予想される。このことは、自衛隊内部の自己評価にも少なからぬ影響を与えるように思われる。

天皇制と共同体意識

(1)象徴天皇制と社会統合機能

震災後の天皇・皇后の被災地訪問や追悼式での天皇の「お言葉」は、国民から高い支持を得るとともに、震災のショックで動揺し家族や同胞を失った悲しみで暗く沈んだ国民感情を慰め、国民の一体性を維持して社会統合の機能を果たした。それは、原発事故の対応で混乱する当時の菅政権に対する激しい非難とはまさに対照的であった。

権力の担い手としての政府、権威の担い手としての天皇という、権力と権威の分立は、日本の統治体制の大きな特徴である。この権威の保持を明確化するべく、自民党が憲法改正案で天皇の国家元首化を明記するのに対し、憲法学の通説では、天皇の権威の強化に反対して国家元首化を否定する傾向が強い。ただ、いずれの立場も明治憲法の元首のような伝統的な国家元首概念を念頭に置いて議論を展開している面がある。近年の世界各国の憲法では、君主や大統領を国家・国民の統合の象徴とする、いわば象徴としての国家元首と明示した規定が増加しており、日本での天皇の国家元首化をめぐる賛否論もこうした新しい動向を視野に入れて論じられるべきであろう。

なお、天皇は外国交際の領域で、これまで事実上国家および国民を代表する立場として国際親善の役割を果たしており、諸外国からは実質的に国際法上の国家元首とみなされてきた。こうした事実を含め、天皇の公的行為の範囲と是非を再検討する必要があるだろう(下條芳明『象徴君主制憲法の20世紀的展開』東信堂、二〇〇五年を参照)。

天皇制は戦前の「神権天皇制」から戦後の「象徴天皇制」へと変化した。戦後も天皇制は継続したが、明治憲法と日本国憲法では主権者が天皇から国民に変わっており、統治構造が根本的に変更されている。つまり、君主制度の正当性根拠が完全に異なっているのであって、国民主権のもとでの「象徴天皇制」は国民の意志に基づくものである。天皇への敬愛の情や憧憬の念といった国民感情を前提に、天皇を国家および国民の統合の象徴として想起する共同体意識が存在することに「象徴天皇制」は依拠しており、天皇はこの共同体意識、すなわち国民としての一体性の意識を確認する契機であり続けることによって存立しうるのである。

災害の共有による一体感と被災者への見舞の気持ちや死者への追悼の意を天皇が示すことによって、国民としての一体的な共同体意識が形成され、人々は、天皇という人格をもつ実体に自分の属する国家共同体の歴史と運命を感じる。そして、天皇の姿を通して国民の統一性が確認され、被災者を思いやる心情が国民感情としてあらためて共有されていく。こうして天皇は、日本国民統合の象徴という機能を果たし、社会を統合していくのである。

戦後の天皇制は、戦前の「神権」性を取り除いたが、君主制そのものに内在するカリスマ的要素あるいは神話的要素を減少させながらも依然保持している。シュミットはキリスト教信仰を求心力としてドイツ国民を同一の共同体へと吸収しようとしたが、日本の場合、制度としての「象徴天皇制」が、シュミットが主張する同一性の神話の醸成に寄与しうるといえる。しかし逆にいえば、天皇制のカリスマ的要素は、有事の際、国家的神話の喚起に容易に転用されうるということでもあり、天皇の社会統合機能は諸刃の剣の面を持ち、国民はこの点を注視していく必要がある。

(2)天皇をめぐる民主主義と自由主義

日本国憲法下の天皇制は世襲制に基づいている。このことから次のような批判がある。血統によって皇位が決定されるこの制度は、法の下の平等という近代憲法の基本原則と相容れないから、国民主権を根本理念とする日本国憲法が天皇制を認めているのは矛盾である。つまり、天皇制と民主主義は両立できない、したがって天皇制は廃止されるべきである、という批判である。

しかしながら、戦後日本の民主主義は、現実には市民社会の理念の貫徹よりも天皇の存続を選んだ。各種の世論調査の結果では、天皇に好感をもっていると答える割合は依然として高く、天皇制は戦後処理のためにGHQによって押し付けられて存続しているにすぎないというのではなく、天皇に対する関心や親しみの感情は草の根に浸透しており、下から支えられているともいえる。

民主主義は必ずしも常に君主制を否定するとは限

らない。とくに震災後の日本において、天皇の慰問活動は国民の天皇に対する好感と支持をいっそう高め、日本社会の統合に寄与している。このような天皇の象徴的行為は国民感情に直接的に働きかけるため、参加民主主義を活性化する原動力にもなりえる。それゆえ、民主主義が進展すればするほど天皇制の社会的定着がさらに進むという逆説的な結果をもたらしうるのであり、その意味では、天皇制と民主主義は両立しうるといえよう。

しかし、天皇の求心力は国民の民主主義的な参加の活力を促進する一方、先にも述べたように、同質社会の神話を再生産させる危険性をもつ。天皇は「日本国民」の文化的統合の象徴として、日本社会に存在する異質な少数者や多様性を不可視化する面があり、民主主義そのものがもつ同質化を強制する圧力に貢献さえするのである。

そもそも民主主義は治者と被治者の同一性という原理を基盤とし、代表民主制の場合、代表者の多数決による集団的意志決定を、ジャン＝ジャック・ルソー（一七一二－一七七八）の「一般意志」のごとく人民全体の意志として、現実には異なる見解をもつ少数者に対しても受容することを求める政治制度である。民主主義は、治者と被治者が完全には同一ではないという現実問題を解消するために、社会の内部の異質な少数者に対し同調と同質化を強制する傾向をもつ。いわゆる民主主義の「多数者による専制」的側面である。

日本は自由民主主義（リベラル・デモクラシー）の国と呼ばれるが、以上のように、天皇制は国民の象徴として社会統合の機能を担い、民主主義（デモクラシー）と両立しないどころではなく、むしろ支えているともいえる。しかし、もうひとつの自由主義（リベラリズム）という観点からみれば、天皇制は異質な少数者の自由と平等の要求を切り捨てる同質化強制に荷担しており、個人の自由と基本的人権の尊重を要請する自由主義とは相容れない面をもっている。

さらに、天皇制と自由主義は、人権の侵害や政教分離違反といった国民の側から見た問題だけでなく、天皇自身に関わる問題も孕《はら》んでいる。それはつまり、天皇は国民の象徴という特別の役割とそれに伴う特権の代償として、国民一般が享受している自由や人権を事実上認められていない、という問題である。

法哲学者の井上達夫は、天皇と皇室一族に人権を保障するためには、国民主権原理としての民主主義を日本国憲法の根本理念とする前提を修正し、リベラリズム（井上は、liberalismという用語のなかに、個人の自由の尊重だけでなく、平等の理念をも重視し、異質で多様な自律的人格の共生という観点を盛り込む意図から、「自由主義」という通例の訳語を用いず「リベラリズム」と呼ぶ。井上達夫『現代の貧困——リベラリズムの日本社会論』岩波現代文庫、二〇一一年を参照）が要請する個人の基本的人権の保障を憲法の根本理念として据え直さなければならないと主張する。なぜなら、天皇と皇室の人権保障を貫徹するには、国民統合の象徴というような非人間的な地位を廃棄して彼らを私人に還元すること、つまり象徴天皇制の廃止が必要であるが、国民の大多数が象徴天皇制の維持を求めている現状では、民主主義に基づくかぎり不可能だからである。

仮に、自由主義（リベラリズム）が憲法の根本理念となるならば、統治権力が民主主義的集団的意志決定を行う際に、まずはその決定が基本的人権の尊重に抵触しないかどうかを査定するように導くので、多数者による専制に陥る危険性を回避できるようになる。すなわち、自由主義は民主主義的決定を指導し、人権尊重の方向へ決定を誘導・制約することができるというわけである。井上の観点では、自由主義（リベラリズム）の論理は究極的には天皇自身にまで人権保障を貫徹させることを要請するから、それは必然的に象徴天皇制の廃止を求めるということ、言い換えれば、象徴天皇制は自由主義（リベラリズム）とは両立しえないということに帰結する。

この指摘は、象徴としての天皇に対する国民の民主主義的な支持が、人間としての天皇の自由と人権を蹂躙しうるという問題性をえぐり出した点では意義深い。民主主義を絶対視せず、「多数者による専制」に陥らぬよう、ときに制約することも必要だという視点は示唆に富む。

しかし、日本国憲法で主権者が国民に変わったということは決定的に重要であって、仮に人権保障規定が現憲法の存在理由をなすとしても、憲法制定権力は主権者である国民にあり、形式的には、国民は人権規定を廃止することも、象徴天皇制を廃止することも同様に可能であるという見方もできる。こうした立場に対して、井上は、日本国憲法第九六条で述べられている憲法改正権力は憲法に根拠をもつ以上無制限ではなく、人権保障制度の根幹部分の廃止は改正権力の射程外であると主張する。

自由主義を批判するシュミットは、『独裁』において、国民の憲法制定権力と憲法に基づいて授権された権力を峻別し、前者の原理的な無限定性を強調する。この考えに即すならば、主権者である国民がもつ憲法制定権力とは、憲法を創出する権力であって憲法以前に存在するのであるから、この権力は憲法が第九六条で国民に与えている憲法改正権力とは次元を異にするということになる。憲法制定権力の解釈に関しては、憲法学においてすでに多くの蓄積があり、法理論上の問題はそちらを参照していただきたい。ここで少なくとも押さえておきたいのは、国民主権の原理と人権保障の理念は単純には一致しないということ、つまり民主主義と自由主義は、私たちが普段考えている以上に、根源的なところで相克しているということである。

自由主義（リベラリズム）を民主主義を制約する高次の理念として据えようとする井上の取り組みは、正義の現実化の条件を模索したルソーと彼を先駆者と評価するジョン・ロールズ（一九二一－二〇〇二）の正義論の系譜に位置づけられる。人民主権論を樹立したルソーは、「一般意志」の普遍性と道徳性を担保するために、「市民宗教」（社会性の感情としての祖国愛を人類愛へと接続する装置）を、（法を命令する主権者であると同時に法に従うべき臣民である）市民に課した。ロールズはルソーを継承して、平等と自由、民主主義と自由主義を理念的に両立させるために「公正としての正義」論を打ち立てた。それらは、社会正義の基礎という、かつての自然法に相当するものを編み出そうとする努力であり、現在においても依然難問であり続けている。

政治への意志

冒頭でも述べたように、災後に生きる私たちは、「政治的なもの」を直視する覚悟を持たなければならない。シュミットが足場としたヨーロッパでは、「政治的なもの」は、暴動、クーデター、内乱、戦争による死に対する恐怖と結びついていた。これに対し日本では、東日本大震災がとくに原発事故を伴ったということにより、自然災害を引き金とした原子力発電所の爆発による死の恐怖と、先の見えない長期的な放射能被害による死の恐怖が、「政治的なもの」を可視化させ、復活させることになった。したがって、シュミットが意図した、国民に恐怖を不断に喚起する不安定さとしての「政治的なもの」は、災後の日本では、戦争による恐怖よりも、むしろ自然災害による恐怖と連動している。

日本は戦後幸いにも、直接的な戦争体験を免れてきた。これがこの先ずっと続く保証はないにしても、戦争は国家安全保障の慎重な戦略と外交努力で防げる可能性がある。しかし、自然災害の発生は人間の力では防ぐことができない。日本には現在、全国に五四基の原子力発電所が存在する。今後も大規模な地震が起きることが予測されており、それが日本のどこの地域で起きようとも、日本人は大規模な地震に遭遇するたびに災害と放射能被害による死の恐怖を蘇らせることになる。ここが日本の悲劇である。しかし、これが日本の所与の条件である以上、受け入れなければなるまい。災害の被害をいかに小さく抑えるかという防災対策を行うのと同じように、私たちは赤裸々な政治を直視して、「政治的なもの」が隠蔽されたり、道具化されたりしていないかをチェックしながら、検討すべき課題ごとに冷静に判断し、決定を下していくほかない。

「政治から法へ」という近代の一つの到達点を、シュミットは暴力的な死への恐怖に国民の目を向けさせることによって、「法から政治へ」とひっくり返し、ドイツに決断できる政治を生みだそうとした。しかし、シュミットの思想がその後のナチズムを導き出したわけではないにしても、彼の思想が全体主義と親和的であることを私たちは知っている。それゆえ、シュミットの提示した「政治の極大化」という反近代の処方箋をそのまま採るわけにはいかない。私たちは、政治の膠着とアパシーを受けとめたうえで、新しい代替案を提起し近代の問題点を受けとめたうえで、新しい代替案を招く近代の問題点を提起しなければならない。それは、日本の諸制度、歴史的伝統、政治状況、社会状況、自然環境、国際関係等という諸条件を前提に、私たちがこの国で生きていく実践のなかで見出し、創りあげていくものである。

ホッブズは、人間の意志とは、死への恐怖と生への希望という葛藤から流出するそのときごとの感情の発露だと論じている。人間は恐怖のみに動かされて生き続けるのではない。ホッブズに即せば、生の継続は、死への恐怖の反面として、必ず生への希望に支えられているはずなのである。政治とは集団的な意志決定である。災後に生きる私たちは、恐怖に基づく「政治的なもの」に飲み込まれてしまうことなく、生きる希望を次なる世代へとつないでいかなければならない。そのためには、政治と法の関係性における新たな代替案を構想しつつ、生への希望に基づいて「政治的なもの」と戦い、自らの「意志」を政治へ関与させていくほかないのである。

第三部

災後の気分

Fumio Ohtake
大竹文雄
大阪大学社会経済研究所教授

震災後の日本人の幸福度と助け合い精神

東日本大震災と暴動・略奪

東日本大震災では、災害にあっても略奪や暴動が発生せず、一致団結して整然と対処している日本人の行動が世界各国から賞賛された。災害救助や復旧作業の現場で奮闘されている人々は私たちの誇りである。このような現場の強さというのは、日本の製造業の強みとも対応している。

災害時に整然と対応できる能力というのは、日本人が昔からもっている文化だという側面もあるかもしれない。しかし、吉村昭の『三陸海岸大津波』には、明治二九（一八九六）年と昭和八（一九三三）年の大津波の際、そうではなかったことが記述されている。例えば、明治二九年の津波の際の被災地の様子が「被災後の三陸沿岸一帯は、警察力も失われて一種の無法地帯と化していた。それに被災者たちは飢えに苦しみ、衣服も家財も失った者ばかりであったので、至る所に盗難さわぎも起った。山麓に打ち上げられたタンス等を見出すと、人々は争ってその中の衣類や金銭をかすめとる。窃取を専門にした者も各村落に二、三名はいて、被災後それらの金銭や物品で富裕になる者すらいた。」（文春文庫・四八頁）と描写されている。昭和八年の津波に関しても同様の記述がある。吉村氏の描写を信じるならば、今回、東日本の被災者が整然と協調的に対応したのは、戦前から続く文化ではなく、日本人の行動様式が変化したことを示唆している。もちろん、東日本大震災でも、被災直後には、被災地で盗難があいついだことも報告されている。しかしそれでも、海外の大規模な被災地の状況からすれば、落ち着いていたのは事実であろう。

過去の大津波と比べて異なる点があったとすれば、救援活動が迅速に行われた点がある。前朝日新聞石巻支局長の高成田享は、朝日新聞GLOBE（二〇一一年五月一五日）に、「（災害のあとに略奪が起こらないという）『神話』を成立させるには、四八時間以内に水と食料と毛布の『三点セット』を被災者に届けるシステムが必要だ」と、指摘している。

戦前と現在の被災地の状況が異なったとすれば、経済学者として真っ先に想像できることは、当時と今の所得格差の大きさや貧困の程度の差である。近年、所得格差が拡大してきたことは事実であるが、戦前よりは小さく、年金をはじめとする社会保障の充実もあって貧困の程度も改善されていたことは間違いない。そうしたことが、極限状態におかれても被災地の人々が協調的な行動をとっていることと関連しているのではないだろうか。また、被災直後からインターネットによる情報の発信ができたことも、被災地の人々の安心感を高めたのかもしれない。あるいは、別の理由で人々の間や制度への信頼という社会関係資本がこの東北地域に蓄積されたのかもしれない。

小野浩（二〇一二）は、社会学の立場から似た指摘をしている。「メンバーが有機的につながっている集合体社会ではメンバー間の絆が強く、お互いの存在を頼りにする深い依存関係が成り立つ。この集合体の中には、その社会でしか通用しない社会関係資本(social capital)が築き上げられる。お互いが顔見知りになり、できる限り自分のアイデンティティと評判を良くすることを目指す」ため、メンバーは自分の評判を落とさないように略奪行為を行わないと小野は指摘する。また、ネットワーク理論からも、人と人のネットワークの密度が濃いと強いつながりと弱いつながりが多くなり、親戚や友人のネットワークを通じて、他の地域への避難が容易になるという。さらに、「密度の濃い閉鎖されたネットワーク社会では逸脱行為を監視しやすい」という特徴もある。その上、アメリカと比べて不平等が小さく「相対的剝奪」が少ない点も特徴だと小野は指摘する。「東日本大震災の場合は、恵まれた社会階級の住民が避難時に優遇されたという見方はとくになく、むしろ皆まんべんなく被害を受けたという見方が強かった。階級差がさほど大きくないため、恵まれていない層が恵まれている層から盗むという発想には至らなかった。」という小野の指摘は、アメリカでの災害時の状況と比べた際の大きな特徴だと言える。

助け合いの精神の範囲

東日本大震災を経験して、様々な点で考え方を大きく変えた人が多いと言われている。中でも多いのが、人間関係の大切さを再認識した人たちだろう。例えば、朝日新聞(二〇一一年五月一五日)の記事によれば、都市部の女性を中心に結婚相談所への照会や成婚が増え、婚約指輪の売れ行きも伸びた。大災害時には市場経済が機能しなくなるので最後に頼りになるのは、地域や家族の助け合いだという認識である。

こうした認識は、アンケート調査でも示されている。内閣府の「幸福度に関する研究会」(http://www5.cao.go.jp/keizai2/koufukudo/koufukudo.html)が行っているアンケート調査では、「地震を受けて人生観や価値観が変化したか」について質問している(第三回会議資料)。回答をみると「やや変化した」「大きく変化した」の両方合わせて約六〇%の人が何らかの形で価値観の変化を感じている。その中で一番多かったのが、家族や地域との結びつきを重視するようになったという「結びつき（関係性）重視」というタイプの価値観の変化だ。つぎに多かったのが、自分でより努力をするべきだという「個人努力重視」になったというものだ。また、「関係性重視」の人やアンケート調査の際に地震のことを想起した人たちは、地震の後、幸福度が高くなっていたという結果も出ている。

このような傾向から、私たちは震災を経験して、お金から幸福を得るのではなく、人間関係から幸福を求めるように価値観が変わった、利他的な行動をとるようになった、と解釈することもできるだろう。

別の解釈の可能性もある。もともと利他的な人や関係性が豊かな人は幸福度が高いということは、今までの幸福度研究でも明らかにされている。その点は、この調査結果とも整合的だ。しかし、関係性を重視している人が震災のことを想起すると幸福度が高まった、という事実を利他性で解釈するのは難しい。確かに、震災の被害を思い浮かべると、現状で満足しようという気になり、今までと同じ生活水準でも幸福度をより高く感じるようになる、というのは十分に理解できる。しかし、これを利他性や共感性では説明できないだろう。利他性や共感性の強い人なら、震災の被害から被災された方のことをイメージして、幸福度が低下すると考えるのが自然だからだ。ハリケーン・カトリーナがアメリカ南部を襲ったときのアメリカ国民の幸福度の変化について、筆者は共同研究をしたことがある（Kimball, Levy, Ohtake and Tsutsui, 2006）。その結果は、カトリーナの直接的被害を受けていないアメリカ人もハリケーンが襲来してきた時に幸福度が低下していたというものだ。

日本における人間関係重視という一連の変化は、利己的な人間像をベースに考えるほうが理解しやすいのではないか。他人の生活水準が上がれば自分も幸福になり、他人の生活水準が下がれば自分も不幸になるというのが、利他性だ。現実には、幸福感が他人の生活水準との相対的なものから得られているという点は似ているが、自分が相対的に豊かになれば幸福度が上がるという意味で、利他的感情や共感性とは正反対の動きである。また、人間関係を一種の保険制度として考えているからこそ、市場経済が機能しない際には、人間関係が重要になると考えたのだろう。万一の際の保険として人間関係を普段からよくしておこうと考えるようになった。利他的というよりは、互恵的な関係構築だと考えるべきだろう。

互恵的な考え方、共助の考え方が悪いというのではない。ただ、その範囲があまりに狭いと大規模災害の際には本当の役にたたない。都道府県内で災害に備えて互恵的な自治体のネットワークは今まで組まれていたが、今回のような大規模な災害だと、被害を受けていない遠くの自治体とのネットワークがないと機能しないことが判明した。つまり、大災害時に本当に共助社会が成り立つためには、かなり広い範囲で共助がなされていることが前提なのだ。震災を契機に、私たちが以前よりも関係性を重視するようになったというのは大きな変化だが、その範囲を広げていくところまで変われるか否かがさらに重要だ。

東日本大震災の後、「絆」が日本社会のキーワードになって、地域や日本全体で助けあって、この苦難を乗り越えようという雰囲気が強まったように見えた。それを象徴するのが、財団法人日本漢字能力検定協会が毎年京都・清水寺で発表する「今年の漢字」に「絆」が二〇一一年には選ばれたことだ。

サントリー文化財団からの助成を受けた「文化と経済」プロジェクトで、私たちは東日本大震災発生以前、直後、発生以降の時期のソーシャル・キャピタル(社会関係資本)や助け合い行動について、二〇一三年三月末にインターネット・アンケート調査を行った(有効回収数一〇〇四七)。プロジェクトのメンバーは、内田由紀子(京都大学)、大垣昌夫(慶應義塾大学)、大竹文雄(大阪大学)、奥山尚子

図1：家族と非常時について話すこと

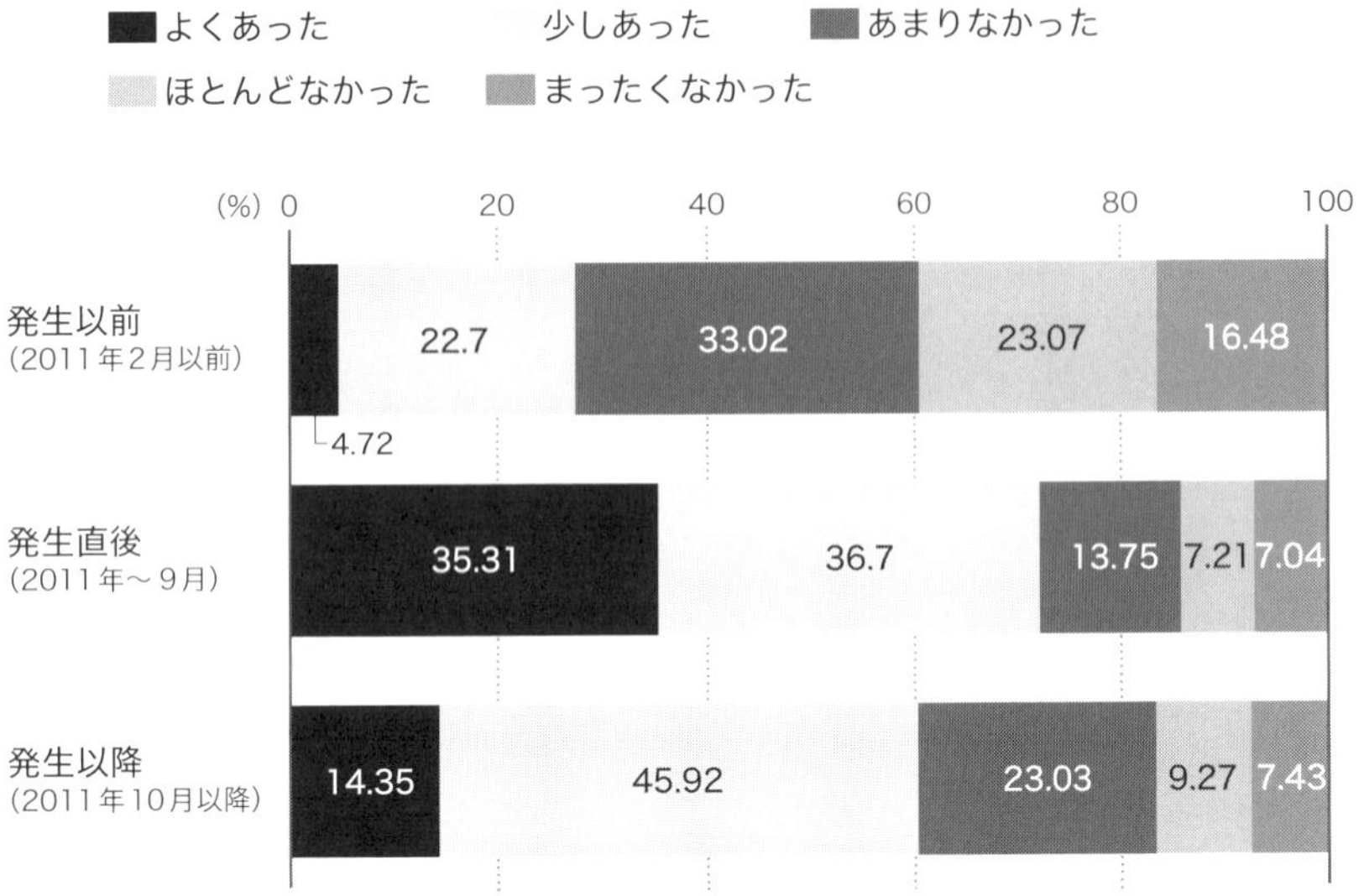

(神戸大学)、亀坂安紀子(青山学院大学)、齊藤誠(一橋大学)、佐々木勝(大阪大学)、安井健悟(立命館大学)の八名である。

その結果、ソーシャル・キャピタルと関わりの深い行動は、東日本大震災発生直後には確かに上昇したことがわかる。特に家族関係には大きな影響を与えている。「家族と非常時について話すこと」が、「よくあった」あるいは「少しあった」と答えた人は、東日本大震災発生前は、二七・四%であったが、震災直後の半年間は七二・〇%に増加し、半年経過した以降も六〇・三%という高い水準を維持している(図1)。図には示していないが「休日に家族と過ごすこと」があった人の割合は、震災発生以前が六八・五%、震災直後が七二・二%、半年経過以降は七二・〇%と少し増加している。

また、「近所の人と世間話をすること」については、「よくあった」あるいは「少しあった」と答えている比率は、二〇一一年二月以前は、三二・一%だったが、震災発生直後には三八・五%に上昇している

図２：近所の人と世間話をすること

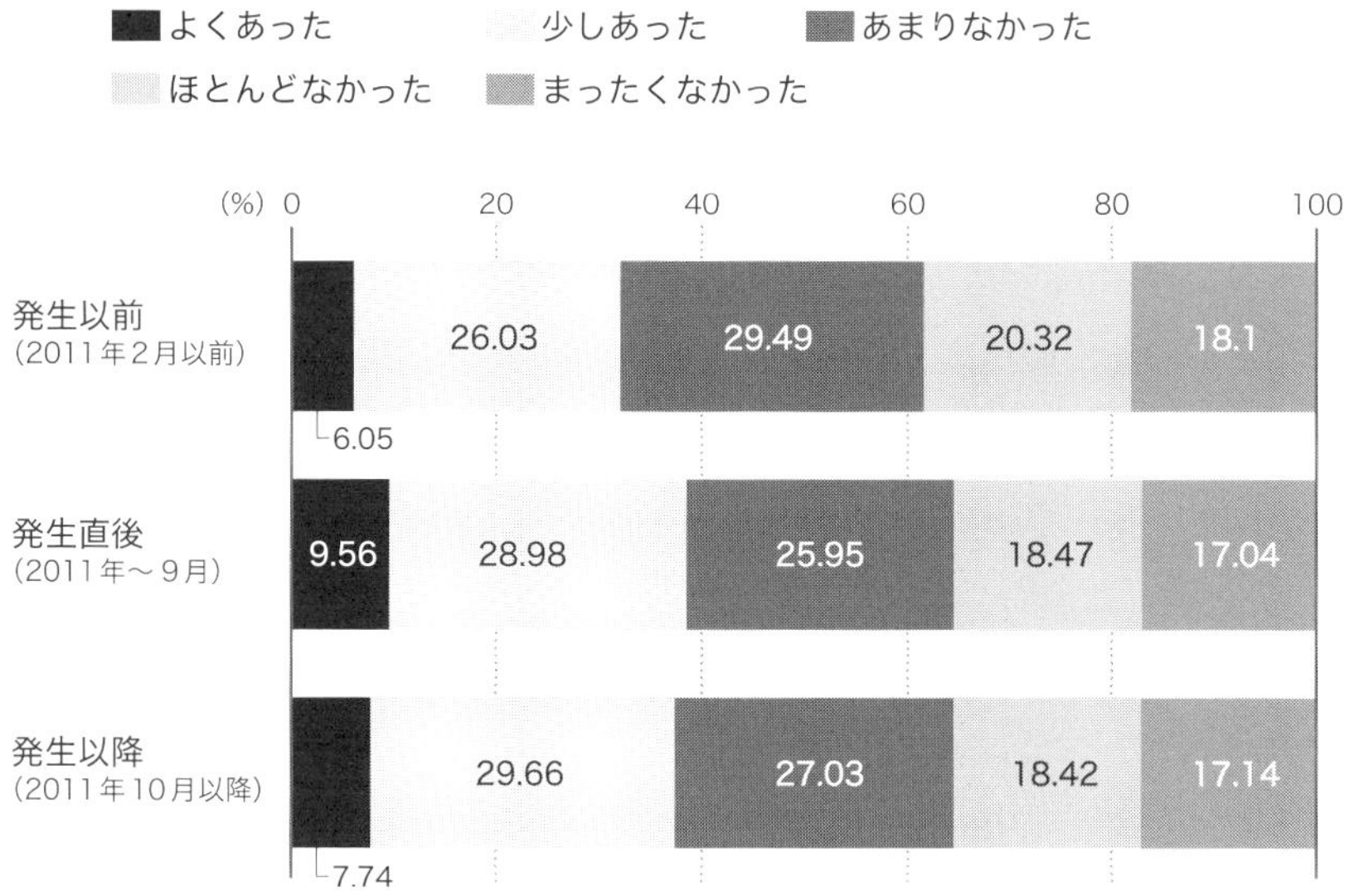

（図２）。震災発生から半年以上経過した二〇一一年一〇月以降でもほぼ同じ水準の三七・四％である。ただし、地域の人との伝統的なソーシャル・キャピタルが強まっているというわけではない。「まちのイベント（お祭り、運動会、盆踊り、地蔵盆など）に参加すること」、「自治会や町内会の仕事をすること」の比率は、震災前後を通じてあまり変化していない。

さらに、「知人・友人と頻繁に連絡を取り合ったり会ったりすること」があった人の割合は、震災発生前は四八・四％、発生直後の半年間は五六・五％に上昇し、半年経過以降も五三・八％という水準を維持している（図３）。

このアンケート調査から、東日本大震災は日本人の家族内での共同体意識を強化することにつながったとは言えそうである。また、地域についての共同体意識も少し変化している。「地域の問題は自分自身の問題であるかのように感じている」という人の比率は、震災発生以前は、二五・九％であったが、

図3：知人・友人と頻繁に連絡を取り合ったり会ったりすること

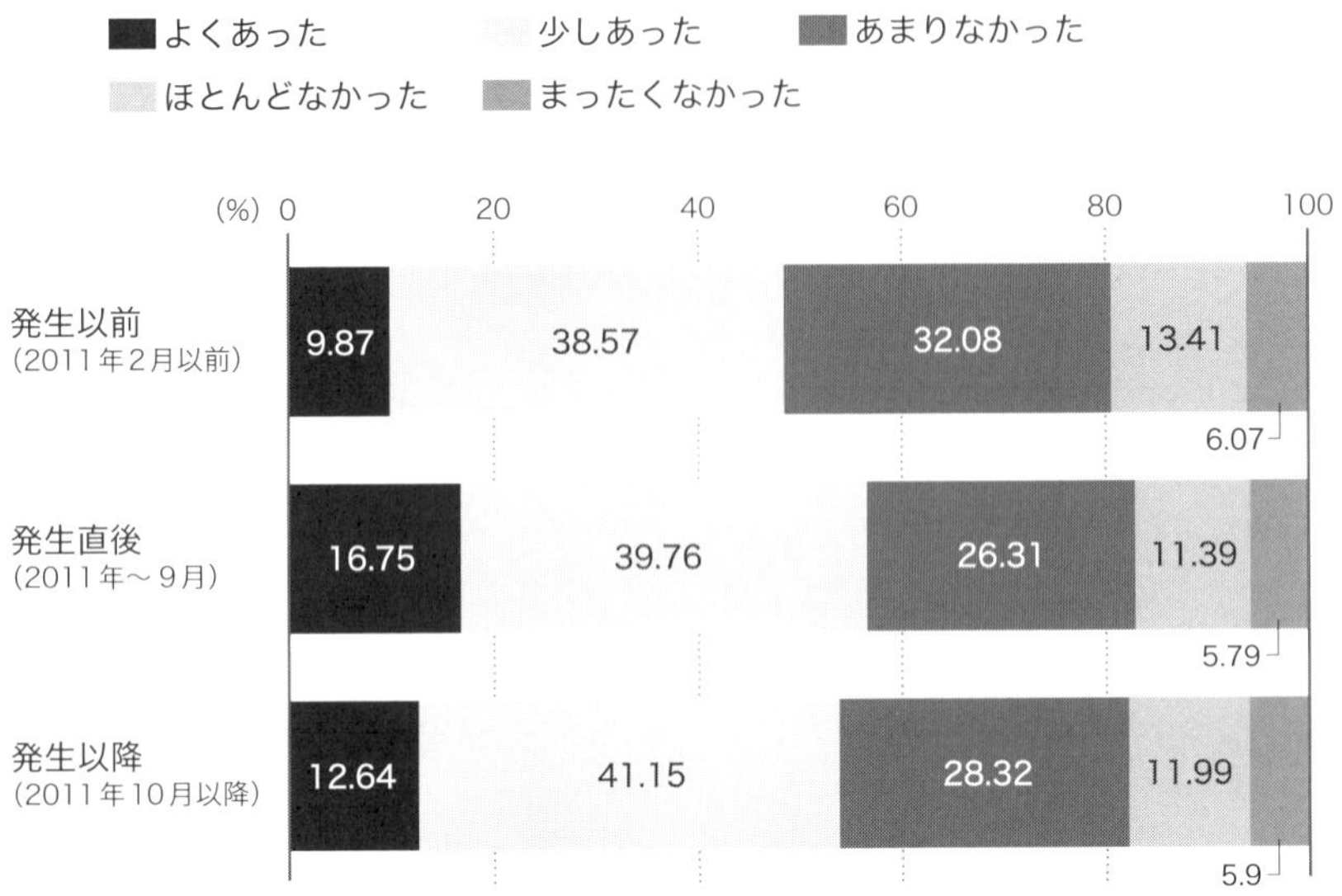

震災発生直後に三二・三%に上昇し、半年経過後も三二・七%の水準を維持している(図4)。

では、日本人の「絆」意識は家族や地域を超えて日本全国に広がったのだろうか。見ず知らずの人への利他性を測る一つの指標は、献血行動である。私たちのアンケート調査では、献血の頻度について聞いている。図には示していないが、東日本大震災発生以前、献血を少しはしていたという人たちの比率は二一%であったが、震災後一四%程度に減少している。献血行動からみる限り、見ず知らずの人に対する利他性が高まったとは判断できない。

重税感も利他性や公共心の指標になるだろう。復興増税が二〇一三年一月から二五年間、所得税の税額の二・一%分が増税されている。また、住民税は二〇一四年六月から一〇年間、年一千円が上乗せされる。さらに、法人税は二〇一二年四月から三年間税額の一〇%分高くなっている。もし、日本人の絆が強まっているならば、復興のための増税が行われたとしても、重税感は増さないはずだ。しかし、重

図４：地域の問題は自分自身の問題であるかのように感じている

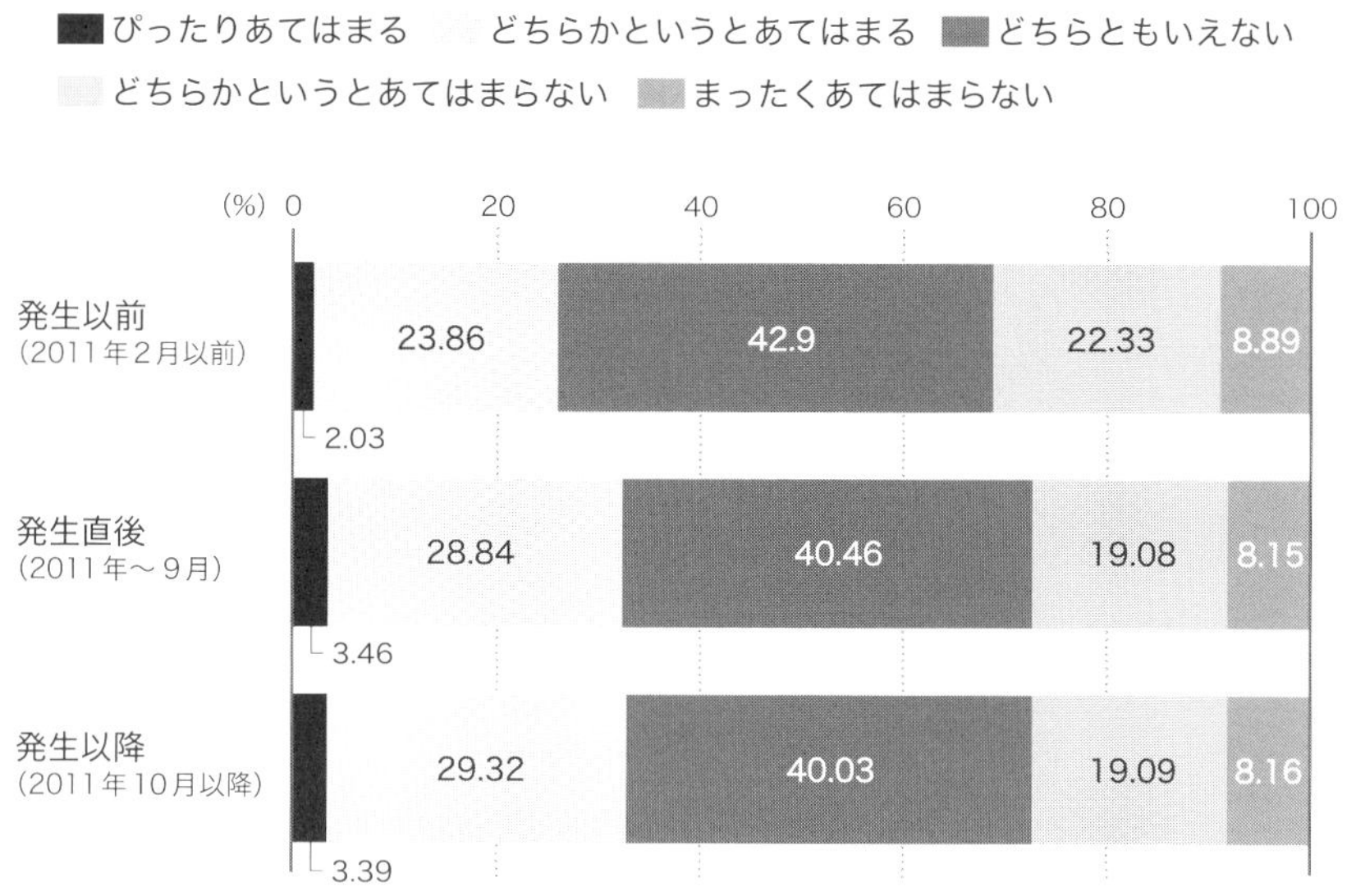

税感は震災発生以前に比べて高まっているという人が多い。図5をみると震災発生以前は、税金を重いと感じていた人は、六一・八％であったが、震災発生以降増加し、約六八％になっている。

私たちのアンケートでは、利他性の範囲をもう少し数量的に把握できる設問を用意した。具体的には、つぎのような一連の質問である（図6）。「仮に、あなたかあなたと同じ地域（集落・町村）に住んでいる人のどちらかが、いくらかのお金を受け取ることになったとします。お金は分け合うことができません。また、受け取った人が自分のためにしか使えません。あなたは選択肢『1』または『2』のどちらを選びますか。あてはまるものをどちらか1つ選んでください」

この質問で、「自分が○円もらう」か、「同じ地域の人が七五〇〇円」もらうという場合に、自分が○円もらうことを選ぶなら、他人に対する利他性や共同体意識が非常に低い人だと考えていいだろう。私たちは、お金の配分相手として、「家族」「同じ地域

図5：税金を重いと感じる

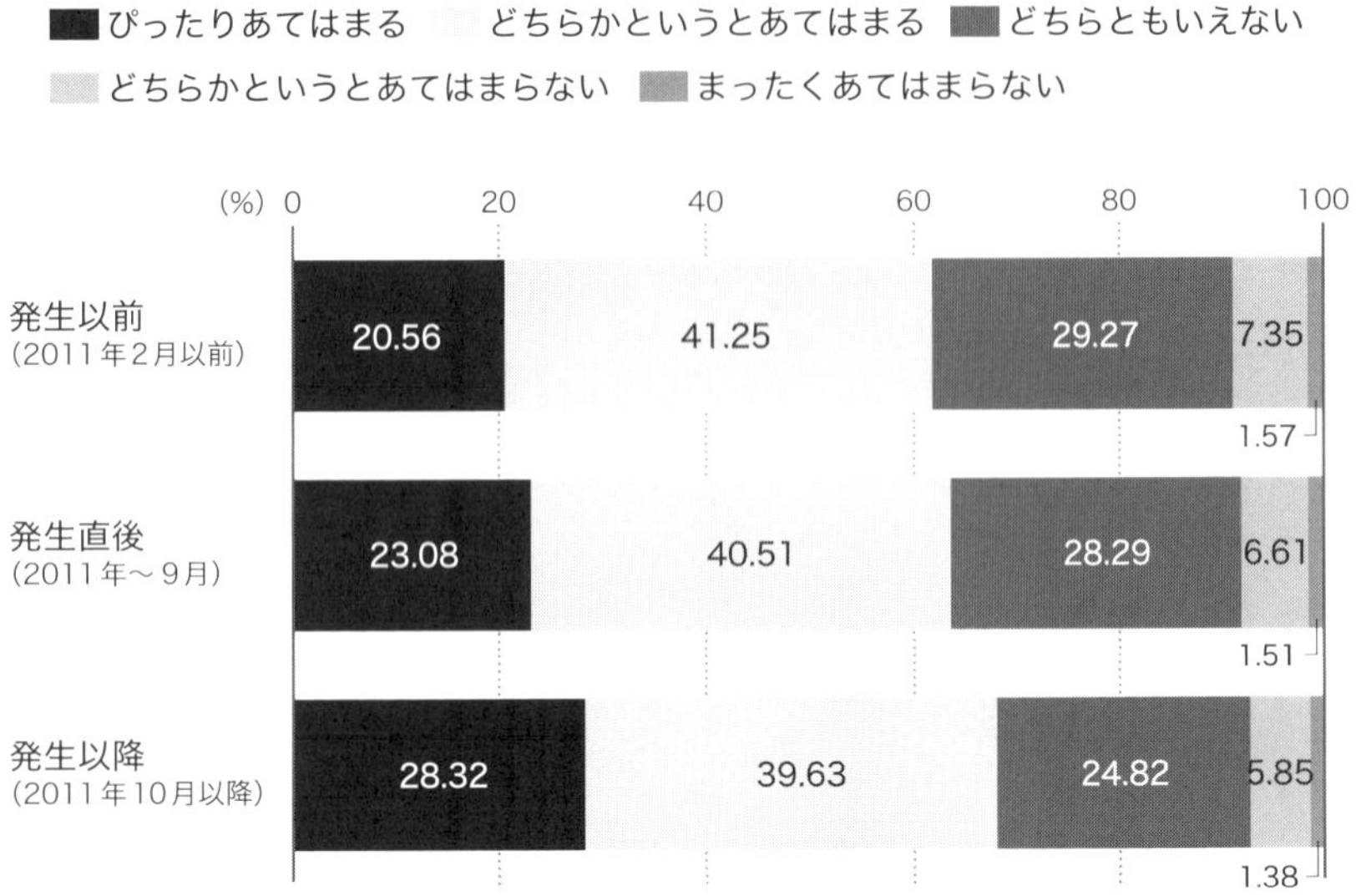

(集落・町村)に住んでいる人」、「同じ都道府県に住んでいる人」、「日本人」、「外国人」の五種類の人を想定した質問を作成した。自分がもらう額の方が多ければ、他人がお金をもらうよりは自分がもらう方を選ぶだろう。しかし、自分がもらえる額が小さくなっていけば、どうせなら他人が多くもらった方がいいと判断することになる。ちょうど、その判断が変わるときの、自分がもらえる額と他人がもらえる額が、「(他人がもらう額)＝(1＋r)(自分がもらう額)」という関係を満たすrを社会的割引率と呼ぶ。「自分が○円もらう」か、「同じ地域の人が七五○○円」もらうという場合に、自分が○円もらうことを選ぶ人は、社会的割引率が無限大ということになる。

アンケートの結果から対象別の社会的割引率の分布を示したのが図7である。図7をみれば、家族に対する社会的割引率は低いものの地域や日本に対する社会的割引率は高い上、対象間にあまり差がない。一方、外国人に対する社会的割引率は高く、四四・

図6：社会的割引率を計測するための質問

「仮に、あなたかあなたと同じ地域(集落・町村)に住んでいる人のどちらかが、
いくらかのお金を受け取ることになったとします。お金は分け合うことができません。
また、受け取った人が自分のためにしか使えません。
あなたは選択肢「1」または「2」の どちらを選びますか。
あてはまるものをどちらか1つ選んでください。」

あなたが		同じ地域(集落・町村)に住んでいる人が	
1	0円もらう	2	7,500円もらう
1	10円もらう	2	7,500円もらう
1	100円もらう	2	7,500円もらう
1	500円もらう	2	7,500円もらう
1	1,000円もらう	2	7,500円もらう
1	3,000円もらう	2	7,500円もらう
1	7,500円もらう	2	7,500円もらう
1	9,000円もらう	2	7,500円もらう

八％の人たちは、「外国人に七五〇〇円渡すくらいなら自分がお金をもらわないほうがましだ」と考えている。

東日本大震災の経験は、社会的割引率になんらかの影響を与えたのだろうか。私たちの暫定的な計量経済学的な分析の結果によれば、自分が被災したか、家屋の損壊を受けた人は、同じ地域内の人に対する社会的割引率が低くなり、共同体意識が高まっている。また、被災された人たちは日本人や外国人に対する社会的割引率も低下している。さらに、自宅が計画停電の地域であった人も地域の人に対する社会的割引率が下がり、共同体意識が高まっている。しかし、計画停電の経験者の共同体意識の高まりは同じ地域内に限られている。

東日本大震災の直接的な被災者は、地域内での助け合いを通じて共同体意識を高めると同時に、日本国内、外国からの救援を経験することで、共同体意識の広がりを感じたのかもしれない。一方、計画停電を経験した人たちは、近隣での助け合いを通じて

図7：共同体の範囲による社会的割引率

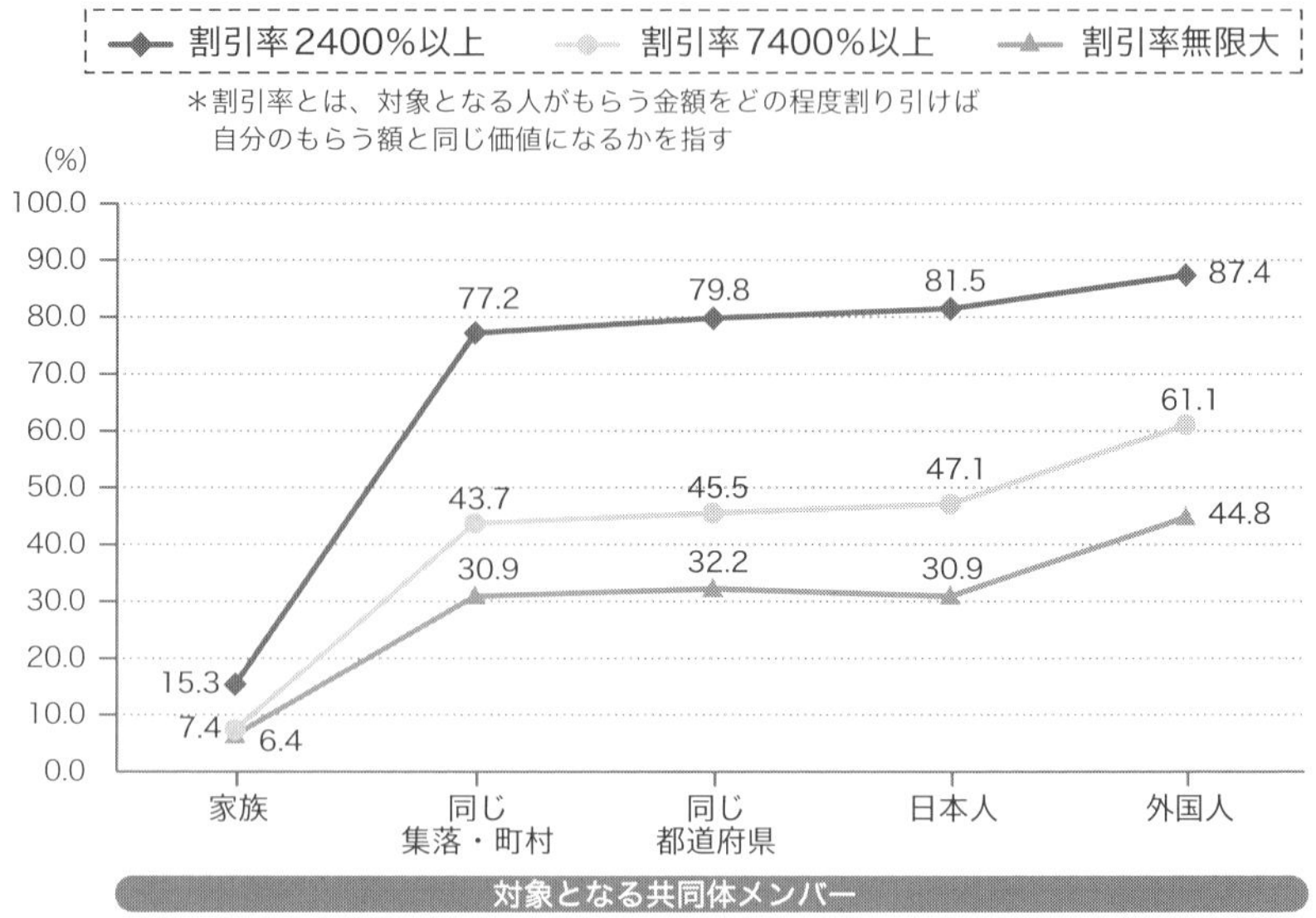

共同体意識を強めたが、その範囲は同じ計画停電地域の中に限られていたのではないだろうか。

東日本大震災と幸福度

東日本大震災は、多くの日本人の生活に影響を与えただけでなく、価値観にも影響を与えた。震災による直接の影響を受けた被災地の人々はもちろん、経済活動の停滞で日本の所得水準も下がった。原子力発電所の事故の影響で、節電行動が広まった。価値観については、災害を経験したことで、モノやお金よりも、家族や友人との繋がりを重視する価値観が広まったと言われてきた。

モノやお金ではなく、人間関係を大事にすべき、という価値観の広まりは、もう豊かになった私たちは、経済成長を目指すのではなく、人間関係の豊かさを中心とした幸福度の上昇を目指すべきだ、という主張にもつながることがある。

経済成長ではなく、幸福度の上昇を目指せ、という主張は、経済学的にも理解できる面がある一方で、その危険性もある。経済学者としては、両者は対立するものというよりも、どちらも大事にすべきというのが、正直な感想だ。

国内総生産（ＧＤＰ）の成長率を高くすることは、必ずしも国民の幸福を高めることにつながらないのは、経済学的にもよく知られている。人々は、どれだけ生産したかというＧＤＰではなく、どれだけ消費したか、ということから幸福を感じる。

しかし、生産量を最大にすることと消費量を最大にすることは異なる。生産量を最大にするには、消費を我慢して貯蓄を増やし、その貯蓄を投資すればいい。ところが、生産量の増加を目指し過ぎると、人々の幸福の源泉である消費を犠牲にしてしまう可能性がある。消費を最大にするような成長率は黄金律と経済学では呼ばれている。黄金律よりも過剰に貯蓄・投資がある場合には、貯蓄を減らすことで人々はより豊かな消費を楽しめるのだ。

では、どうして私たちは消費水準の上昇を目標にしないのだろうか。第一に、消費があまりに増えすぎてしまうと、貯蓄が過少になって成長率が低下して長期的にも消費が下がってしまう。つまり、長期的に消費水準を高くし続けるという正しい目標設定が難しい。第二に、生産量を測ることの方が、消費量を測ることよりも簡単である。作られたものが実際どれだけ消費されたかを知るのは難しい。

消費額を指標にすれば、幸福度とはより近くなるが、それでも両者に乖離が発生するのは事実だ。人々は、モノやサービスの消費からのみ、幸福感を得ているのではない。余暇を楽しむことや、家族や友人との付き合いからも幸福感を得ているのは当然である。この項の冒頭で述べたように、幸福度を高めることがより大切だ、という主張はここからくる。

幸福度が、私たちがチェックすべき大切な指標であることは間違いない。「どの程度、幸福ですか」とか「生活に満足していますか」という質問から得られる主観的な幸福度や満足度が、政策の指標としてある程度使えるというのも事実である。

しかし、いくら生産や消費が幸福度を正しく反映しないからといって、幸福度だけを政策の目的に使うべきではない。人間の幸福感には、単独の政策目標として使うには、ふさわしくない特徴があるからだ。

第一に、私たちは、人との繋がりから幸福感を得るのと同時に、人と自分を比べて、その相対的な関係からも幸福感を得る。他人の方が豊かや幸福であれば、妬みを感じて不幸になる。逆に、それほど豊かでなくても、周りの人に比べて自分が豊かであれば、幸福感を感じる。

第二に、私たちは、幸福な状況や不幸な状況に、しばらくすれば慣れてしまって、同じ状況であっても幸福感や不幸感が薄れてしまう。

幸福度については、慶應義塾大学が「東日本大震災に関する特別調査」で興味深い結果を出している。震災によって、所得が減ったのは、低所得層や非正規雇用者、若年・高齢者で生じていて、ストレス症状も増加している。ところが、生活満足度や幸福度は、震災後に平均では増加している。しかも、低所得層や非正規雇用者ほど増加しており、高所得層の幸福度の上昇が少なかった。年齢別にみても若年層の方が震災後の幸福度の上昇が大きい。

その一つの解釈は、今の生活は、震災時の状況や、被災された方に比べると満足すべきものだ、と私たちが思うようになったというものだ。それを経済成長ではなく、人間関係から人々は幸福感を得るようになった、と解釈して、成長そのものを不必要だとするのは理解が違うはずだ。

大阪大学の山田克宣と私は、東日本大震災の約一〇日後からインターネットによる独自の一週間ごとの幸福度に関するパネル調査を行った。震災直後に、人々の幸福度がどのように変化したのかを調べた。中でも、震災のニュースを目にした人々の幸福度はどのように変化したかを明らかにした。インターネット調査は、三月二二日から開始され、福岡、大阪、名古屋、東京、新潟、仙台の六都市を対象とした五回の繰り返し週間パネル調査である。第一回目の調査を完了させた被験者は全体で二八一六人で、第五回目まで全て回答を完了させたのは、一七六六人であった。

幸福度について、東日本大震災後の時系列変化を都市別に見てみよう。調査開始時点において、福岡、大阪、名古屋、東京、新潟の五都市の間では、平均幸福度に統計的な差が観察されない。しかし、被災地である仙台市においては、大阪市と東京二三区の平均幸福度を下回っており、その差は統計的に有意であり、地震の影響が示唆される。また、いずれの都市においても地震発生後一一日目を起点として、さらに四週間にわたって平均幸福度が下落している傾向が存在する。余震が継続していた状況や、四月七日に大きな余震が発生したこと、大震災の被害状況が時間軸とともに明らかになっていったこと、原発問題が徐々に深刻化していったことなどの、複合的な負のショックの蓄積が、平均幸福度を持続的に押し下げていると予想される。特に仙台市と東京では、第一週と比較して、第五週の平均幸福度が第一週よりも統計的に有意に低くなっている。また、第五週の仙台市の平均幸福度は、その時点の他の五都市の平均を有意に下回っている。

つぎに、東日本大震災関連の出来事が幸福度に対して与えた影響をみるため、読売新聞・朝日新聞・日経新聞(二〇一一)の一面における、地震関連ニュースが占める面積の割合を計測し、地震関連ニュース変数を作成した。変数作成の手続きは以下の通りである。まず、ニュースのタイトルと内容から、(i)地震被害のニュース、(ii)地震からの復興のニュース、(iii)原子力発電所の事故に関するニュース、(iv)原子力発電所事故からの復旧についてのニュース、(v)東京電力株式会社の賠償関連ニュース、(vi)計画停電や電力不足についてのニュース、の六種類を取り上げ、それぞれの記事の面積を震災発生翌日の三月一二日から、調査終了の四月二一日まで計測した。質的に分類されたそれぞれの記事の面積の大きさが、幸福度に影響を与えていると仮定した。

私たちが採用したルールは、以下の通りである。まず、調査会社の協力により、各被験者が回答を開始した時間の情報を得る。午前〇時から午前三時までに回答を行っている場合、その同時点で発生している出来事が新聞に掲載されるのは、同日朝の朝刊であると仮定する。従って、その被験者には、回答と同日の朝刊の情報をあてはめる。次に、午前三時以降、午後二時までに回答を行っている被験者のケースを考える。彼らが回答を行っているとき、並行して発生している出来事が新聞に掲載されるのは、同日の夕刊であると考えられる。従って、このケースでは回答と同日の夕刊の情報をあてはめる。最後に、午後二時以降、午後一二時までに回答を行った被験者のケースを考える。彼らの回答に影響を与える、同時点の出来事は、翌日の朝刊に掲載される可能性が高い。従って、このケースでは回答翌日の朝刊の情報をあてはめる。

こうして作成した震災ニュース変数と幸福度との関係を統計的に分析した結果、震災のニュースが幸福度にマイナスの影響を与えていたのは、仙台のみであり、他の地域では統計的には影響を与えてないことが示された。私たちの調査には大きな限界がある。それは、震災前後での幸福度の変化を直接的に計測できていないことである。しかし、震災のことを思い浮かべた人の幸福度が高まっていたという内閣府の調査結果や震災後日本人の幸福度が高まっていたという慶應義塾大学の調査結果とは対応していると言える。

おわりに

本稿では東日本大震災の際、日本で略奪や暴動がほとんど発生しなかったという現象が必ずしも日本の文化ではなく、情報化社会と社会関係資本が蓄積された地域と時代という特徴に根ざしている可能性を最初に指摘した。つぎに、東日本大震災が日本人の「絆」という共同体意識を強めたのかどうかを、独自に行ったアンケート調査をもとに分析した。一般には、共同体意識が全国にわたって広まったように思われているが、アンケート調査からわかったことは、共同体意識はかなり狭い範囲でしか強くないということである。家族内では強い共同体意識があっても、地域、日本といったレベルではあまり強い共同体意識はない。確かに、東日本大震災で直接被災された方は、様々な救援を受けた結果、日本人のみならず外国人に対する共同体意識をもち、助け合いの範囲が広がっている。また、自宅が計画停電の地域であったという人たちは、そうでない人たちよりも地域に対する共同体意識が強くなっている。そういう意味では東日本大震災は、日本人の共同体意識を少し変化させたと言える。

　東日本大震災が、日本人全体の助け合い精神を高めたというのは難しい。重税感は高まっており、献血の頻度も減っている。震災後一週間以上たった時点から、震災のニュースをみて幸福度を下げていたのは、被災地の人たちに限られていた。

　では、東日本大震災は、国民感情にあまり大きな影響を与えなかったのであろうか。私たちが行ったアンケートで、顕著な変化を見せている項目がある。それは「一瞬一瞬を大切にして生きようと思う」という考え方にあてはまると答えた人の比率である。東日本大震災の発生前は、約五四%であったが、震災後は約六六%に増加している。あれだけの大震災を経験して、今を大事に生きようとする人たちが増えた。それが、国民感情の一番大きな変化ではないだろうか。これが日本人の幸福度を上昇させたり、助け合い精神を広げて行くきっかけになるかどうかを明らかにするためには、より長期の変化を追って行く必要がある。

Takumi Sato
佐藤卓己
京都大学大学院教育学研究科准教授

「災後」メディア文明論と「輿論2.0」

第一次「災後」のメディア流言

二〇一一年三月一一日に発生した東日本大震災は、「新しいメディア環境」の到来を強く印象づけた。ツイッター、フェイスブックなどウェブ上の双方向的CGM（コンシューマー・ジェネレイティッド・メディア）が旧来の一方通行的マスメディアを超克する技術として注目されたため、「ソーシャルメディア元年」とも言われる。確かに震災直後、電話がつながりにくい状況での安否確認手段として、あるいは「官制＝管制」報道への不満解消手段として特にツイッター利用の拡大は顕著だった。震災当日のツイート数は通常の一・八倍に増えたという。また福島原発事故に関しては、新聞、テレビが「ただちに人体に影響はない」と政府見解を繰り返していた一方で、インターネット上にはドイツ気象庁の放射性物質拡散予測などがアップされたが、そうした専門性の高いサイトへ人々を導いたのもソーシャルメディアだった。このため、マスメディア社員もソーシャルメディアで情報や画像を収集する作業に追われ、彼ら自身のツイート（つぶやき）も公認されていった。こうした流れの中で時間、空間の制限なく誰でも自由に発言できるソーシャルメディアに直接民主主義のアゴラを夢見る声も「災害ユートピア」（レベッカ・ソルニット）の中でこだましていた。

しかし、一方でウェブ上には古典的な流言蜚語、あるいは買い占め行動や風評被害を引き起こしたデマ情報も多く含まれていた。それについては、荻上チキ『検証 東日本大震災の流言・デマ』（光文社新書、二〇一一年）、関谷直也『風評被害——そのメカニズムを考える』（同）などが手際のよい整理を行っている。こうしたウェブ上の流言が従来の口コミ中心の「うわさ」と異なるのは、その発生と普及においてメディアが果たす役割が格段に大きいことだろう。以下ではこうした現代の流言を「メディア流言」と呼ぶが、それは事実（ファクト）以上に「正確さ」を伝達する（はずの）メディアと、「あいまい」な性格を持つうわさの複合体である。一般にマスメディアは客観的ニュースを伝えるものと理解されており、その信頼性ゆえに強力な影響力を発揮してきた。そのため、口コミ流言においても「友人の新聞記者によれば」、「NHKにいる知人に聞いたのだが」というフレーズが内容の信憑性を高めるために使われることも多かった。

それにしても「災後」にニューメディアが注目されるのは、大震災が瞬時に広域で混乱をもたらすため切実な情報欲求が国民規模で生まれるからである。実際、わが国のメディア史で「ニューメディア」登場は大震災の記憶と不可分である。例えば、逓信省は「放送用私設無線電話（ラジオ）ニ関スル議案」を関東大震災が起こる二日前に決定している。それまでも新聞社などのラジオ実験放送は行われていたが、実用的報道を主目的とした放送事業の認可方針はこのとき打ち出された。以下でみるように震災後の流言パニックの発生もあって、震災からわずか三カ月後、一九二三年一二月二〇日、逓信省は無線電信法にもとづき「放送用私設無線電話規則」を制定している。実際のラジオ放送開始は二年後、一九二五年三月二二日（今日の「放送記念日」）となったが、今日に至るまでラジオは災害報道の中核的メディアとして認知されている。

　また、日本における「インターネット元年」も一九九五年一月一七日の阪神・淡路大震災に重ねて記憶されている。もちろん、Windows95（インターネット接続を前提としたマイクロソフト社のOS）の発売が同年であったことも大きいが、震災後のボランティアでパソコン通信が使われたことなどが新聞やテレビで大きく取り上げられた。つまり、東日本大震災と「ソーシャルメディア元年」の連想は、阪神・淡路大震災と「インターネット（あるいはケータイ）元年」、さらに関東大震災と「ラジオ放送元年」という記憶の古層の上に成立している。

　「災後」の国民感情（世論）をメディア史から考察する本稿においては、「ニューメディア論」という系譜の出発点である第一次「災後」、すなわち関東大震災後におけるメディア流言の記憶からまず検討を始めたい。流言研究は主に社会心理学者、文化人類学者によって発展してきたが、関東大震災の流言研究は日本近代史研究者による研究も蓄積された領域である。特に、震災後の「朝鮮人来襲」デマによって多数の人々が自警団に殺害された事件は注目されてきた（山岸秀『関東大震災と朝鮮人虐殺　80年後の徹底検証』早稲田出版・二〇〇二年など参照。一方で従来の研究枠組を疑問視する工藤美代子『関東大震災「朝鮮人虐殺」の真実』産経新聞出版・二〇〇九年もあるが、事件そのものの存在までは否定できない）。ここでは同時代の記録として、吉野作造「朝鮮人虐殺事件」（一九二三年、『現代史資料（6）関東大震災と朝鮮人虐殺』所収）を引用しておこう。

　震災地の市民は、震災のために極度の不安に襲はれつゝある矢先きに、戦慄すべき流言蜚語に脅かされた。之がために市民は全く度を失ひ、各自武装的自警団を組織して、諸処に呪ふべき不祥事を続出するに至つた。此の流言蜚語は何等根柢を有しないことは勿論であるが、それが当時、如何にも真しやかに然かも迅速に伝へられ、一時的にも其れが全市民の確信となつたことは、実に驚くべき奇怪事と云はねばならぬ。荒唐無稽な流言蜚語が伝播されたのは、大正十二年九月二日の正午頃からである。

九月一日の関東大震災により首都圏の新聞社はほぼ壊滅状態となっていたが、混乱の中で三日以降に不確かな流言が事実関係を確かめることなく各地の新聞で記事化されている。たとえば、「不逞鮮人各所に放火し、帝都に戒厳令を布く」(九月三日付『東京日日新聞』第一面、印刷は浦和)、「鮮人大暴動　食料不足を口実に盛んに掠奪」(同『河北新報』)、「歩兵と不逞鮮人と戦斗を交ゆ」(同四日付『福島民友新聞』)などであり、「朝鮮人襲来」のニュースは全国に知れわたった。一九一〇年の「日韓併合」以来朝鮮半島では抗日武装闘争が続いており、大衆がデマを真に受ける十分な背景も存在していた。また震災当時の内務大臣・水野錬太郎と警視総監・赤池濃は一九一九年の「三・一事件」当時の朝鮮総督府政務総監と同警務局長であり、水野自身も同年九月二日京城南大門駅で姜宇奎による爆弾狙撃を受けていた。水野がすみやかに戒厳令を布くために、警察当局から「朝鮮人襲来」という流言を意図的に伝播させたとする説も否定しがたい。警視庁は九月一日午後四時に王子警察署からの「鮮人放火の流言」を発表し、翌二日にも四谷署からの「不逞鮮人ら爆弾をもつて放火」を伝えている。緊急勅令で戒厳令が布告されたのは、同二日午後六時である。翌三日になって警視庁はこれまでの発表を否定し「朝鮮人の大部分は順良」として朝鮮人の保護を開始している。だが、この流言により激昂した自警団の敵意は朝鮮人を収容しようとした巡査にも向けられた(「不逞鮮人襲来の飛報」、警視庁自警会雑誌部編『自警』第五一号)。メディア史としてここで注目したいのは情報伝達の意図ではなく、その経路とその影響である。

これまでの研究では、新聞掲載された流言の発信源も治安当局の無線通信情報であったことが明らかにされている。

そもそも流言発生から二、三日で北は『樺太夕刊』から南は『台湾日日新報』まで全国各地の新聞が記事化しているように、その拡散に無線通信が果たした役割は大きかった。軍隊および警察の通信を整理した中島陽一郎『関東大震災』（雄山閣出版・一九七三年）によれば、最初の発信記録は九月二日午後八時二八分に船橋海軍無線送信所から横浜鎮守府長官発、海軍大臣宛に出された「不逞鮮人ノ放火」である。翌三日午前六時には内務省警保局長から各地方長官宛てに「鮮人ノ行動ニ対シテハ厳密ナル取締」を求める電報が発せられ、この情報はすぐに朝鮮総督府、台湾総督府にも伝えられた。極度の混乱状態のためか、船橋海軍無線送信所は三日午後四時三〇分に「船橋送信所襲撃ノ虞アリ、至急救援頼ム」の緊急電も発信している。このSOS電は北京の日本大使館でも受信され、「不逞朝鮮人の一団が船橋を襲うとか、上野公園に避難している日本人を掠奪するとかのデマニュースもつぎつぎ入って来て、われわれ仲間で噂話の種になった」と高橋信一は証言している（『逓信史話　上』逓信外史刊行会、一九六二年）。国境を越える「メディア流言」の拡散は、すでに第一次「災後」から存在していたのである。

この「メディア流言」と虐殺事件について、尾原宏之『大正大震災――忘却された断層』（白水社、二〇一二年）が鋭い指摘をしている。この朝鮮人虐殺事件は被災者が助け合う「人情美」が横溢した社会、いま風にいえば「災害ユートピア」のなかでは不都合な出来事だった。そのため、国家権力の犯罪を告発する歴史研究者もこの事件をアナーキスト大杉栄虐殺と同様に警察と軍隊の陰謀として片付け、自警団の民衆をプロパガンダに操られた「被害者」として扱うことが多かった。しかし、実証研究のためには、「権力が民衆を操作し狂わせた」という前提を取り払い、「民衆が主体的に朝鮮人を虐殺し警察を襲撃した」と考えてみることが必要だと尾原は主張する。

地方参政権すら持っていない下層民が、完全に誤認とはいえ「敵」と戦い、日頃自分たちを抑圧しておきながらこの期に及んで「敵」を保護する警察権力を粉砕したのは、いかに愚かな行為であれ政治参加の一種だった。虐殺事件は、その意味で「自治精神の芽生え」の持つ巨大な熱量の仕業でもある。だから、人情や相互扶助と完全に無関係なものではない。

この視点に立った上で、自らも自警団に加わった芥川龍之介の「大震雑記」は読まれるべきだろう。

再び僕の所見によれば、善良なる市民と云ふものはボルシェヴィッキと〇〇〇〇〈不逞鮮人〉との陰謀の存在を信ずるものである。もし万一信じられぬ場合は、少くとも信じてゐるらしい顔つきを装はねばならぬものである。

液状化した輿論とその制御装置

芥川の「善良なる市民」に関する所見を読んで脳裏に浮かぶのは、エリザベート・ノエル＝ノイマン『沈黙の螺旋理論——世論形成過程の社会心理学』（池田謙一訳、ブレーン出版、一九八八年）の「世論」定義である。ノエル＝ノイマンはマスメディアが特定の意見を優勢な多数意見と報じると、社会的孤立を恐れる人々は勝ち馬を追うようにその意見に飛びつき、最初の意見分布とは異なる圧倒的な「世論」が作られていくプロセスを分析し、次のように定義している。

世論とは、論争的な争点に関して自分自身が孤立することなく公然と表明できる意見である。（中略）世論という意見や行動は、孤立したくなければ口に出して表明したり、行動として採用したりしなければならない。〈強調は原文〉

この「世論」定義を踏まえて、さらに第一次「災後」に芥川龍之介が発表した「侏儒の言葉」（『文藝春秋』一九二四年四月号）の輿論（パブリック・オピニオン）批判を見てみよう。

輿論は常に私刑であり、私刑は又常に娯楽である。たとひピストルを用ふる代りに新聞の記事を用ひたとしても。又、輿論の存在に価する理由は唯輿論を蹂躙する興味を与へることばかりである。

ここで重要なのは、芥川が輿論（ヨロン）に世論（セロン）を重ね合わせていることである。もっとも一九四六年公布の当用漢字表で「輿」が制限漢字とされた今日の日本では、「輿論」は一般に「世論」と表記され「ヨロン」と発音する人が多数派となっている。しかし、大正期まで両者は別物だった。世論は明治期日本で世間の雰囲気（ポピュラー・センチメンツ）の意味で使われるようになった新語である。実際、現在も中国、台湾、韓国など漢字文化圏でパブリック・オピニオンは輿論（舆论）であり、「世論」を使用するのは戦後の日本だけである。「世論」の初出例として福澤諭吉『文明論之概略』（一八七五年）が引かれるが、福澤は責任ある公論（輿論）と世上の雰囲気（世論）を峻別していた。こうした区別は欧米の市民社会論に由来しており、一七世紀の自由主義者ジョン・ロックも、感情的「世論」は議会討議を通じて理性的「輿論」に結晶化されるべきものと考えていた（谷藤悦史「世論観の変遷――民主主義理論との関連で」『マス・コミュニケーション研究』第七七巻、二〇一〇年）。

少なくとも、関東大震災前において「輿論」と「世論」が使い分けられていたことは、明治天皇が発した二つの文書から確認できよう。五箇条の御誓文（一八六八年）で「広く会議を興し、万機公論に決すべし」と表現された公論とは、公議輿論を短縮したものである。他方、軍人勅諭（一八八二年）の「世論に惑はず、政治に拘らず」が示す通り、世論とは暴走を阻止すべき大衆感情であった。つまり、輿論は政治的正統性の根拠だが、世論は熱しやすく冷めやすい空気と認識されていた。

先に見たような関東大震災で噴出したメディア流言と虐殺事件が「大衆の政治参加」の一側面だと考えれば、芥川がいう「私刑としての輿論」は政治の大衆化が必然化する「輿論の世論化」の帰結である。こうした国民感情（世論）制御メディアとして期待されたのが当時のニューメディア、ラジオ放送だった。社団法人東京放送局ＪＯＡＫが実験放送を開始するのは一九二五年三月二二日だが、それは普通選挙法が成立する七日前のことである。その意味で第一次「災後」体制の三本柱として普通選挙法、治安維持法にラジオ放送を加えることも可能だろう。

実際に普通選挙が実施されたのが一九二八年であるのと同様、ラジオ聴取の大衆化もスピーカー付真空管受信機が普及する二〇年代末からである。そうした本格的普及に先だって発表された二つの「ラジオ文明論」を、ここでは「災後」メディア論として検討しておきたい。いずれも第二次「災後」はインターネットについて、あるいは第三次「災後」の現在もソーシャルメディアに関して繰り返されている議論の原型だからである。極めてオプティミスティックな新城新蔵「ラヂオ文明」（『東京朝日新聞』一九二五年八月一四日）と、その真逆というべきペシミズムに満ちた室伏高信「ラヂオ文明の原理」（『改造』一九二五年七月号）である。そこから第一次「災後」の人々がどのような期待と不安をもってニューメディアを迎えたかを読み取ることができる。メディアの発展は技術的・経済的要因よりもむしろ、こうした期待と不安により大きく規定されている。

新城新蔵は一九二九年に京都帝国大学総長に就任する宇宙物理学者だが、そのラジオ文明論はまさしくメディア進歩史観の典型である。新城はラジオ放送が「有閑階級の娯楽や相場師の道具」に止まることなく、誰でも自由勝手に聴ける「民衆的普遍的」放送たることを要求した。

もともと万人に公開の空間に電波を伝達せしめて居るので、これを一定の加入者のみに限つて聴かせようといふのは根本的に間違つて居る。

電波の公共圏は普通選挙法の国民的公共性と重ねて理解されていたわけである。そのためラジオ放送は「国家又は地方自治体其他の公共団体が経営する」べきだとも新城は主張している。公益社団法人として設立された東京、大阪、名古屋の三局は、一九二六年に合併されて社団法人・日本放送協会となっている。しかし、新城のラジオ文明論の面白さは、それがポスト文字社会論であることにある。ラジオ放送が発展すれば印刷メディアはおろか文字文明までも不必要となるとし、その結果印刷用紙の無駄もなくなると展開するあたりは、昨今の電子書籍論者のエコロジー感覚と酷似している。意外に思えるのは、この当代きっての教養人に「文字」や「文筆」への固執がまったくないことである。新聞の速報はことごとくラジオ・ニュースに取って代えてよい、と新城はいう。

一体言葉に現したる思想をわざわざ複雑なる符丁にて記録し更にこれを読みて再び言葉に翻訳し其意味を了解するといふのは甚だしく廻りくどい方法で現代的ではない。

文字は情報伝達、意志疎通、つまり人と人とのコミュニケーションの手段であって、文字そのものが何かの目的ではない。文字を使わずにコミュニケーションが可能なのに、なにゆえ読み書きを教える必要があるのか、と。もちろん、文字には記録性があり、歴史のために不可欠だという反論にも、新城は返答を用意している。保存が必要な言葉はレコード化して蓄音機で聴けばよい、と。

レコードが今日の印刷書物の如くに軽便になり、蓄音機とラヂオ受信機とを両のポケットに携帯し得るになつたとすれば、我々は一切の文字を無用の長物として一掃することが出来、文字によらざる実質的文明は更に長足の進歩を見るに至るであらう。

スマートフォンまで連想させる議論である。しかし、今日のウェブ文化も実際には圧倒的に「文字」を媒介としており、その点では新城のポスト文字社会はいまに至るまで実現してはいない。また、この楽観的なラジオ文明論に震災の影響を読み取ることはできない。新聞、雑誌、書物など文筆的公共圏で育まれてきた市民的輿論の正統性にも、芥川が告発した災後「世論」の暴走にも触れてはいないのである。

他方、室伏高信の「ラヂオ文明の原理」は、他の「災後」文明論とともに『文明の没落・土に還る』(田舎社、一九二九年)に収められた一篇である。室伏はまずラジオ放送を第一次世界大戦が必然化した世界革命の烽火《のろし》として政治的に理解している。

世界戦争に於ける無線の需要、従ひて真空球の利用の発達は、無線的新世界のために、一つの刺激と機会を与へたものである。

この「無線的新世界」ではまず海底ケーブルを独占した大英帝国の情報支配が無力化する。それは「蒸気の世紀」一九世紀の覇者であったイギリスの個人主義的階級文化を破綻させるというのだ。「電気の世紀」二〇世紀にはイギリス文化帝国主義の象徴だった高級新聞『ザ・タイムズ』なども「ラヂオの祭壇に捧げらるべき第二の子羊」だという。

新聞紙が明日伝へるところのものをラヂオは今日伝へるのである。新聞紙が一つの地方に伝へるところのものをラヂオは世界に伝へるのである。

新聞紙が伝えるのは「生ける現実」ではなく「死せ

る過去」、「ニュース」ではなく「歴史」であり、「今日」ではなく「昨日」である、という。また新聞紙は一九世紀の地方的小社会の要求であり、二〇世紀の高度文明の原理はラジオによる世界的統一である、と室伏は断じる。ラジオ文明においては「凡ての個人的なるものが滅びて集団的なるものが凱歌をあげる」のであり、議会主義、自由主義など一九世紀的な政治概念はすべて空洞化する。

こゝに人々は最早如何なる治安維持法も、如何なる特別なる言論圧迫の方法も必然ではない。凡ての支配階級はラヂオを支配し、それによつて思想を支配することが可能であるからである。

もちろん言論統制は一九三〇年代を通じて強化されたわけであり、室伏の認識は一九二〇年代の現実から距離があった。しかし、現実に進む情報統制とのズレという一点において、このラジオ文明論は今日の「ウェブ文明論」とストレートにつながっている。その上で、室伏がラジオ文明の原理を「凡てのものゝのラジオ化」としてとらえていることに注目したい。

ラヂオ文明とわれ〳〵が名づくるところのものは、精神の、人間の、そして凡てのものゝのラヂオ化を意味する。

だとすれば、輿論もラジオ化するはずである。「ラジオ化した輿論」とは、フェルディナント・テンニースが『輿論批判』（一九二二年）で示した「固体―液状―気体」の枠組では「気体状の輿論」であり、今風に言えば「空気としての世論」となる。それはまた第一次「災後」に芥川が直面した「私刑としての輿論」でもあろう。

以上で紹介した第一次「災後」のラジオ文明論は、楽観的であれ悲観的であれ、まだラジオ受信機がほとんど一般に普及していない時代の未来予測であった。一九三〇年代に入ってラジオ普及は本格化し、ベルリン・オリンピック大会の一九三六年には全国普及率二一・四％、市部では四二・一％に達している。この普及段階で室伏のペシミズムに連なる議論に、長谷川如是閑「ラヂオ文化の根本問題」（『中央公論』一九三六年九月号）がある。長谷川は「量が質を支配する」ラジオ文化は、「巨大性に依頼するエジプト式建築に似たもの」と表現している。この量的威光はユルゲン・ハーバーマスのいう「代表具現的公共性」であり、理性的というより感覚的、如是閑の言葉でいえば「原始的」な効果をもたらす。それは一般には群集心理的に作用するが、ラジオの場合はそうした群集心理状況を制御する方向にも働くと、長谷川は指摘している。

> 二・二六事件の際の戒厳司令部の放送は、ラヂオの量的威力を、群集心理的発動を抑へるために有力に使用された一例であつた。

ラジオの世論統制機能を同様に評価する記述は、山川均「ラヂオを聴く」（『日本評論』一九三五年二月号）にもみられる。

> 米や鋼鉄や靴下や石油を統制するように、人々の頭を統制する必要があるとき、ラヂオは最も有効な手段を準備したものだといふことだ。

「量が質を支配する」ラジオ文化が生んだ「人々の頭を統制する」システムこそ、国民感情の制御装置としての世論調査に他ならない。「科学的」世論調査の始まりは一九三五年ジョージ・ギャラップによるアメリカ世論研究所の設立とされている。その政治利用は同時期にニューディールを掲げたF・D・ローズヴェルト政権下で飛躍的に発展した。それは大統領が直接ラジオで聴取者に呼びかけて「参加なき参加感覚」を国民に与えるファイアサイド・チャット（炉辺談話）と不可分な国民統合システムである。

こうした世論調査がアメリカで始まったのは、アメリカのラジオ放送がヨーロッパや日本のような公共放送ではなく、商業放送だったためである。ラジオの広告効果は新聞や雑誌のように発行部数で予測できないため、広告代理店はクライアントへの説明材料としてラジオ聴取率を必要とした。実際、G・ギャラップ、E・ローパー、A・クロスレーなど世論調査会社の創業者はいずれもマーケティング業界の出身である。こうした調査技法は、消費者あるいは聴取者の「思考」というより、その「嗜好」を計量することになった。このフィードバック・システムから見れば、今日のソーシャルメディアを指すCGM(コンシューマー・ジェネレイティッド・メディア)、「消費者が創り出すメディア」という発想もラジオ文明に由来するといえるだろう。

こうした「国民感情」制御システムとしての世論調査に対する批判は、日本でも占領終了直後から存在していた。統計学者・上杉正一郎は「世論調査のはなし」『産業月報』(一九五三年七・八月号)でこう批判している。

アメリカの世論調査はリンカーンの民主主義ではなくルーズベルトの民主主義以後の産物であつた。……「世論調査によると」という口実が、議会の存在に代つて重要となる。

議会の存在に代わって重要になる世論調査は、戦時下の日本でも実施されていた(一九四〇年代前半の世論調査については、拙著『輿論と世論――日本的民意の系譜学』新潮選書、二〇〇八年の第二章を参照)。結局、関東大震災で液状化した輿論は、戦時体制の中で「ラジオ化した輿論」、やがて空気としての世論になって今日に至った。読書人の輿論からラジオ人の世論へ、その「輿論の世論化」をわかりやすくモデル化すると図1のようになる。

3・11以後の「ウェブ文明論」

東日本大震災は、こうした「輿論の世論化」が極限にまで達した時期に発生した。二〇〇六年九月に

図1：輿論と世論のメディア論モデル

輿論＝ public opinion	→	世論＝ popular sentiments
可算的な〈デジタル〉多数意見	定　義	類似的な〈アナログ〉全体の気分
19世紀的・ブルジョア的公共性	理念型	20世紀的・ファシスト的公共性
活字メディアのコミュニケーション	メディア	電子メディアによるコントロール
理性的討議による合意＝議会主義	公共性	情緒的参加による共感＝決断主義
真偽をめぐる公的関心（公論）	判断基準	美醜をめぐる私的心情（私情）
名望家政治の正統性	価　値	大衆民主主義の参加感覚
タテマエの言葉	内　容	ホンネの肉声

五年間続いた小泉純一郎首相が退陣し、震災までの五年間で首相は安倍晋三、福田康夫、麻生太郎、鳩山由起夫、菅直人の五人が入れ替わった。こうした短命政権の背景に、各種メディアが乱発する内閣支持率報道があることはよく指摘されている。たとえば、柿崎明二はそれを「世論調査病」あるいは「世論調査中毒」と呼んでいる（『「次の首相」はこうして決まる』講談社現代新書、二〇〇八年）。社説では「政治は空気に流されるべきではない」、「議論が大切だ」と繰り返してきた新聞各紙が、こうした世論調査結果をトップニュースとして第一面に掲載してきた。その結果、内閣支持率が「二〇％を割れば政局」という常識は、いまでは国民一般にも広く浸透している。実際、一〇％台では次の選挙に勝てないという認識はまちがいではない。そのため、与党内で党首交代を求める声がまず上がり、首相は政権を投げださざるを得ない事態に陥る。

しかし、内閣支持率に象徴される世論調査のデータはどのようにして得られた数字だろうか。コンピユータでランダムに電話するＲＤＤ方式が一般的だが、回答者は電話口で即答を求められる。夕食時に唐突に内閣の支持や消費増税の是非を問われたとき、日頃マスコミが報じる多数世論をオウム返しに回答する人は少なくない。こうして増殖する雰囲気の統計値を「民意」と見なすことははたして理性的なことだろうか。それは公的な意見（輿論）と呼べるものではなく、私的な心情（世論）の分布に過ぎない。だが、この世論（セロン）が現状では「ヨロン」という理想的響きを帯びて、あたかも「日々の国民投票」のごとく政治的正当性の裏付けに利用されている。むろん、国民感情そのものは公的意見とは別に政治の重要ファクターである。それを軽視して大衆政治は成り立たない。そのためにも、現行の世論調査は「国民総感情」調査と割り切って、その科学的分析をおこなうことが必要である。

　だがそれとは別に、こうした「国民総感情」調査を有権者自身が批判的に検討する足場として、規範的な「輿論」概念を復権させることも「災後」の最重要課題だろう。ソーシャルメディアが加速化するファスト（高速度）社会の中で、私たちは自動化された世論、つまり直観的思考の総和である国民感情に流されがちである。しかし、こうした世論を前提とする衝動的判断は政治的に望ましいものではない。それに対する「輿論」は、認知心理学における批判的思考の新しい知見と重ねて理解することができる。批判的思考とは「自分の思考の質を改善する思考法」であり、情緒的にはたらく「直観的思考」との対比で理解されている（楠見孝編『現代の認知心理学3　思考と言語』北大路書房、二〇一〇年）。こうした批判的思考には分析や反省の時間的コストが不可欠なので、目的志向的な努力が求められる。「目的志向的」を換言すれば「遅延報酬的」であり、そうした忍耐が熟慮的政治を実現するためには不可欠である。こうした議論は、これまで二〇世紀「工業化社会」論の延長上に展開されてきた。私自身も東日本大震災の半年前に書いた「〝輿論の世論化〟とファスト政治」（『都市問題』二〇一〇年九月号）などで世論調査中毒の即決政治を厳しく批判している。それ自体は室伏高信「ラヂオ文明の原理」の延長線上にあったといってよいだろう。

それでは東日本大震災以後、はたして新しいメディア文明論は登場しただろうか。関東大震災後の「ラジオ文明論」に相当するニューメディアの文明論としては、阪神・淡路大震災後の「(インターー)ネット文明論」がよく知られている。公文俊平『ネティズンの時代』(NTT出版、一九九六年)が代表的なものだが、ネットワーク・シティズン、略してネティズン(智民)が情報通信ネットワークを活用して新たな「情報文明」の担い手となるという議論である。脱工業化社会論の延長上に知の理想的共有を実現する「智民革命」が展望され、それによって二〇世紀「ラジオ文明」の官僚主義や情報統制は超克されると期待されていた。もちろん、情報全体主義とネットワーク・ファシズム、いわゆる「ネチズム」の危険性を指摘する議論(たとえば拙著『現代メディア史』岩波書店、一九九八年)もあったが、「ラジオ文明」と「ネット文明」の連続よりも断絶が強調されてきた。

当然ながら、今度の東日本大震災後では従来の「ネット文明」論に替わる「ウェブ文明」論も登場している。東浩紀『一般意志2・0——ルソー、フロイト、グーグル』(講談社、二〇一一年)と池田純一『ウェブ文明論』(新潮選書、二〇一三年)などが代表的なものだろう。東の著作は二〇〇九年冬から東日本大震災の直前まで『本』で連載されていた同名の連載をまとめたものである。それゆえ、厳密には「災前」メディア論である。序文で東自身が次のように述べている。

もし連載がなにかの理由でひと月延び、最終回の締め切りが震災直後に当たっていたとしたら、筆者はおそらく最終回を書き上げることができなかっただろう。

東の「一般意志2・0」は、いうまでもなくティム・オライリーの提唱で二〇〇五年頃から流行語となった「ウェブ2・0」を受けたものである。オライリーはパーソナルコンピュータの普及とインターネット接続に続く時代、すなわちグーグル（一九九八年創業）の台頭に代表されるデータ重視、利用者重視の時代を「ウェブ2・0」と名付けた。それは利用者の自発性を動員するシステムである。フェイスブックでもツイッターでもグーグル＋でもよいが、あらゆるソーシャルメディアは利用者が自ら積極的にデータを書き込み、投稿しなければそれはネットワークとして機能しない。利用者の自発性にサービスの存在、つまりビジネスの成否がかかっているといってもよく、そのため運営企業は利用者本位にならざるを得ない。

こうした「ウェブ2・0」時代において、ITビジネスの中心はパソコン製造からソフトウェア開発となり、ソフトウェア開発の中心もスタンドアロン対応からネットワーク対応に移行した。コンピュータ製造をリードしたIBMが二〇〇四年にパーソナルコンピュータ事業部門を中国の聯想（レノボ）集団有限公司に売却したことはまさに象徴的であった。また、第二次「災後」、一九九〇年代後半には世界市場を席巻したニンテンドーやソニーなどに対応した日本製ゲームソフトも、「ウェブ2・0」時代には乗り遅れて苦戦を強いられていった。

「ラジオ文明論」に引きつけて理解すれば、東浩紀の「一般意志2・0」論は室伏のペシミズムよりも新城のオプティミズムに近いだろう。東は「ユビキタスコンピューティングとソーシャルメディアが支える統治制度」、「票読みと政局報道に支配され旧態依然の『政治』から掛け離れた、まったく新しい公共性の創出」の可能性を論じている。それは「民主主義後進国から民主主義先進国への一発逆転」の試みとして、次のように提示されている。

日本人は「空気を読む」ことに長けている。そして情報技術の扱いにも長けている。それならば、わたしたちはもはや、自分たちに向かない熟議の理想を追い求めるのをやめて、むしろ「空気」を技術的に可視化し、合意形成の基礎に据えるような新しい民主主義を構想したほうがいいのではないか。

　東の「民主主義2・0」にはヨーロッパの市民社会モデルを超える可能性が確かに存在している。実際、あらゆるコミュニケーションは無数の意見をいくつかの対立軸に還元してしまうため、意見の多様性を抑圧する効果を持っている。その限りでは、意見対立を前提とする討議によって一つの意見に集約する弁証法的な合意形成よりも、「コミュニケーションなき意見集約」が望ましいわけであり、それを「ウェブ2・0」の情報技術は可能にすると、東は主張する。たとえば、それはツイッター上のつぶやきに象徴される「集合的な無意識」の可視化であり、専門家による「熟議」はそれを補完する役割を担うべきというのだ。

　確かに東の議論は旧来の「ネット文明論」、とくに「ネチズンによる熟議民主主義」というヨーロッパ市民社会の理想型の盲点を鋭く突いている。つまり、いま問題となっているのは人々が熟議「しすぎる」ことだという指摘である。確かに日本社会では密室での談合のように「狭い熟議」が国会でも官庁でも大学でも終わりなき日常として行われている。この「狭い熟議」の限界を超えるために、ビッグデータを機械的に統計処理する技術が有効だというのである。まず、大衆の無意識が数値化され、それを熟議の場に流し込む必要があるというわけである。こうした大衆の統計的無意識に向き合った熟議のなかで多数意見、「一般意志2・0」は形成されるべきだ、と。私はソーシャルメディアで「毎日毎時間選挙をやっているような時代」を東ほどには楽観視できないが、その限界を認識した上であれば、可視化された「集合的な無意識」の活用には賛成である。

　だが、三・一一の影響をより強く反映した「災後」メディア文明論としては、池田純一『ウェブ文明論』がある。同書も震災前の二〇一〇年五月から二〇一三年三月まで「アメリカスケッチ2.0」として『新潮』で連載が続いていた作品だが、刊行の「災後」に大幅加筆されている。特に、「情報」ネットワークの基盤でありながら人々が近年あまり意識することのなかった「エネルギー」ネットワークの存在が再浮上したという指摘が重要だ。自然災害が電力網、水道網、電話網、鉄道網など二〇世紀的な物理的インフラの重要性に人々の目を向けさせたというのである。池田はその変化をこう述べている。

個人による端末利用や流動的な人間関係に象徴されるように、情報にまつわる想像力は、ある種の軽さを尊び、個人に照準する傾向があった。基本的には解放のイメージだ。一方、エネルギーにまつわる想像力は、現状ではエネルギー供給施設の規模の大きさから、情報のように個人を主体として扱うことは難しく、何らかの形で社会に焦点を当てる必要がある。したがって、もしもエネルギーをテーマに据えるならば、どこかで社会的もしくは集団的な取り決め（経営や統治）についての想像力に触れないわけにはいかない。

個人的な「情報」ネットワークが若者文化に傾斜した語りであったのに対して、社会的な「エネルギー」ネットワークは全世代にわたる語りとして再浮上してきたというのである。そこに二一世紀的な「情報」の物語と二〇世紀的な「エネルギー」の物語を接合する契機を見出している。

輿論2・0への試み

そうした「情報」と「エネルギー」を貫く物語の中で、高次「世論」としての「輿論2・0」をめざした「災後」の社会的実験について以下では触れておきたい。

それは福島原発事故を受けて政府が実施した「エネルギー・環境に関する選択肢に関する討論型世論

調査」の試みである。一回限りの質問に答える通常の世論調査とは異なって、討論型世論調査deliberative pollは討論に必要な参考資料や専門家からの情報提供を受けて回答し、さらにグループ討議、全体会議でじっくりと議論した後に、再度回答して意見の変化を分析する社会実験である。スタンフォード大学のジェームズ・フィシュキンらが提案した調査技法で、最初の実験は一九九四年にイギリスで行われているが、政府の政策決定過程に正式に採用された調査としては民主党政権による実施が世界初の試みとなった(曽根泰教・柳瀬昇・上木原弘修・島田圭介『「学ぶ、考える、話しあう」討論型世論調査――議論の新しい仕組み』ソトコト新書、二〇一三年)。

当時の菅内閣は「原発」をめぐる議論を広く国民に呼びかけ、二〇三〇年時点での電力構成の三案を提示した。すなわち、「原発比率を震災前に戻す二〇~二五%」、「ゆるやかな脱原発依存一五%」、「すみやかな脱原発〇%」の三択である。この選択肢について、政府は意見聴取会開催やパブリックコメント募集などに加えて、討論型世論調査の実施を決定した。強い意見を持つ人が集中したパブリックコメントでは、原発「即ゼロ」シナリオが八七%と圧倒的だったが、一般の世論調査結果とは掛け離れていた。共同通信社の調査(二〇一二年八月一一・一二日)ではゼロ%シナリオは四二%、一五%シナリオは三四%、二〇~二五%シナリオは一七%だった。他の新聞社調査でも、一五%シナリオが四割から五割を占めるものが多かった。

討論型世論調査は二〇一二年七月にまずマスコミと同じくRDD方式で一万二千人に電話して六八四九人から選択肢の回答を得た。その回答者から八月四日、五日に実施する一泊二日の討論会参加者が募られ、二八五名(予定者は三〇一名)が討論会に参加した。その際、参加者に配布された討議資料パンフレットの冒頭には次のように書かれている。

二〇三〇年までの道筋を探るということは、

実は国民に対し難しい選択を迫るものです。明るい未来を描きにくい現状があります。それは、安全で、安価で、安定的な供給が可能で、二酸化炭素(CO_2)を排出することのないエネルギーは、今、存在しないからです。……現在の選択は、以下を読んでいただき、またその他の資料を調べていただければわかるように、何かを我慢せざるをえないし、かなりの決断を強いられます。また、国民が現在何を選択するかは、二〇三〇年の未来の社会であり、将来の世代に対する制約条件にもなります。……同時に、そのときには、国民は自らが選択した社会にどう関わるか、どんなことをしなければならないのかということを考えることでもあります。

まさに、「災後の文明」を問うアンケート調査であったことがわかる。しかし、それゆえにこの討論型世論調査の困難さも明らかである。すでにピエール・ブルデューは「世論なんてない」(田原音和監訳『社会学の社会学』藤原書店、一九九一年)において、次のように述べている。

こうした(問いに答える政治的)能力は、誰にでも備わっているものではありません。この能力は、大まかに見ると、学歴水準に応じて異なっています。言い方を換えれば、ある人が政治的知識を前提とした一切の質問に対して何らかの意見をもつ確率は、その人が美術館に行く確率とほぼ同じと見ていいのです。

実際、電話を受けた一万二千人のうち二八五人、二・四%が討論に参加したが、それは「美術館に行く確率」と比較して少ないというべきではないだろう。いずれにせよ、二八五名は資料を読み、討論に参加し、その前後で二回のアンケート調査に答えている。電話調査を含め三回の調査における回答の変化は分析され、その結果は二〇一二年八月二二日、二七日、二八日に行われた「国民的議論に関する検証会合」(内閣官房国家戦略室所管)で検討された。その専門委員として検証会合に参加した私は、今回の討論型世論調査が世論を輿論へ高めることが出来たかどうかに注目していた。

グループ討論の後で「ゼロ%シナリオ」の支持者は四一%から四七%に増加しており、検証会合の報告書では「大きな方向性として、少なくとも過半の国民は原発に依存しない社会の実現を望んでいる」とまとめられた。熟議民主主義の実験として、その意義は少なくなかったと評価するが、今回の「国民的議論」が「国民は自らが選択した社会にどう関わるか」という問いに十分な答えを出したとは言えないだろう。つまり、その結果から「脱原発の国民的な覚悟」を明確に読み取ることは出来ないと考える。これを検証するためには、一年後なり二年後にパネル調査を繰り返す必要があったわけだが、その後の政権交代でその見込みもなくなった。

今回の討論型世論調査に意味があったとすれば、目標を直近ではなく、一八年後の二〇三〇年に設定したことで、討論に遅延報酬という発想を組み込んだことだろう。そもそも討論型世論調査には広義のリテラシー政治、あるいは政治教育という側面があるわけだが、教育は遅延報酬を目的とする活動の典型である。人間が成長するプロセスへの信頼と将来の成果への期待がなければ行えないのが教育である。国民感情(世論)は遅延報酬を前提とした、つまり教育的な討論、「学ぶ」プロセスを通じて初めて公的意見(輿論)になる。

しかし、残念なことは今回の政府実施においては、その点が十分に意識されていたとは言えない。この教育的側面については検証会合でも調査者のサンプリングに関連して多くの問題点が指摘された。というのも、未来社会と切実に向き合うべき若年層の討論への参加は極端に少なかった。有権者に限られたため一〇代はあらかじめ排除されていたし、二〇代の参加者もわずか四・九%にすぎなかった。一泊二日の討論に参加した(できた)人は男性が六七%、六〇代以上が四七・〇%となっており、母集団からも大きな偏りが生じていた。こうした年齢・性別の偏りは、「活字文明」の遺制と見ることもできるだろう。つまり、文字記号の習熟度によって階層化された活字リテラシーにおいては、一般に学習年限が長かった男性高齢者の優位が続いてきたからである。だが前節で見たように、そうした活字的な教養主義の終焉は、すでに「ラジオ文明」論で予言されていた。まして、若者文化が前景化する「ウェブ2・0」時代に高齢者の世論支配は理屈上はありえないはずだ。この点でも、池田の「二つのネットワーク」論が有効だ。二一世紀的な情報ネットワークより二〇世紀的なエネルギーネットワークの方が全社会的であり、そこでは少子高齢化の社会構成がダイレクトに反映してくる。

実際、仕事や家事より討論を優先できるのはリタイアした高齢者、つまり一八年後は生物学的に消滅しかけている世代である。あるいは、原子力発電の恩恵をすでに十分享受してきたので、もう質素な生活にも我慢できる世代である。討論型世論調査の結果でも若い世代ほど原子力発電の必要を認める人が多く、二〇代・三〇代では討論をした後の方が「原子力発電選択者」が有意に増加している。

こうした世代間ギャップが問題なのは単に利害の対立が存在するためだけではない。人間は残された寿命が三日であれば快楽を求め、三〇年であれば自己実現や社会的承認を求める、それが人情である。そして快楽原理は即時報酬を要求するし、自己実現や社会的承認は遅延報酬に考慮することで達成される。だとすれば、若い世代の方が遅延報酬の議論ができる情況にあり、高齢者が討論でよく口にしたという「子供や孫の将来を考えて、原子力発電は止めておきたい」という意見を額面通りに信じるべきではないだろう。曽根泰教他の前掲書においても、次のように書かれている。

> 特に数の上で多数派の高齢者が若い世代の意見やニーズを慮って発言することは、二重の意味で危険だ。なぜなら、一つは、その発言が若

い世代の意見やニーズからずれていないかという点。二つ目は、若い人を思いやったという気持ちの点で、当の高齢者がずれに気づきにくいという点である。

つまり、意図において世論の輿論化を目ざした高齢者の意見こそが、「いま・ここ」での快楽原理に左右されている可能性である。その意味では、輿論とは若い世代が自らの責任と未来における遅延報酬の期待において形成すべきものである。原発問題にしろ、震災復興にしろ、私たちは遅延報酬を期待しつつ長期的ビジョンを議論する習慣を身につけるべきだろう。将来の遅延報酬という前提が共有されていてはじめて、一八年後に人々の視線を向ける討論型世論調査は「世論の輿論化」に向けた教育的機能を発揮するはずである。

だが、ソーシャルメディアは私たちの欲求をいますぐ満足させてくれる即時報酬のニューメディアである。熟議的民主主義の情報環境として必ずしも相応しくはない。それでも、明るい展望は存在している。本稿の出発点である災後のメディア流言に立ち戻るならば、関東大震災のメディア流言と比較して、東日本大震災のメディア流言はほとんど事件と見なすべき惨事を引き起こしていない。ラジオ時代は情報不足の中での流言であり、ソーシャルメディア時代は情報過剰の中での流言であった。ウェブ情報が「集団的知性」にはほど遠いとしても、「集団的浅慮」が全面化したわけではない。メディア流言の影響力の低下は情報過剰も一因だろう。多すぎる選択肢が選択行為そのものを困難にするように、情報過剰は流言を含む「情報」ネットワークそのものを空洞化させている。だとすれば、やはり「エネルギー」ネットワークを冷静に見つめながら、将来の遅延報酬にむけて粘り強い思考をする以外に「輿論2・0」への道はないように思える。

Ikuo Gonoï
五野井 郁夫
高千穂大学経営学部准教授、国際基督教大学社会科学研究所研究員

ソーシャル・ネットワークと群れの政治

再魔術化する日本

メディアの変容と新たな群れの政治

東日本大震災はわたしたちの政治と社会をどう変えたのか。先般の大震災の後の日本社会、すなわち災後の日本社会に生じた新たな政治のネットワークとその変容について、情報通信という視座から俯瞰してみたい。かつてヴァルター・ベンヤミンは『複製技術時代の芸術』(一九三五)で、またミシェル・フーコーは小論「イランの反抗はカセット・テープ上を走っている」(一九七八)で、それぞれメディアの変容がいかに人々の新しい群れの形成を促すことで政治に影響を与えるのかについて素描してみせた。本稿ではこうした先達らの仕事を導きの糸として、先般の震災にともなう情報通信技術の変容、とりわけソーシャル・ネットワーキング・サービス(social networking service:以下SNS)によって可能になったソーシャルメディアという新たなメディアが人びとの新たな群れの形成に寄与し、翻って災後の社

会や政治といかなるかかわりをもつようになったのかを概観してみたい。

SNS元年としての東日本大震災

二〇一一年三月一一日の東日本大震災は、日本の現代史のなかでどのような位置づけがなされるだろうか。経済企画庁の『平成12年版 国民生活白書 ボランティアが深める好縁』が回顧しているように、一九九五年の阪神・淡路大震災時には、数多くのボランティアが被災者救済や復興のために活躍したことが大きな特徴であったことから、一九九五年は「ボランティア元年」と呼ばれた。先般の大震災を阪神・淡路大震災のように位置づけるならば、おそらくは「SNS元年」であろう。わけてもソーシャルメディアが震災直後から災後の現在まで、人びとをつなぐものとして存在感を持つようになった。

では、先の震災が日本のメディア状況に与えた影響はどのようなものだったのだろうか。総務省の『平成23年版 情報通信白書』は当時の情報通信技術インフラが震災によっていかなる影響を受け、また情報通信が人びとの行動にどのような役割を果たしたのかを明らかにしている。

震災の発生によって、東北・関東地方を中心に、回線の途絶や停電等により情報通信インフラに甚大な被害が生じた。東日本大震災とメディアの関係で注目すべきは、携帯情報端末のパケット通信の普及によってアクセスが容易となった、インターネットを活用したソーシャルメディア等の新たなメディアが、被災者の安否確認や被災者支援のために数多く使用された点であろう。通信の集中が通信ネットワークの処理能力を超過する輻輳状態が発生し大規模な通信障害につながるのを防止するために、携帯電話会社各社は音声通話規制を行った。同白書によれば、実際に東日本大震災時には携帯電話の音声通話について、NTTドコモが九〇%、KDDIが九五%、ソフトバンクが七〇%の通信規制を実施したという。他方メール等のパケット通信は、当初NTT

ドコモが三〇%の規制を実施したがすぐに規制が解除され、他社は規制を実施しなかったため、声での通信よりも文字情報等の通信に人々は頼ることとなった。

東京大学大学院情報学環が二〇一一年九月に実施した関東在住者の一五歳以上五九歳以下の二〇〇〇人を対象として震災当日に利用しようとした通信メディアとその疎通具合をたずねたアンケート調査では、固定電話や携帯電話の音声通話よりも、携帯電話のメールやウェブ、そしてパソコンなどのネット通信のほうが繋がったという結果が出ている。ネットメディアの疎通性は、あくまで関東では停電等がほとんどなかったため、主にネットの情報インフラが機能したことに起因する。長期間の停電を余儀なくされた各被災地には当てはまらないものの、関東地域に限定すると通信手段のなかでも「全くつながらなかった」との回答が六五・四%にのぼったのは携帯電話の音声通話で、固定電話が五五・一%で続いた。対照的に携帯メールやウェブといったパケット通信、そして公衆電話が「全くつながらなかった」と答えた人は約三割に留まっており、比較的疎通していたことが伺える。さらに、当日パソコンのメールやウェブはそれぞれ七五・二%、七〇・五%もの人びとが「使おうとして全部つながった」と回答しており、きわめてつながりやすく、意思疎通の手段として有効だったことが明らかになっている(図1)。

では、他の情報メディアと比較した場合はどうだったのだろうか。野村総合研究所は震災発生直後の二〇一一年三月一九日から二〇日の二日間、関東在住の二〇歳から五九歳のインターネットユーザー三二二四名を対象に「東北地方太平洋沖地震に伴うメディア接触動向に関する調査」を行っている。震災に関する情報提供について、重視しているメディア・情報源を複数回答可で調査した結果、最も重視するメディアとして一位になったのは「テレビ放送(NHK)の情報」で八〇・五%、二位が「テレビ放送(民放)の情報」五六・九%であり、重視する情報源としてテレビの地位は高かった。興味深いのは三

図1：「利用しようとした人の疎通度（関東全体調査）」

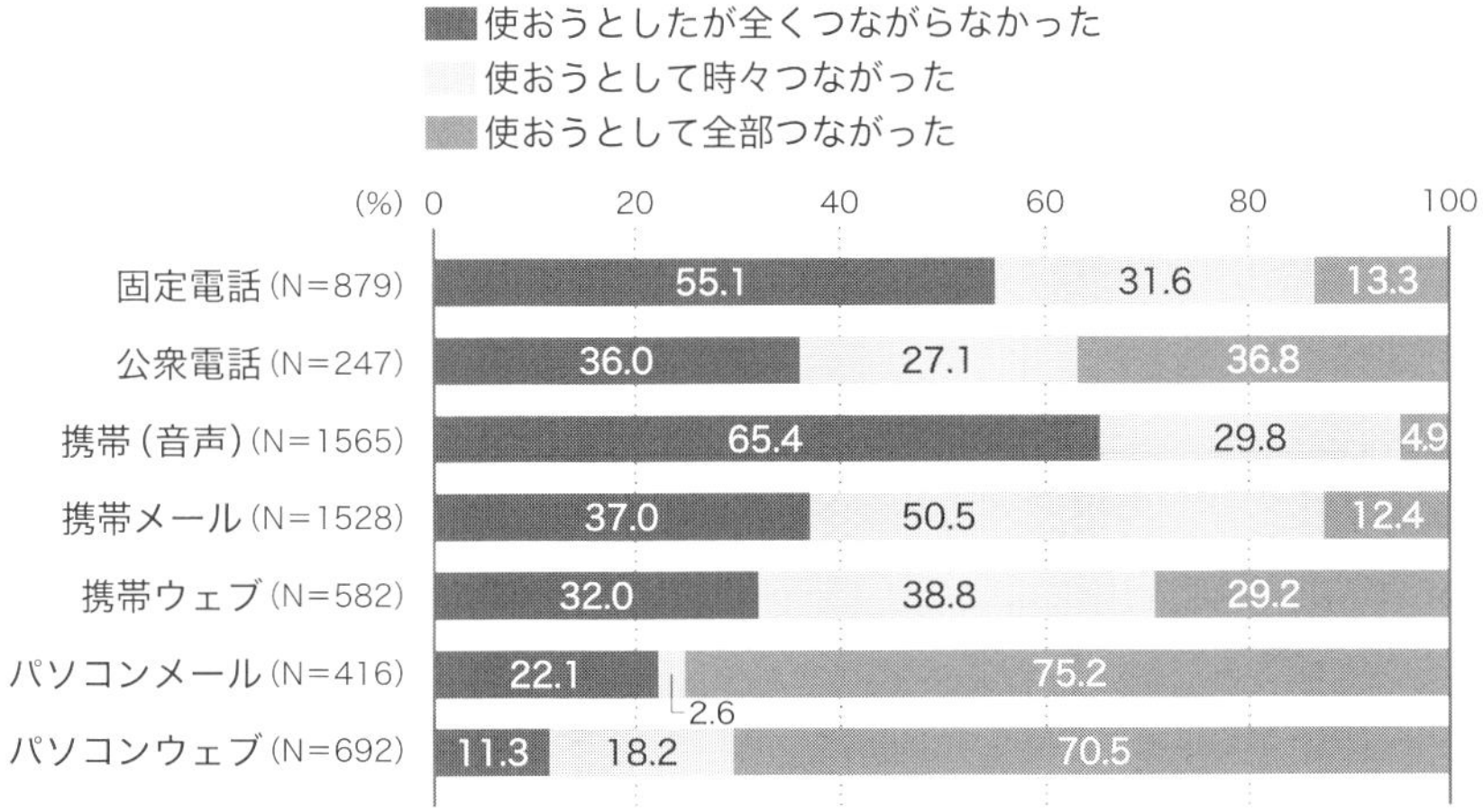

出典：東京大学大学院情報学環　「東日本大震災における首都圏住民の震災時の情報行動」
『情報学研究　調査研究編　2012 No. 28』 70頁より抜粋
http://www.soumu.go.jp/johotsusintokei/whitepaper/ja/h24/html/nc131230.html

図2：「震災に関する情報提供で、重視しているメディア・情報源（複数回答）」

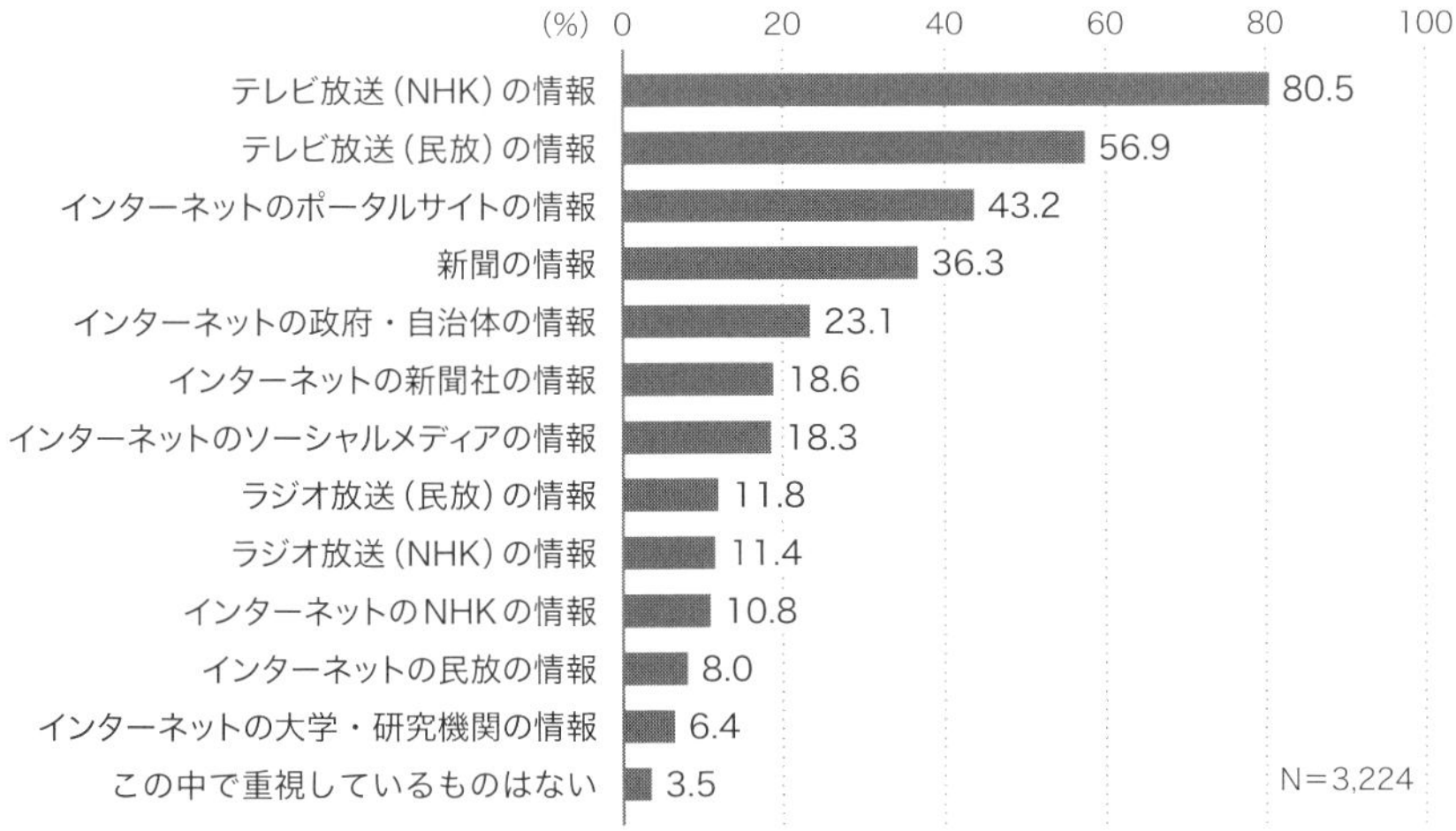

出典：野村総合研究所
「東北地方太平洋沖地震に伴うメディア接触動向に関する調査（平成23年3月29日）」より抜粋
http://www.soumu.go.jp/johotsusintokei/whitepaper/ja/h23/html/nc141000.html

位が「インターネットのポータルサイトの情報」を重視するとの回答で、四三・二％にものぼっている点である。他方、近代のマスメディアの中心的存在だった「新聞の情報」は三六・三％と四位に留まり、インターネットに追い抜かれている。この情報インフラの接続状況の度合いを、先の震災当日の疎通度にかんする調査結果と合わせて検証してみると、共時性と双方向性によって人びとをつなぐメディアであるソーシャルメディアが人びとの間に浸透する重要な一要素となったと云えるだろう（図2）。

さらに、テレビが視聴できない地域にNHKや民放各社は震災後、震災関連のニュースを、テレビ放送と同時に「ユーストリーム」や「ニコニコ生放送」などの民間の動画配信サイトに提供したことも、ネットメディアの普及を裏付けている。

このソーシャル・ネットワーキング・サービスの普及現象は、世界中でなだらかな上昇傾向にある普及の推移とはあきらかに異なる。日本国内では二〇一〇年末に三〇〇万人程度しか利用していなかったfacebookは、二〇一一年八月段階で利用者数が一〇〇〇万人を越え、またTwitterも二〇一一年二月段階では一二八〇万人だったのが同年三月に一七六〇万人へと跳ね上がっていることにも象徴されている（図3）。

様々なデータを振り返っても東日本大震災のあった二〇一一年は、ソーシャルメディアの普及が加速し、ひろく人びとの間に浸透することで、よりつながるようになった「SNS元年」だったことが看取されるのである。

震災とメディアへの信頼感の変容

くわえて震災後の災害関連情報にまつわる各情報源への人びとの信頼がイシューごとに変化し、既存のメディアへの信頼感が下がったこととネットを介した群れの形成の関係もみておきたい。二〇一二年二月下旬から三月上旬に総務省情報通信政策研究所と東京大学情報学環橋元研究室が行った「東日本大

図3：ソーシャルメディア利用者数の推移（Facebook、Twitterの例）

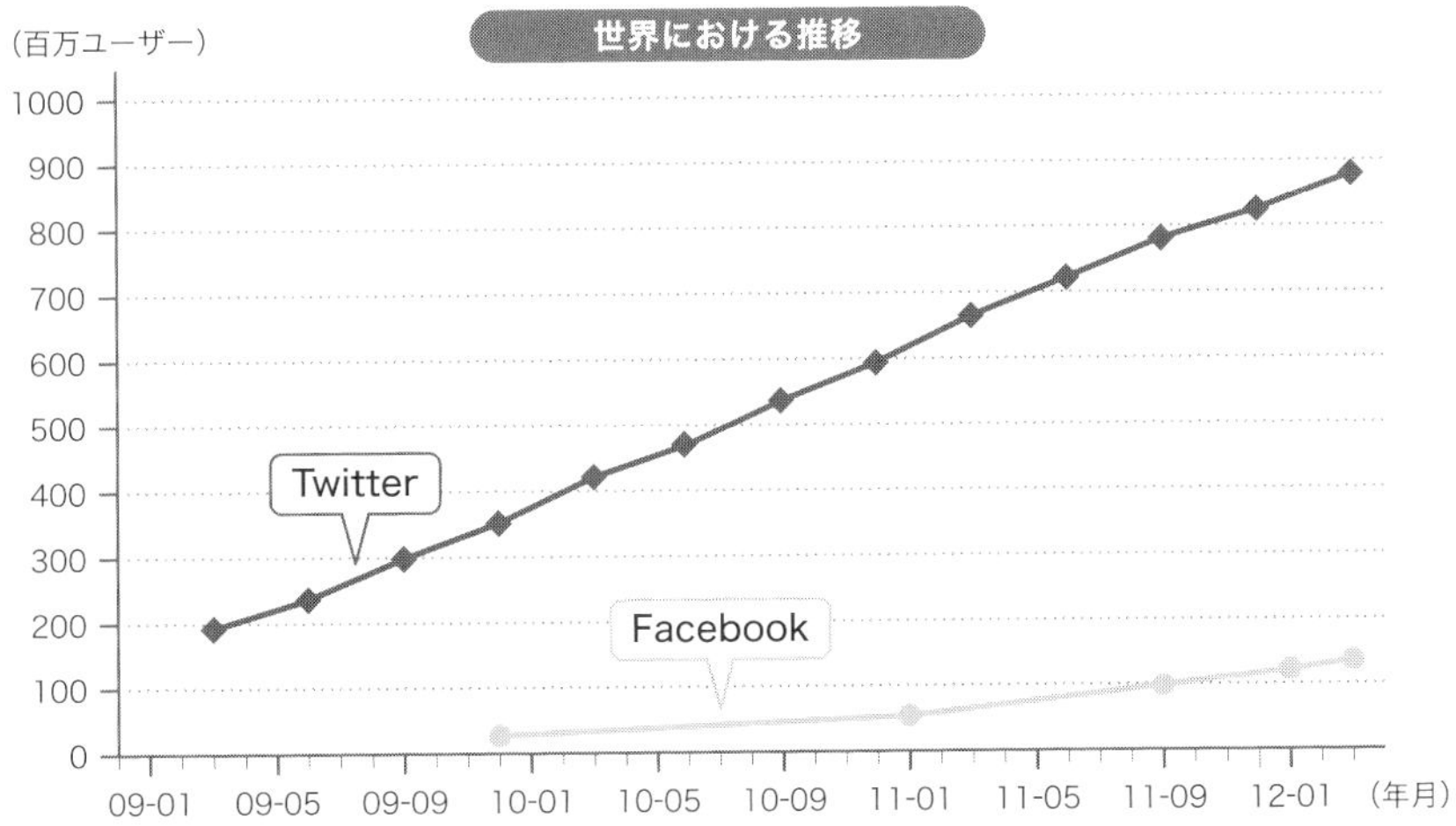

＊各社公表のアクティブユーザー数を集計。

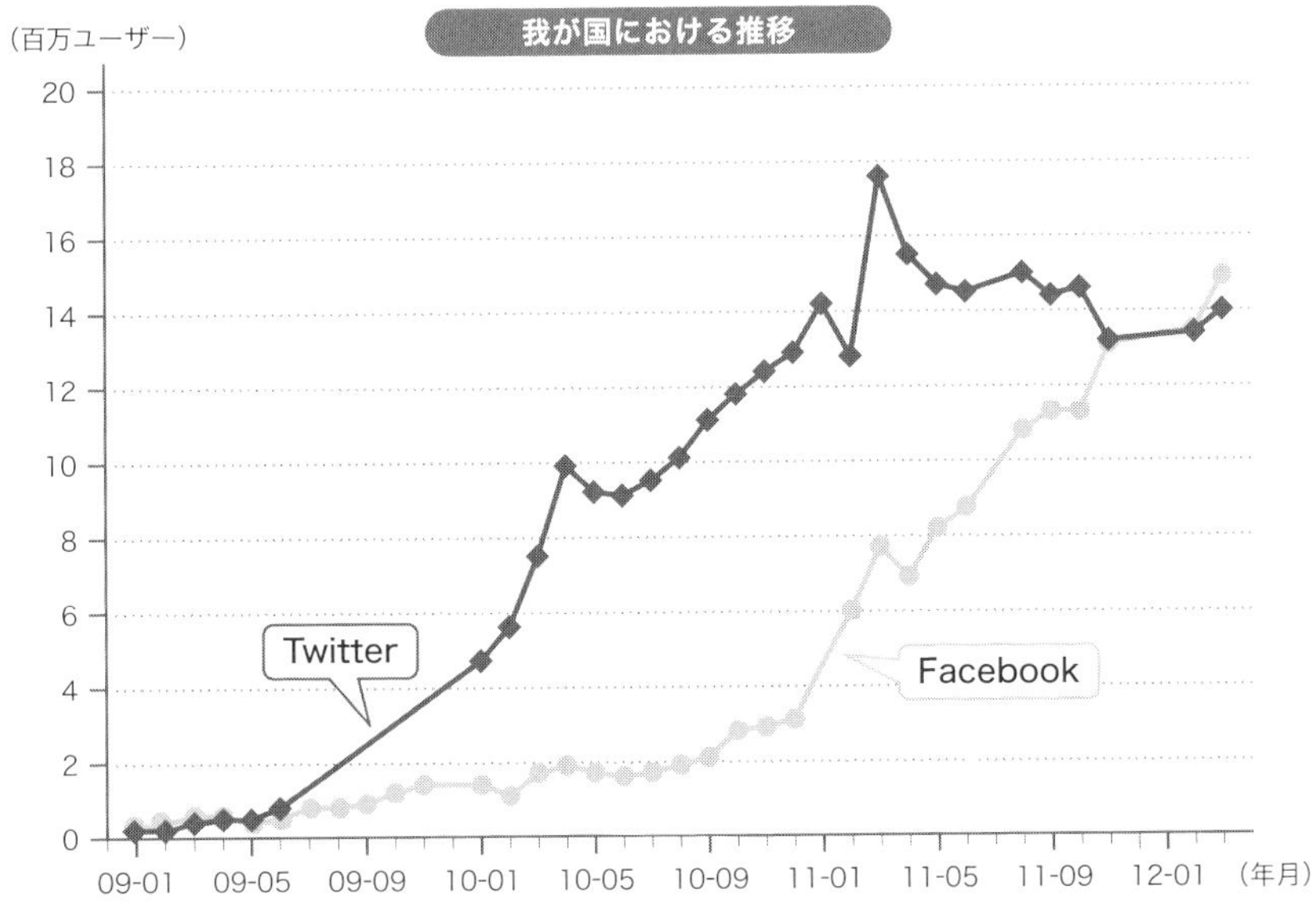

＊アクティブユーザー数を集計。ネットレイティング社公表資料、各社公表資料及び総務省資料により作成。

出典：総務省『平成24年版 情報通信白書』233頁より抜粋
http://www.soumu.go.jp/johotsusintokei/whitepaper/ja/h24/html/nc123220.html

図4：震災後における災害関連情報に係る各情報源の信頼性変化

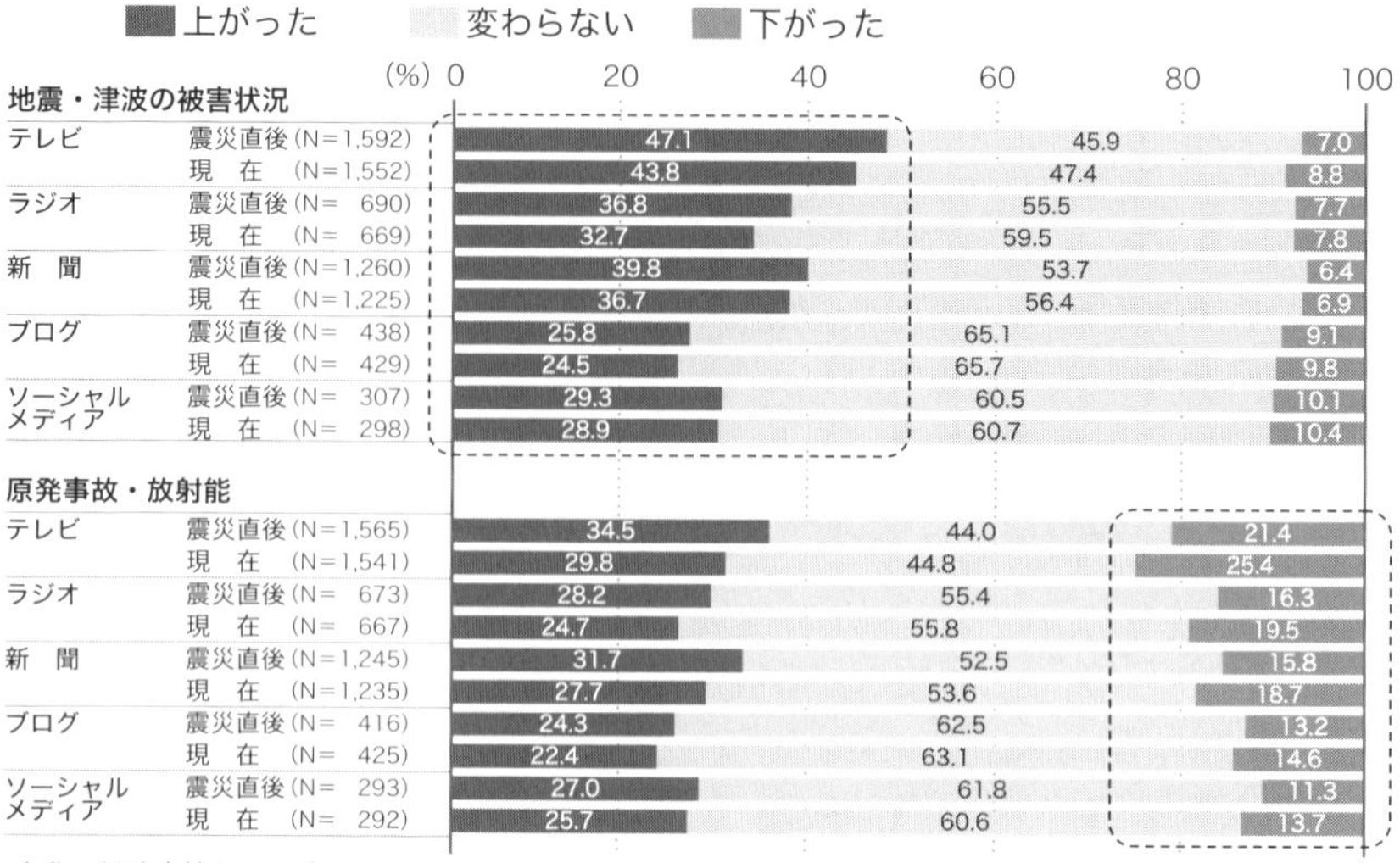

出典：総務省情報通信政策研究所・東京大学情報学環橋元研究室
「東日本大震災を契機とした情報行動の変化に関する調査結果」平成24年、12頁より抜粋
http://www.soumu.go.jp/johotsusintokei/whitepaper/ja/h24/html/nc131420.html

震災を契機とした情報行動の変化に関する調査」では、地震や津波、避難指示等については震災直後も震災から一年近く経た時期でも既存メディアの情報が信頼を獲得し、震災後に信頼性が上がった、もしくは変わらないとした人々が九割を越えた。対照的に原発事故・放射能関連情報、食の安全について、震災直後に比べて震災から一年後の災後社会でテレビとラジオを信頼しないと答えた人びとは、それぞれ二五%前後、一九%前後に増加しており、震災前に比べてテレビとラジオへの信頼性が低くなっている。わけても既存のメディアに対する不信感のなかで、信頼性の下がり幅が一番大きかったのはテレビであった（図4）。

また同調査では、大学・研究機関や研究者のTwitterが発する「原発・放射能」情報への信頼度に限っては値がやや高めで、それぞれ五四・八%となったことを明らかにしている。七〇%前後を記録しているテレビや新聞といった既存のメディアにはかなわないものの、政府／自治体のホームページに対

図5：震災後における
「原発事故・放射能」「食の安全」の情報に関する信頼度

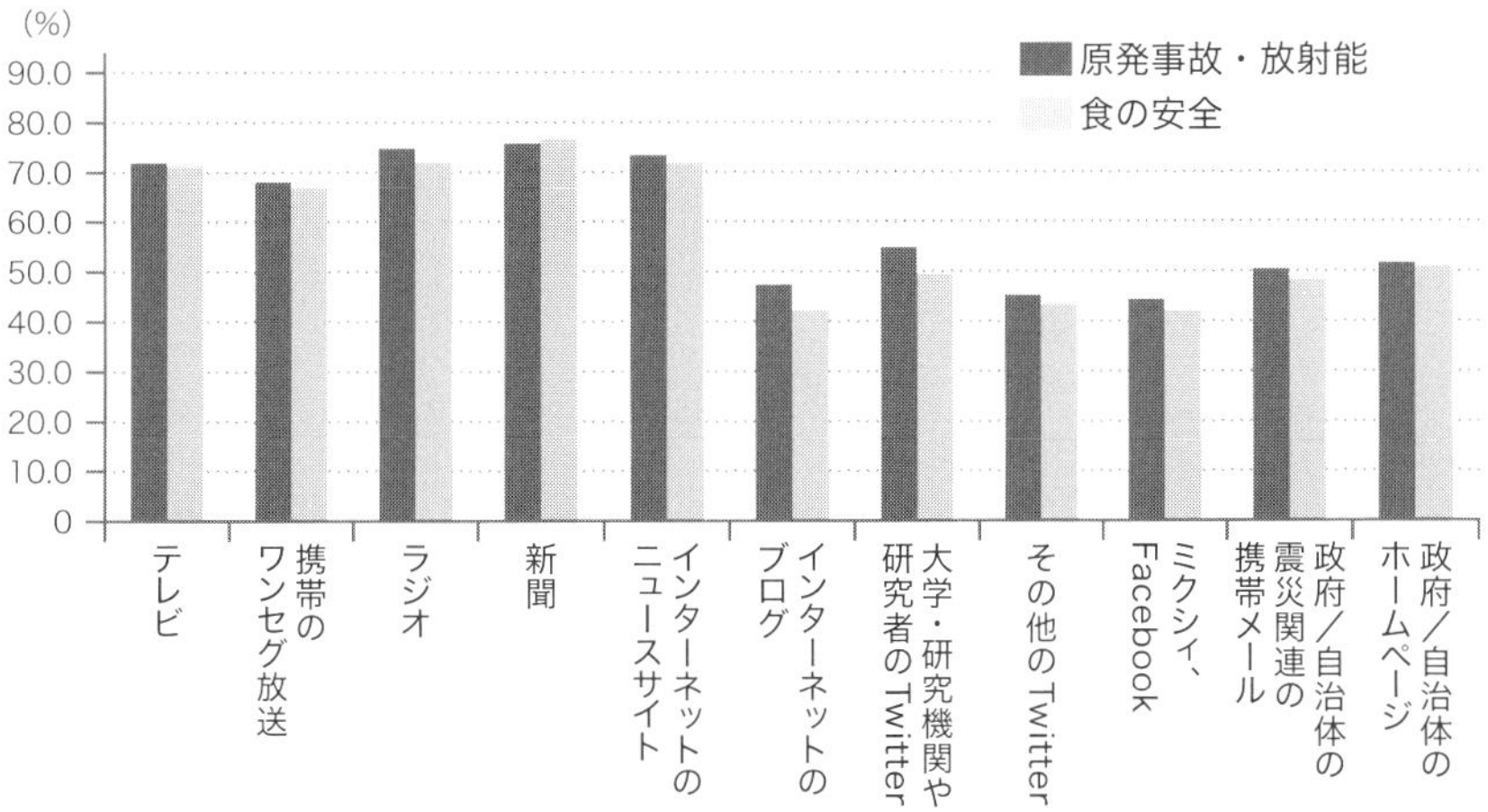

出典：総務省情報通信政策研究所・東京大学情報学環橋元研究室
「東日本大震災を契機とした情報行動の変化に関する調査」2012年のデータを元に筆者作成
http://www.soumu.go.jp/johotsusintokei/whitepaper/ja/h24/html/nc131420.html

する「原発事故・放射能」の信頼度の五一・六%をやや上回っている事実は、原発事故問題にかんしては政府に対する懐疑心が看取される（図5）。

このように震災直後に旧来の社会資本が途絶したなかで、情報通信端末による意思疎通、なかでも被災状況や被災者支援情報の共有は、人びとにとって忘れがたい社会的ネットワーク体験となったのである。震災時の状況に即応した情報伝達手段の変容が、やがてSNSを媒介とした人びとの新たな群れ、すなわち近しさをもった人びとの集団たる類縁集団(affinity group)からなるソーシャル・ネットワークの創出へとつながった。

震災直後と災後の経験は政府を中心とした垂直的な紐帯の脆弱さを人びとが認識するとともに、震災直後に見受けられたエリートパニックと政府・マスコミ不信の受け皿として、ソーシャルメディアが人びとの情報収集および伝達の機能をある程度果たしたとみることも可能であろう。さらに携帯の音声通話よりもメールのほうがつながったという震災時の体験が、ＬＩＮＥをはじめとするパソコンと携帯電話向けアプリケーションの普及(二〇一一年六月開始、二〇一三年一月には利用者が一億人を突破)を促した。くわえてＳＮＳベースでの情報交換や情報共有が既存メディアとミックスされることで、三・一一以降、二〇一二年六月二九日には二〇万人もの人びとが参加し、現在でも三〇〇〇人規模で毎週金曜日に首相官邸前で行われている一連の脱原発運動のような、議会制民主主義の「院外」(丸山眞男)から自分たちの声をそのまま国会や官邸前まで自身で届けようとする人びとの群れが新たに出来するに至ったのである。

震災と流言飛語の拡散

新聞やテレビといった既存の公共メディアとは異なりインターネットの利用は、誰もが情報の送り手になることができるとともに、避難情報や被災状況についての共時的な情報の共有を可能にした。その反面、既存のメディアのように情報の正確な裏取りが必ずしも行われていないことの問題性も東日本大震災では浮き彫りになった。地震発生直後からインターネット上では震災情報から避難情報まで大量の情報が発信されたが、それらのなかには正確さに乏しい内容の情報や、真偽の定かではない情報、すなわち流言飛語が数多く含まれていたことも事実である。

震災と流言飛語といえば、一九二三年の関東大震災では「朝鮮人が井戸に毒を入れた」などの流言飛語が飛び交い、当時未成熟であった日本の新聞メディアも報道したため、それらを鵜呑みにした自警団らによって人びとが殺害される事件が多発した。ひるがえって東日本大震災後も、数多くの荒唐無稽なデマや流言飛語が流された。しかし、今回の震災でのデマは成熟した日本の各報道機関によって流されたものではなく、おもにインターネット上の人びとの群れのなかで拡散されたのであった。

東日本大震災後には、数多くのデマ情報がチェーンメールやミニブログ等で流された。ソーシャルメディアのなかでも、とりわけTwitterを通じて様々な流言飛語が広がったことを『平成23年版 情報通信白書』は指摘している。この一例として、コスモ石油のコンビナート火災に伴って「コスモ石油の爆発により有害物質が雲などに付着し、雨などといっしょに降る」などのデマが、震災直後多くツイートされた。また、財団法人日本データ通信協会が設置している迷惑メール相談センターへ寄せられたチェーンメールの転送数を見ると、その数は圧倒的であった。震災直後の二〇一一年三月一一日から三月一三日の間の三日間で同センターへ寄せられたチェーンメールのうち、震災関連のチェーンメールはじつに全体の七六・三%にもおよび、通常のチェーンメールは二三・七%に過ぎなかった。災後の一カ月を経た四月一八日から四月二四日までの震災関連チェーンメールはわずかに震災直後の一三分の一に過ぎない五・七%まで下がっていることから、とくに震災直後には、震災関連の悪質なデマを含むチェーンメールが高水準で転送されていることが理解される。

　このように、原発事故被害にかんする不確かな情報が数多く拡散され、SNS上がデマの洪水に晒されることになった。つまり先般の震災で既存のメディアに比べて瞬時に情報を得ることのできたインターネットが、たんなる情報収集と拡散の手段のみならず、ほかならぬデマや流言飛語の増幅器となってしまったのである。そして、その結果、図4で確認したように、テレビやラジオといった既存のメディアへの信頼度低下も手伝って、当時の政府や政権党、官僚、電力会社、大手マスコミを過度に敵視するまなざしを持つ人びとの群れの形成を容易に促したのだった。

集団極化とサイバーカスケード

　では、なぜSNS上で人びとのまなざしは極端化していったのだろうか。アメリカの憲法学者キャス・サンスティーンは、メンバーが固定され各参加者間の考え方が似通っている状態で意見が交わされる場合に、各人の見解は視野狭窄に陥り極端な方向に走る現象を「集団極化(group polarization)」と呼んでいる。そしてこの「集団極化」の可能性がさらに高まるのは、個人が発言内容の責任が問われない匿名で会話をしているような場合である。

さらにサンスティーンは、集団極化を補強する議論として、情報の内容の真偽に関係なく情報の広まりと、同調圧力などによって生じ、様々な集団を急激に一定の方向へと向かわせるカスケード効果に注目している。このカスケード効果によって、局所的ではあれ集団の構成員とその追従者は一時的な熱狂のような特定の考えや行動へと導かれる。これらは他の集団構成員からすれば根拠や合理性の乏しいものと映るが、この局所的なカスケードは、合理的か否かに関係なく身近な人の考えや行動に引きずられて、同じように考え一種の群れとして行動するようにさせるのだ。

そして、これら条件が重なる場こそがインターネットという空間なのである。ネットこそが多くの人にとって極端な方向に走る「集団極化」という群れの出来を可能にする空間であり、その引き金たるサイバーカスケードの温床となっているのである。つまりサイバー・スペースほど、同じ考え方をする人びと同士が気軽に且つ定期的に交流や話し合う機会を有していて、それでいてほとんど反対意見を聞く機会が乏しいか、あったとしても容易にブロックして、自分にとって都合の悪い意見が届かないようフィルターをかけてシャットダウンできる場は存在しないのだ。

もちろんフィルタリングという機能自体は、スパムなど各人にとってノイズと感じる情報を遮断する機能を持つ。だが、ネットにおけるフィルタリング技術の向上が問題となるのは、本来、耳に逆らう忠言や人びとに差異をこえて共有されるべき情報や体験に接することをほぼ不可能にする点である。各個人に無制限にフィルタリング可能な権能を付与する情報通信技術とそれらによって成立しているSNS

は、窮極的には他者なきディストピアへと堕すのである。

くわえてネットを介した共通体験も群れが集団極化する引き金となっている。共通体験がもたらす効用をサンスティーンは「連帯財(solidarity goods)」と呼称している。人びとの間の共通体験は、二〇〇〇年代中盤からの世界中での「フラッシュモブ(flash mob)」の隆盛や、インターネット掲示板におけるテレビ番組の「実況中継」「ユーストリーム」や「ニコニコ生放送」での実況といった共時性を楽しむ「連帯財」によって強化される。異なった意見に開かれた人びとの間での共通体験は、マスメディアが正しく機能している条件下では、社会問題を分かりやすく意味づけしてくれる強力なツールとなる。他方で先に指摘した無制限フィルタリングのもとでは、外界から断絶された集団内部での共通体験によって快とされる「連帯財」のみがひたすら蓄積される。そのため、極端な意見は賞賛や連帯感のもとでさらに純化され、政治的なセクト形成の温床と化すのだ。

再魔術化する日本

この共通体験は、連帯財を共有している人びとにとって、災害という共通体験と相俟ってネットというスペクタクルを媒介として現実を過度に単純化し、多元的な世界と人のアイデンティティのあり方が単純な「敵か味方か」の二元論へと置き換わってゆく世界の「再魔術化(re-enchantment)」とでもいうべき事象をも容易に引き起こす。

近代の特徴とは、マックス・ヴェーバーの代表作に見られるように、かつてはびこっていた迷信や呪術的な体系から合理性としての資本主義の体系へと脱却する過程、すなわち「脱魔術化(disenchantment)」の歴史であった。しかしながら、この歴史を現代まで引き延ばして考えると、技術の革新と新たなメディアの出現によって、サイバー・スペース上では過激な意見に繰り返し晒され、その過激な意見を支持している人が多数いると思い込まされれば、過激で極端な意見が、さもまともで標準的なものだと信じて疑わなくなる人びとが多く出てくる現象が見受けられるようになった。このように人びとがいとも容易く再び魔術にかかってしまう現象は日々生じているが、とりわけ震災時の非日常的なネット体験によって人びとの間で、この現象に拍車がかかった。社会学者のジョージ・リッツァは再魔術化をギー・ドゥボールの『スペクタクルの社会』（一九六七）を借景として消費空間における陶酔感として狭く論じているが、その射程は連帯財と共通体験という条件が揃えばよいのであって、何も金銭的な財に限定されるものではないのだ。

ところで、なぜ東日本大震災後では再魔術化に歯止めがかからず蔓延していったのだろうか。振り返ってみると一九九五年の阪神・淡路大震災の発生は終末論的な様相を呈しカルト化という再魔術化が生じつつあった。その只中で再魔術化に対する防波堤となったのは、懸命に震災救助をする人びとの映像が報道されたこと、そして皮肉にも同年三月二〇日にオウム真理教が起こした地下鉄サリン事件およびその後の一連のオウム事件が社会に与えた衝撃であった。

他方で東日本大震災の災後では、日本社会を危機に陥れるようなカルトによる事件は幸いにして起きていないものの、カルトへの警戒心の薄れは今日の二元論的な再魔術化を助長している。この傾向は、災後の文明それ自体が危殆に瀕する反知性主義を惹起する。

とりわけテレビ・新聞に対する不信感をインターネットメディアが吸収することで、通常は与しないような極端な二元論というまがいものの「大きな物語」への再魔術化に拍車がかかり、ＳＮＳを介しての流言飛語が拡散されていった。これらは、容易にスピリチュアル系の脱原発派やネットウヨクらによる陰謀論へと転化し、終末論的な誇大妄想や関東大震災時同様のヘイトスピーチの横行も多く見受けられるようになった。災後における原発事故被害が不完全情報状態下でデマの洪水に晒された結果、ネットは情報収集手段のみならず、流言飛語の増幅器へと変貌した。そこでは同時に政府や政党、官僚、電力会社、大手マスコミその他関係機関を過度に敵視する人びとの群れが形成されていったのである。

たしかに震災直後は災害ユートピア的なものもしばしば見受けられた。だが、政治学者の犬塚元の表現を借りるならば、震災後、共同体の「絆」を強調した一元論は、ほどなくして「友－敵」関係という矮小化された「二元論」へと変容を遂げていったのだった。これは犬塚が云うところの「あいまいな被災者・被災地」という不安定なアイデンティティや、連帯することができない特定の他者の存在に対して鈍感で、硬直した社会の出来を意味する。災後の日本社会では、体制や既存のメディアに対する不信感をインターネットメディアが吸収し、そこで醸成された一部の原理主義的な脱原発派や、ヘイトスピーチを行うネットウヨクらによるカルト化した陰謀論へと転化していったのである。

この転化はリアルとバーチャルの反転を生じさせた。インターネット空間が社会インフラとして、再魔術化された現実を拡張することで〈リアリティ〉を「さかしまに」させたのだ。それゆえ、震災という非日常を経験し、そこから戻れずに再魔術化された街頭に出た人びとの群れにとっては、リアルとサイバー・スペースの見境も、妄想と現実の見境も、科学的な知見と疑似科学の見境も、ヘイトスピーチのような差別を行ってよいのか否かの見境もつかないほどまでに、再魔術化された自身にとっての〈リアリティ〉が自分以外にも適用されうると思い込む。こうして反知性主義的な二元論や陰謀史観に染まった人びとの群れが、災後に多く出来した。さらに悪いことに、人びとの無知につけ込み不安を煽って商いを行う者の姿は、現在でも後を絶たない。

再魔術化と〈リアリティ〉変容の小史

もちろん、東日本大震災前に再魔術化の契機が存在しなかったわけではない。かつての冷戦構造や経済成長といった「大きな物語」の消滅に代わって、別の「大きな物語たち」が芽吹きはじめ日常性の再魔術化という新たな〈リアリティ〉の獲得を促しつつあったのが二〇〇〇年代の後半である。

まず、前提として一九九〇年代から二〇〇〇年代前半までの再魔術化と脱魔術化が挙げられる。これらの年代は身分的な特権や宗教的な世界像を脱魔術化していく近代化の再帰的な側面そのものであり、当時の若者世代にとっては、いやおうなく自己を近代化していく段階であった。まだバブルの残余があり、また阪神・淡路大震災によって再魔術化が惹起されかかったが、災害救助に懸命な人びとの姿が報道され、一連のオウム事件の全貌やバブル崩壊後の社会的喪失感が明るみに出たことで、カルト的で終末論的な再魔術化から目の前の「平坦な日常」という現実へと半ば強引に引き戻されたのは先に述べたとおりだ。当時の再魔術化から脱魔術化への往還に翻弄される若年層を岡崎京子が『リバーズ・エッジ』(一九九三)や『ヘルタースケルター』(一九九六＝二〇〇三)で描いてみせた。主体性が流動化し、動機の不安定性、正統性の喪失、社会統合の欠如、無力感、孤立感、剝奪の経験などが膨張し加速してゆく再帰的近代においては、一方で、見えるものだけが現実という〈リアリティ〉が定着した。人の生は計算尺で測定されることが当たり前になり、人を数値として把捉する社会に自らを同期させて、自身の身体や精神を金銭的価値として商品化する若者も増加した。

他方で二〇〇〇年代以降、日本社会そのものが晒された強引な脱魔術化への反動として日常性の再魔術化が、いわゆる「セカイ系」と呼ばれる一連のオタク文化のなかで一世を風靡した。アニメ等の舞台になった場所詣では「聖地巡礼」ともて囃され、アニメ作品の粗製濫造によって聖地たちは瞬く間に〈帝国〉のように遍在化した。この二〇〇〇年代、やや古い表現を使用するならばゼロ年代は、アニメやゲーム等のキャラクターやボーカロイドの隆盛といった二次元アイコンへの萌えという名の崇拝も遍在化し、かつて『攻殻機動隊』(一九九一)や『serial experiments lain』(一九九八)が予言したネットを通しての並列化といった、日常における汎神論の復権とも受けとられる状況が現実のものになった。

むろん再魔術化はなにもオタクの専売特許ではない。一九八〇年代に根付きはじめ二〇〇〇年代に定着した日本のヒップホップシーンにおける、物質社会や権力の側を指す「バビロン」や仲間の意味で使う「ブラザー」「クルー」「ポッセ」などのスラングの使用も、日本中の都市が均並みにショッピングモールと化した今日において、再魔術化して世界を仮構する視点の一類型である。

ただし二〇〇〇年代の再魔術化は、かつてオウム真理教がテロを行おうとした世紀末的な再魔術化ではない。むしろ、本当は魔法がかからないのを分かっていて、自身が蓄積してきたサブカルチャー資本を用いてあえて自身とその仲間に魔法をかけようとする営為である。再魔術化は、自分とその友人という類縁集団からなる境界の内側で世界のフォーマット化を限定的に行う。そこにあるのは「革命」ではなく、局所的な現実の「書き換え」、あるいは「上書き」によるネット上でのシェアなのだ。

では、なぜウディ・アレンの『カイロの紫のバラ』(一九八五)のように、人は自身を魔法にかけるのか。それは、こうした自己限定的な再魔術化やリアリティの書き換えが、とりわけ二〇〇〇年代から二〇一〇年代の現在において若者たちにとっては生き残るための技法、すなわちライフハックとして必要だったからに他ならない。つまり二〇〇〇年代以降の再魔術化とは、一義的には自身が現在置かれているつらい境遇を、アニメやマンガ、ライトノベル、オンラインゲームといったメディアミックスや、別の物語たるヒップホップやレゲエシーンによって加工された〈リアリティ〉のフィルターを通してみる営為である。それは「平坦な日常」のなかで容赦なく襲ってくる到底受け入れがたい現実を、自身が壊れないようにするために、少しでも受け入れやすい〈リアリティ〉へと再加工するものとして機能する。再魔術化されたファンタスマゴリーとしての〈リアリティ〉のなかに生きるのは、はかないことであるように思えるかも知れない。それでも『Last Night a DJ Saved My Life』（一九八二）のように「この一晩だけでも生き延びることが出来れば」という、切迫した感覚がこの再魔術化を支えている。若年層に限って云えば、二〇〇七年以降の年間自殺者数約三万人のうち若者自殺者数は一〇〇〇人を越え、いまの日本は若者にとって生きづらい社会になっている。そんな社会で生き残るための術こそが、日常を「ネタ」化してSNS上でシェアし消費することでやりすごすといったような、現実を自分が傷つかない程度に受け入れやすい〈リアリティ〉へと加工する再魔術化としてのライフハックなのである。

ゼロ年代からイチゼロ年代へ、セカイからシャカイへ

日常のSNSを介した繋がりは、オフ会やコミケ、クラブやホール等のハコやレイヴでのパーティー、フラッシュモブなどの現実の場でのイベントが行われることによって、こんにち浸透・流行しつつある。それは、他者との共苦の絆の発露となる〈リアリティ〉への認識を現実と重ねることで、個々人が一人で抱えていた問題がじつは個人ではなく、社会全体の問題であることを実感させるからだ。これまで平坦な日常を生き延びてきた者たちは、そこではじめて新たな現実認識と、実体としての人びととの繋がりを見出す。現実に目を背けた〈リアリティ〉しか見えていないという、事実上ボクとフィクションとしてのキミしかいない「セカイ系」では永久に獲得し得ない、他者のいる〈リアリティ〉の存在に気づいたことで、平坦な日常を生き延びてきた若者は、新たな現実の認識、すなわち誰が主役なのかすら同定困難なほど乱立する登場人物らによって浮かび上がってくる「シャカイ」という認識を見出すこととなった。

　さらに二〇一〇年代に入ると、何よりも自身が

図6：リンバンテイデン（ヤシマ作戦のバナー）

http://www.pixiv.net/member.php?id=2947336より抜粋

「セカイ」と同期する主人公として選ばれる必要もなくなった。主人公が一人しかいないという「セカイ系」の物語は、震災を経験した一人ひとりが当事者となった東日本大震災によって打ち切られたのである。ひるがえって、個々の趣味たるサブカルチャー資本の活用による再魔術化を通じて、被傷性を許容可能な程度に現実を加工し自身がそれに向き合うことで、日常の現実の人々と繋がる可能性を獲得する「シャカイ系」が災後の日本社会では見受けられるようになった。

サブカルチャー資本によってシャカイとつながりを見出せる者にとっては、やっかいな節電ですら別のインセンティブを有するものへと変わりうる。二〇一一年春の段階で節電をいかに多くの人びとに訴えかけるかという時期、ネット上ではオタクたちが『新世紀エヴァンゲリオン』（一九九五－一九九六）ならびに『ヱヴァンゲリヲン新劇場版』（二〇〇七－二〇一二）のあらすじになぞらえ「ヤシマ作戦」と称して、善意で一連の節電を呼びかけ、節電の夏を乗

図7：災前の社会への貢献意識

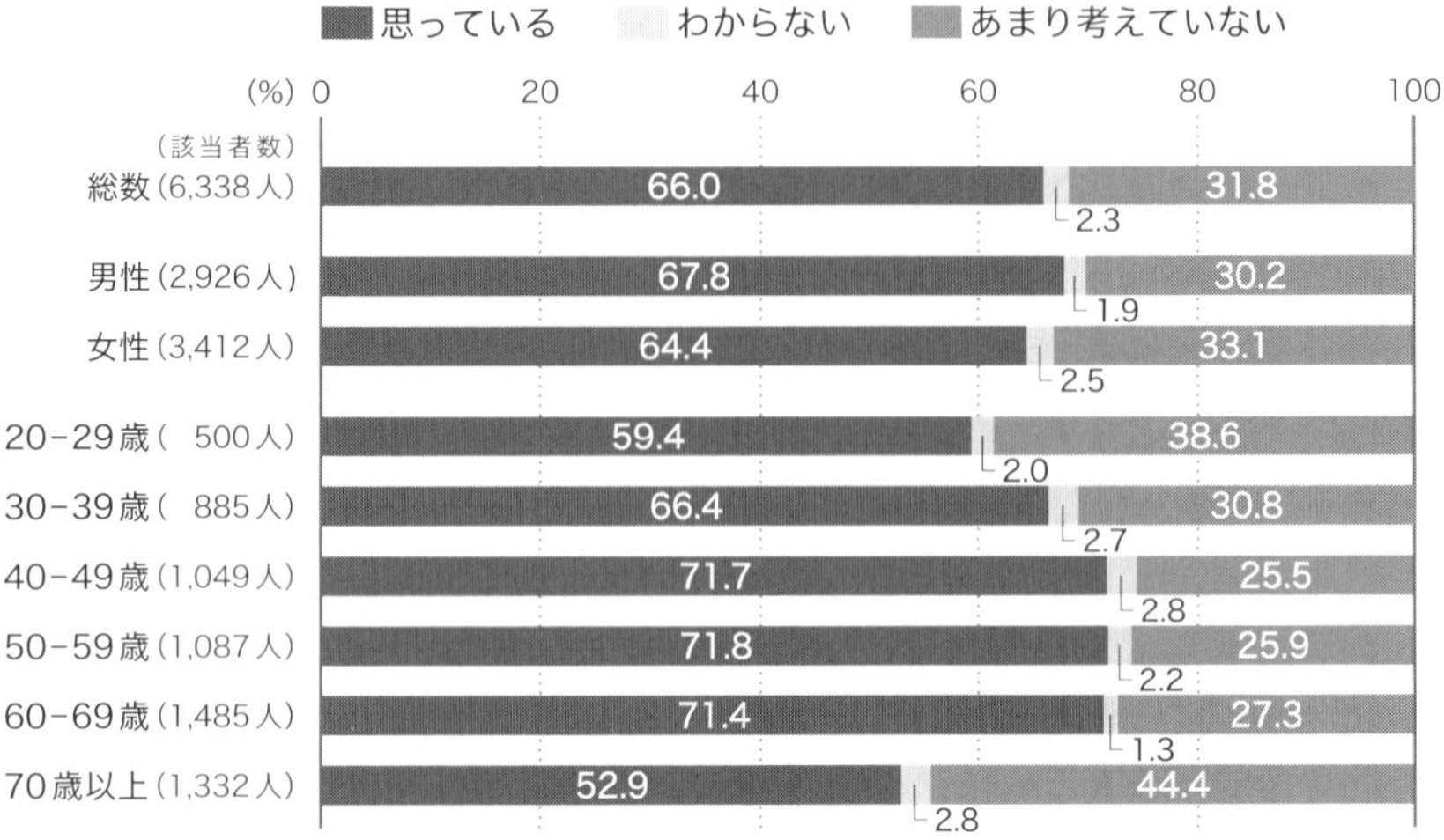

出典：内閣府「社会意識に関する世論調査」2011年1月より抜粋
http://www8.cao.go.jp/survey/h22/h22-shakai/zh/z07.html

図8：災後の社会への貢献意識

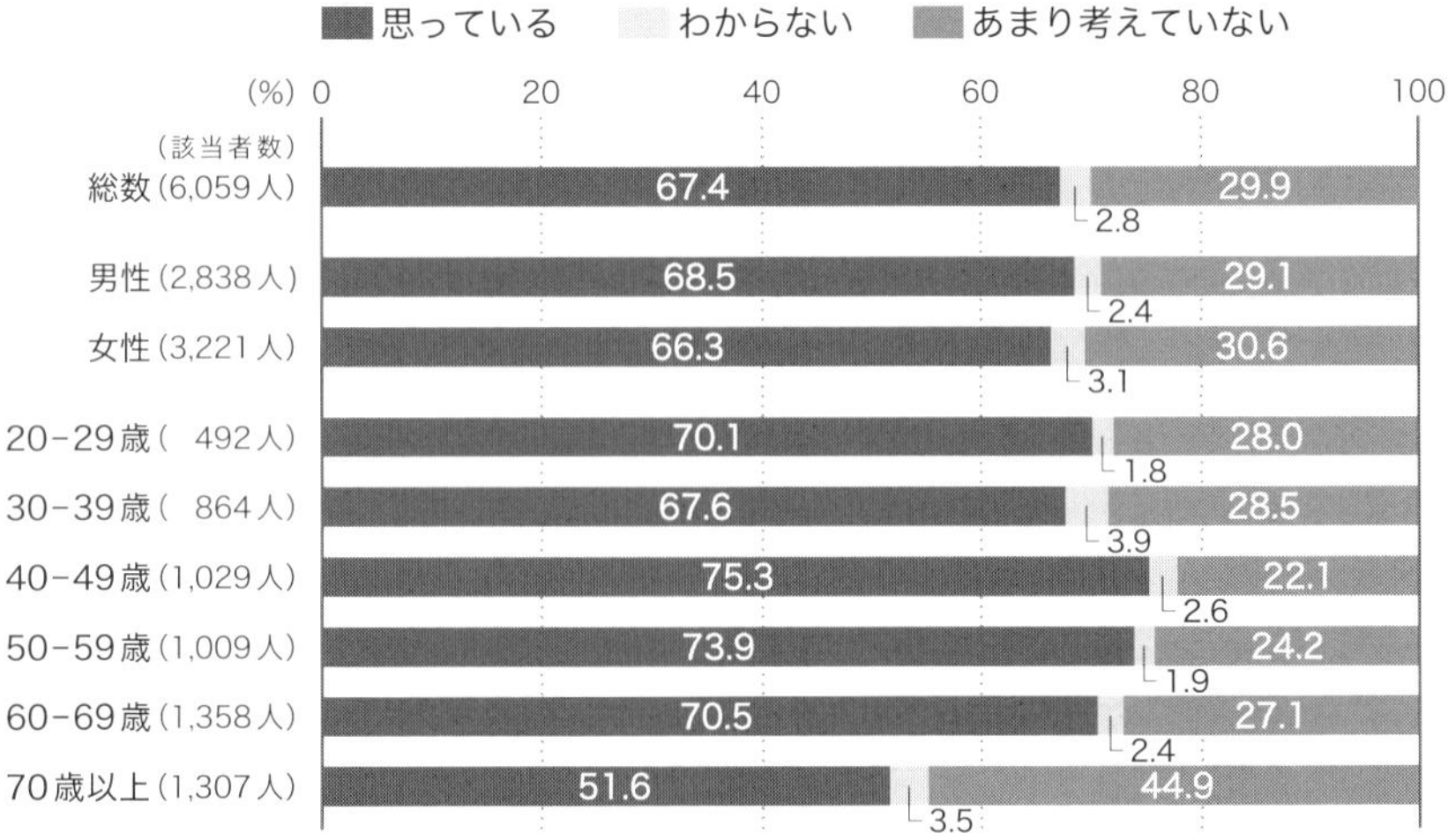

出典：内閣府「社会意識に関する世論調査」2012年1月より抜粋
http://www8.cao.go.jp/survey/h23/h23-shakai/zh/z07.html

り切ることに一役買った。そのさい同作品制作スタッフで作品上の「ヤシマ作戦」の絵コンテを担当した樋口真嗣本人がイラストを提供した(図6)。

このようにネット空間が社会インフラとして現実を拡張するソーシャルな側面では、現実をさかしまにする。ゼロ年代では内向的な「セカイ系」やアンダーグラウンドを地でいっていたヒップホップの詩人たちが、SNSによる情報の並列化によって「シャカイ系」へと変貌を遂げるといった、被傷性の少ないライフハックへと現実を加工する再魔術化の効果も現れてきたのである。実際に内閣府の「社会意識に関する世論調査」を参照しても、二〇〜二九歳の若者たちの社会に対する貢献意識は、東日本大震災前で貢献したいと「思っている」のが五九・四%だったのに対して、災後では七〇・一%まで跳ね上がっていることも、「シャカイ系」という新たな人びとの群れの出来を傍証している(図7-8)。

おわりに
——若者世代の群れの政治は何をもたらすのか

災後における社会貢献への意識の高まりは、近年の若手論壇による一連のポピュラー思想でも、オタク的なゼロ年代のセカイ系から、イチゼロ年代のソーシャルなものに対する感度が高いシャカイ系への移行として捉えることができる。その特徴は固定的な団体の規約や党派性からは自由な、若者らによる類縁集団ベースの中心なき群れの登場とでも云うべきものである(図9)。

災後に通信をめぐるメディア状況の変化に伴って、SNSを媒介としてあらたなシャカイ系の群れが形成された。それらは官邸前抗議に代表される一連の脱原発運動や、人種差別集団に対してカウンターを行う反レイシズム運動、大学生たちの就活反対デモ、夜中にクラブで踊れるようにするための「クラブとクラブカルチャーを守る会」、若手論客たちによる

図9：ゼロ年代からイチゼロ年代への若者の群れの移動

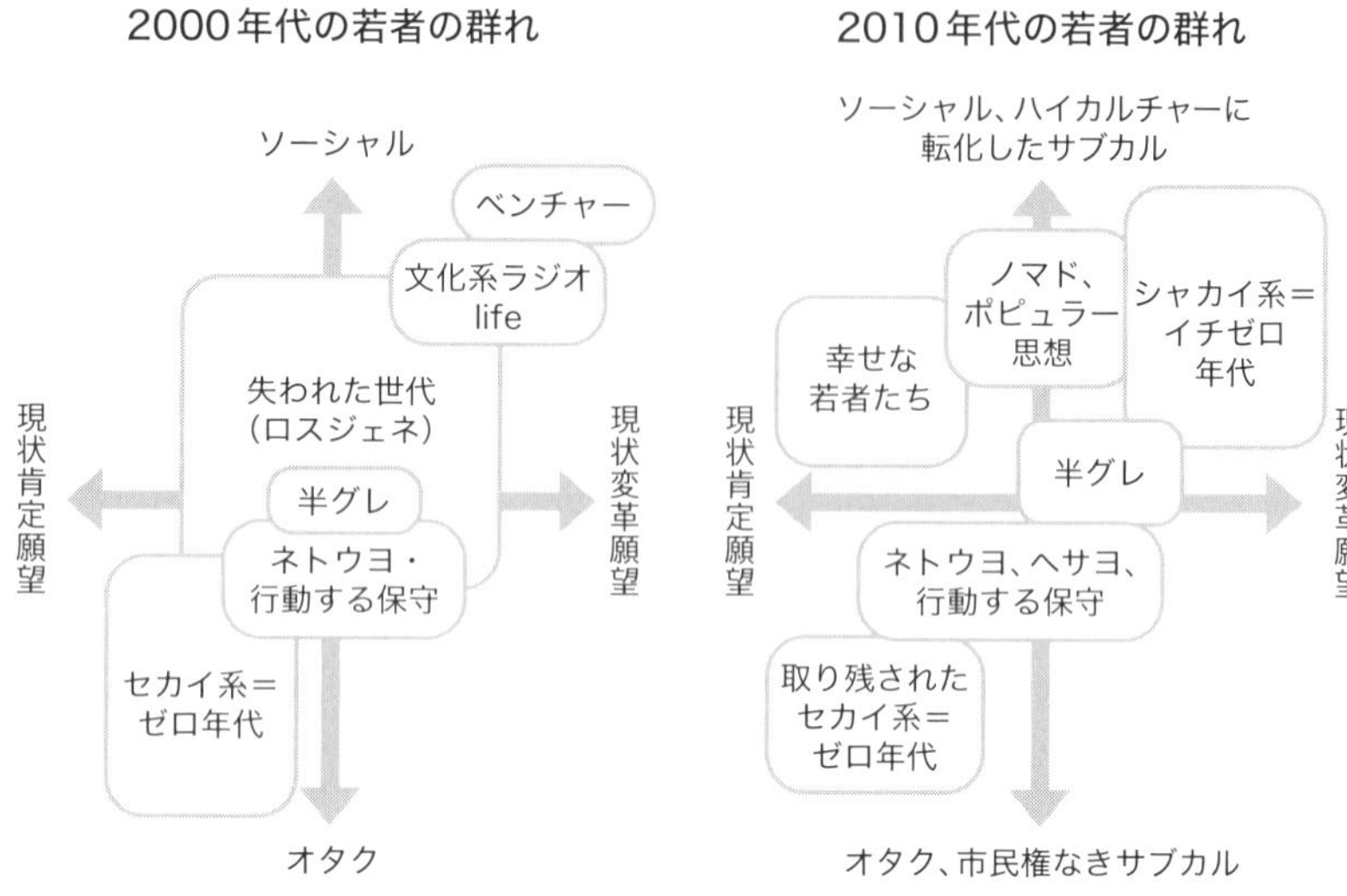

（筆者作成）

テレビやラジオ、インターネット放送での座談会、特定秘密保護法案反対抗議などである。これらに共通するのは各々スポークスパーソンの役割を担う者はいるものの、かつての社会運動や論壇の形式とは異なり、いずれもこれまでの政治が所与としていたようなリーダー的なキーパーソンは存在しない点である。SNSによって形成された類縁集団という群れはかつての日本社会で所与だった上意下達ではなく、SNSというアーキテクチャーそのものの特性である、脱中心的ないし多中心のネットワーク型での組織構造となる。動員に必要なノウハウや様々な資源がネット上にアップロードされ共時的にシェア可能になる「社会運動のクラウド化」という現象によって情報は瞬時に並列化され、たとえ現場に身体を運ばなくともインターネットのライブ中継によって自宅に居ながらにして体験することが出来る。当事者と自身を認識した者全員が平等の参加資格を持ち、メーリングリストや掲示板などオンライン上でも議論が交わされる。必要な情報を各人がネット上にアップし、それらにみながアクセス可能なソーシャル・ネットワークが可能にした群れの政治は、既存の政治手法とは異なりDiY (Do it Yourself) 的であり、サンクコストを格段に低減させることで自己組織的に参加のハードルを下げることに成功しているのである。

この災後に出来したソーシャル・ネットワークによって可能になった群れの政治が、その秘めている力の片鱗をうかがわせたのはネット選挙解禁後初の選挙であった、二〇一三年七月の第二三回参議院議員選挙における緑の党(グリーンズジャパン)比例代表候補だった三宅洋平(当時三四歳)の躍進だろう。三宅は日本の音楽シーンでは(仮)ALBATRUS(アルバトラス)のフロントマンとして有名だったが、一般的な知名度はないに等しかった。

彼が選挙出馬をまだ構想中だった二〇一二年五月、彼も出演していた杉岡太樹監督の映画『沈黙しない春』のトークイベントで、政治をどう変えるのかについて話し合ったのを筆者は覚えている。そのときの三宅の会話は大変印象的で、以下のようなものだった。「別にいまは誰が政治家やったって変わらない。大事なのは掲げた公約と支援してくれる人にウソをつかない、それだけ。一〇〇〇〇人の立候補プロジェクトというのを考えてる。若者が地方選挙をかき回すんだ。たいして金もかからないし、なにより俺らのやり方で、盛り上げて出馬もする。そういう行動ってそれまではネガティブなイメージがあったけど、震災後そういうのも吹っ飛んだから。まず俺が自分でやって、政治の敷居を格段に下げたい」、そんなことを語ってくれた。

その後実際に三宅は「思いが入っているやつは無視できないし、全ての空き時間は、ツイッターに費やしている」と述べるほどに、ツイッターを駆使した新たなスタイルで選挙戦をたたかい、参院選の前日も演説と音楽を融合させた「選挙フェス」を山本太郎とともに渋谷ハチ公前で行った。政治演説付きの野外無料ライブによってスペクタクルを出現させることで再魔術化を発動させる「フェス公共圏」を創出したのだ。ファンたちは三宅の演説や演奏をスマートフォンやｉＰｈｏｎｅ等によって、ネット上に次々と生中継でアップをしていった。三宅の映像等をまとめた応援サイトを選挙戦当初二八〇人がツイートし、それが瞬く間にオンライン上で拡散され、たった一週間で八八万人にも到達した。「みんなを巻き込んでいくために、ネットは、すごくいいツールになっている。より多くの人が話し合いに参加できるようにするために、とても必要な技術だったと思うし、これだけの人がついてきている。これは新しい政治力だから、それをしっかり組織化していく」と述べている三宅の言葉は示唆的だ。

三宅とともに東京選挙区を戦った山本太郎は六六万六六八四票を獲得し、五位中四位で当選した。全国で三宅が獲得した票は一七万六九七〇票に達した。三宅は当選しなかったものの、比例代表で議席を獲得した他政党の一部の当選者よりも得票数がはるかに多かった。これが、災後に出来した群れの政治というソーシャル・ネットワークによって可能になった今日における直接民主主義的な政治が、既存の選挙という間接民主主義の政治に接続された姿なのである。

今後、群れの政治はどうなるのだろうか。自らにフィルタリングを施して集団極化を引き起こし反知性主義へと反転するのか、それとも他者の多元性を尊重し社会を変えようとするシャカイ系としてさらに発展してゆくのか。このＳＮＳを介した再魔術化によって形成された人びとの群れがどこへ行くのかは、まだ誰も知らない。とまれ、このシャカイ系へとシフトした新たな人びとの群れの政治が、災後日本の行方に影響力を増してゆくであろうことは想像に難くないのである。

第四部

グローバル化と災後日本

Shutaro Muto
武藤秀太郎
新潟大学現代社会文化研究科准教授

東日本大震災と関東大震災からみえる日中関係

はじめに

二〇一一年三月一一日に、三陸沖を震源とするマグニチュード九・〇の地震が発生した当時、私は留学先であった上海復旦大学にある光華楼というビルディングの七階にいた。そこの歴史資料室で、三月末の帰国をひかえ、文献収集などの作業にあたっていたのである。上海で地震をまったく感知することはなく、東京の実家からの電話により、はじめてその非常事態を知ったのであった。

実家の電話によれば、地震発生後、国内に何度かけてもつながらず、ためしに国外の私へかけたところ、一回でつながったという。通話後、地震の情報を得るツールを持ちあわせていなかった私は、急いで宿舎へ戻ろうと、資料室の事務員にその旨伝えると、中国のサイトでも緊急速報が流れたことを、心配そうな面持ちで教えてくれた。

宿舎では、テレビが契約切れで視聴できなかったため、主な震災の情報源はインターネットとラジオであった。中国の大手動画サイトである優酷(Youku)網でも、私がアクセスした時にはすでに、特別番組を組み、リアルタイムで震災の模様を伝えていた。二〇世紀最大の犠牲者を出したとされる一九七六年七月二八日の唐山地震、二〇〇八年五月一二日の四川地震、二〇一〇年四月一四日の青海地震など、中国は日本と同様の地震多発国であり、それだけ地震に対する関心も非常に高い。東日本大震災の前日にあたる三月一〇日にも、雲南省西部でマグニチュード五・八の地震が発生していた。

日本の被災状況は、連日大々的に報道され、原発事故による放射能漏れにまつわる謡言から、食塩が買い占められ、店頭から姿を消す騒動もおこった。これは、震災が海外へ与えた衝撃の大きさを物語るものといえるが、その実態がどれだけ伝わったかとなると別問題である。というのも、私自身、帰国後に知りえた情報から、上海で想像していたよりも被害がはるかに大きいことにがく然としたからである。当時の話を聞くたびに、自分が今回の大災害の圏外にいたことを強く実感する。

他方で、中国のメディアが大震災にみまわれた日本をどのように報道したのか、中国人がいかなるリアクションを示したのかについては、身をもって感じることができた。中国から見た東日本大震災については、これまで膨大な震災関連の書物がある中で、ほとんど言及されてこなかった。だが、こうした非常時にこそ、中国人がいだく日本イメージ、対日感情は、鮮明に浮きあがってくるといえる。

また、この東日本大震災に対する中国人のうけとめ方を考えた際に、比較対象として何より念頭に浮かんだのが、一九二三年九月の関東大震災であった。たとえば、両大震災発生前の日中両国をとりまく状況は、かなり類似している。東日本大震災に示した中国人の反応にも、関東大震災のそれと共通性がみとめられた。その半面、日本に対する評価については、いくつか対照的な面がみうけられる。

東京で育った私にとって、小中学校における道徳の授業で思い出されるトピックは、何よりも関東大震災である。東日本大震災で、この関東大震災における教訓はどれだけ活かされたといえるのか。日中両国の国民感情に、関東大震災と東日本大震災で違いがあったのか。この両大震災を比較検討することで、今後の課題もみえてこよう。

本稿では、以上の点について考察をすすめたい。

反日感情と援助

まだ、紙面の多くを東日本大震災関連の記事が占めていた三月一六日、人民日報系の国際情報紙『環球時報』に、「日本に暖かい手をさしのべよう」と題した意見広告が掲載された。大学教員、研究者、医者など一〇〇名の署名からなるこの意見広告では、一般市民の立場から未曾有の震災に遭遇した日本に、募金や国際的ボランティアなどを通じ、迅速で有効な支援をおこなうことが提起された。

自然災害は人類の道徳を越えたものである。また、自然災害に対する相互援助は、歴史的和解への一歩となりうる。二〇〇八年四川大地震の時、日本の救援活動と国民をあげての義捐が感動をよびおこしたことは、なお記憶に新しい。現在、日本の国難に際し、中国政府は重大な関心を表明し、中国の救援隊もいの一番に災害現場へと向かった。だが、地震と津波がもたらした地獄のような凄惨な光景を目の当たりにし、原子力発電所が爆発した恐ろしいニュースを聞くにつれ、私たちは人類の生命が、自然と高テクノロジーの災害に脆弱で無力であることを身にしみて感じる。私たちは、個人としてもすぐに行動を起こし、日本の民衆とともに痛みを分かちあい、災難にうちかたねばならない。

『環球時報』は、地震の半年前に起きた尖閣諸島中国漁船衝突事件で強硬な意見を唱えるなど、中国政府を代弁する新聞として知られ、今回のような意見広告が載るのは異例といえる。のちの報道によれば、これを企画したのは、日本の中央大学教授で、中国の清華大学日本研究センター常務副主任を務める李廷江であったという。地震の翌日におこなわれた同研究センター主催の国際学術会議に、二名の日本人研究者が参加できなかったこともあり、李はメディアを通じ、連名で日本に声援を送ることを思いついた。希望者を募ったところ、第二、第三の「百人署名」ができるほどの反応があったとされる。

一切の国際支援を拒んだ唐山地震の時と異なり、四川地震では、中国政府は外国からの救援をうけいれた。とくに、日本から派遣された国際緊急援助隊が活動する様子は、地元メディアで大きくとりあげられた。引用文にもみられるように、四川地震における日本の救援、義捐が、今回の東日本大震災で改めてクローズアップされたのである。

東日本大震災で海外最多の義捐金が集まった台湾でも、一九九九年九月二一日に台湾中部を襲ったいわゆる九二一大地震での日本の救援・義捐がくり返し喚起された。たとえば、馬英九総統夫妻や台湾のスターが参加し、日本への義捐金を募った特別番組「希望を信じて Fight & Smile」で、台中市長の胡志強は、九二一大地震で最もすばやい反応を示したのが日本であったと指摘し、この恩に報いることをうったえた。また、この番組の主催者の一つであった台湾赤十字は、九二一地震の際に各国赤十字を通じて届けられた義捐金の八割が、日本からのものであったことを明かした。このように以前にうけた援助に対し、同様の態度をもって相手に応答するという形で、日本への救援が呼びかけられたのである。

ところで、興味深いことに、こうした呼びかけは、関東大震災の際にも同様にみられた現象であった。関東大震災の発生前、日本の対華二一カ条要求にもりこまれた旅順、大連の租借期限延長を無効とし、一九二三年三月で満期になったとする旅大回収運動がおこり、中国各地でデモが展開された。六月一日には、長沙で日本海軍が上陸し、デモを鎮圧する事態となり、中国人の死傷者が出ていた(長沙事件)。

そんな中、九月一日に関東大震災がおこると、北京政府は三日にも、二〇万元の義捐金を送ることを決定し、各省の軍政長官に震災チャリティーを組織することを命じた。実際、上海や北京、天津、広州をはじめとした全国の省市で、官民を問わず、日本への救援物資の輸送や義捐を募るための団体が続々と結成された。『中報』、『大公報』、『晨報』、『民国日報』の各紙に掲載された一九二三年九月期の記事を集計すると、震災チャリティーに関わった社会団体、機関、学校の数は一二二で、災害支援活動中にできた各種団体は、四四にのぼるという。また、曹錕が六万元、呉佩孚が二万元、段祺瑞が一万元、張作霖が小麦粉二万袋と牛一〇〇頭などと、北洋軍閥の領袖たちが競うように義捐を表明した。さらに、北京政府は、防穀令を解除し、被災者救済のために海関税を徴収することも企図していた。

こうした日本への支援に対し、旅順・大連の返還に応じない日本を助けるべきでない、あるいは国内の厳しい経済事情を考慮すべきといった反発があった。その際、援助すべき理由としてもちだされたのが、日本が中国における過去の自然災害に対し、多大な支援をおこなったことであった。たとえば、曹錕らが主催した直隷省日本震災救済会の設立会で、直隷省長の王孝伯は、義捐、救済の必要性をこう説いていた。

我が国は光復以来、天災・人災がひっきりなしで、自己を顧みる暇もなく、余力などなかった。救済会を準備することは、我が国春秋時代にあった救災隣保の義で、今回のような日本の奇禍に対し、スムーズに調達ができ、中華民国の道義大国としての風格を示せられる。いわんや、日本は中国で水害・旱害が起こるたび、いつも巨額の援助をしてくれた。礼尚往来で、積極的に義捐し、救済にあたらなければならない。

また、雑誌メディアでも、領土をめぐる日中間の問題と切り離して考えるべきとして、震災支援が次のように呼びかけられていた。

我が国と日本は同文同種である。われわれは人類互助の慈愛精神、救災隣保の大義にもとづき、すみやかに救助にあたらねばならない。振り返れば五、六年前、我が国北部七省の災害、および浙江、温州の水害の際、日本は巨額の義捐金で救済してくれた。今、その国が絶大なる災禍を被っているのを、安穏と座視し、無関心でいられるだろうか。

ここで挙げられている中国の災害とは、一九一五年六–八月に長江流域、および広東を襲った水害(乙卯水災)や一九二〇年に中国北部で発生した旱魃飢饉を指していると考えられる。たしかに、当時の記録をみると、日本が災害に同情し、支援の手をさしのべていたことが確認できる。その中でも熱心だったのが、中国に関係をもった実業家たち、とくに渋沢栄一であった。

水害にしばしば悩まされた広東地方で一九一五年夏、二〇〇年に一度ともいわれる大洪水が襲った。珠江デルタで被害をうけた者は四〇〇万人近くにおよび、死傷者は一万人を超えたとされる。これに対し、渋沢は大倉喜八郎や安田善三郎らにはたらきかけ、拠出した総額二万円を、広東総領事を通じ罹災者救済に寄付した。

一九二〇年におこった大旱害は、中国北部で約二〇〇〇万人の被害、五〇万人の死者がでるなど、乙卯水災をはるかにしのぐ災害であった。ここでも渋沢は、首相の原敬に政府所有の外米の払い下げを打診する一方、自らが会長を務めた日華実業協会で、財界人、および国民一般に義捐金を募った。義捐金の総計は、三井八郎右衛門と岩崎久弥がそれぞれ四万五千円を寄付したのをはじめ、六四万四千円あまりに達した。

この義捐金は、被災者への食糧物資、医療、被災児童の収容所などに用いられた。このうち、北京の朝陽門外に設けられた北京災童収容所の運営を担った一人が、日本組合教会の宣教師であった清水安三《やすぞう》であった。清水は、ちょうど旱害にみまわれた一九二〇年八月頃、中国を訪れたキリスト教社会運動家の賀川豊彦に会い、スラムで貧民救済活動にとりくむことを勧められたという。また、清水は英米の宣教師らのように、旱害の救済活動をはじめたいとの思いから、渋沢栄一に手紙を出し、援助を求めたとも語っている。これらのくわしい前後関係は分からないが、寄付金を有効に活用するために現地スタッフの必要性を感じていた渋沢と清水の思惑が、合致したといえよう。

清水は、日華実業協会の支援のもと、五〇〇名を収容する災童収容所を設け、所長として一九二一年三月七日から六月二五日まで、延べ三万二五三七人の災害児童を世話した。そのうち、身寄りのない孤児の手に職をつけさせようと、二三名を五年期限で日本へ送り出した。災童収容所の解散後、日華実業協会から三〇〇円の謝礼と、帝国教育会が集めた寄付金の剰余である二〇〇円あまりをうけとった清水は、これを元手に崇貞学園を設立した。女性の自立を目指し、中国人、日本人、朝鮮人を別け隔てなくうけいれ、教育にあたった崇貞学園は、大原孫三郎などから援助をうけつつ、第二次大戦終結まで存続した。

渋沢の中国に対する災害支援は、古くは一八七八年までさかのぼることができる。この前年からの不作により、中国北部で発生した飢饉に対し、渋沢は益田孝や岩崎弥太郎らとともに、新聞を通じ世間にうったえ、義捐金を募った。こうして集まった約三万円で、米・麦六二〇〇余石、および旧銅貨、洋銀を購入し、天津総督の李鴻章へ送っていた。

渋沢は関東大震災の際、いわゆる天譴論をとなえたことで知られるが、復興事業にも率先してとりくんだ。すなわち、彼が副会長をつとめた協調会が中心となり、炊き出しや収容所の提供など、被災した労働者層の支援にあたった。また、大震災善後会を組織し、集めた義捐金四二〇万円や物資を、各被災地へと配分した。

協調会がもともと、労資協調をめざした半官的組織であったように、渋沢の関東大震災に対するとりくみの裏には、労働者の不満を抑える実業家としての利害意識もあったであろう。また、中国への援助にしても、彼自身が述べているように、当時強かった反日感情をやわらげる外交的な意図が存在した。とはいえ、災害を契機に関係改善をはかろうとした意味では、さきを争うように日本支援を申しでた中国軍閥の領袖も変わりない。さまざまな思惑がからみあいつつも、災害支援は、今日まで互いに呼応し、連鎖する形でおこなわれてきた。援助する側が以前うけた恩に報いようとし、援助された側はその恩を記憶する相互関係が生じ、それが結果として国際的な共助の精神を育んできたのである。

関東大震災と王希天

渋沢栄一は、社会公共事業に関わるさまざまな宗教団体に肩入れをしたが、その一つに救世軍（The Salvation Army）があった。救世軍は、メソジスト教会の牧師であったイギリス人のウィリアム・ブース夫妻が一八六五年に設立した教派団体で、日本でも一九世紀末、山室軍平らが入隊し、布教活動がおこなわれた。大将のブース、中将の山室といった呼び名をはじめ、軍隊を模した組織や規律を採用した救世軍は当初、キワモノ視され、日本でなかなかうけいれられなかったという。このマイナスイメージを解消するのに一役買ったのが渋沢で、山室の人柄を気にいった彼は、救世軍病院や結核療養所の建設、事業の運営費など、たびたび支援をおこなった。ウィリアム・ブース、および大将をひきついだ息子のブラムウェルが来日した際にも、渋沢は飛鳥山の邸宅に招き、歓迎会を催していた。

清水安三と同じく、岡山で孤児院を経営した石井十次から大きな感化をうけた山室は、日本救世軍の長として、労働問題や慈善事業にとりくんだ。外国人とも積極的に交流した山室が、目をかけた人物の一人に、関東大震災で殺害された中国人の王希天がいた。山室は一九二二年七月、中国人留学生主催の夏季学校で、中国人労働者の境遇改善を唱えた王らに賛同し、「中華民国僑日共済会」(以下、共済会)の創設を手助けした。以下ではまず、この共済会の長をつとめた王の略歴についてみてゆきたい。

王希天は一八九六年、吉林省長春の裕福な家庭に生まれた。国内の学校教育に不満をおぼえ、日本へとわたった王は、一九一七年に官費留学生として第一高等学校予科に入学した。この間、王は東京の中国基督教青年会(ＹＭＣＡ)に参加し、一九一六年に東京のメソジスト教会で受洗した。来日当初、王は国家主義者であったが、山室軍平や佐藤定吉、賀川豊彦らと交際することで、博愛主義者へと転じたという。

一九一九年九月、一高予科を卒業した王は、専攻を工科から文科へと換え、名古屋の第八高等学校に転学した。そこで王は、友人の王兆澄を通じ、中国人労働者の生活状況に関心をもちはじめた。王は、貧民窟に住みこんで調査した賀川豊彦を尊敬し、「日本の貧困問題が解決したら、中国で貧民のために伝道する」という彼の言葉に感銘をうけていた。賀川のベストセラー小説『死線を越えて』は、王の座右の書で、彼がのこした数少ない遺留品の一つであった。他方、学業はかんばしくなく、一九二〇年に落第し、ドイツへの転学も画策したが、翌年に肺結核で療養を余儀なくされると、進学を断念した。回復後、王は東京に移り、中国人留学生メソジスト教会の幹事に就任した。信者は三〇人あまりで、自前の教会もなかったという。王は、さきに触れた清水安三が日本に送った中国災害児童の面倒もみていた。共済会の設立は、このように新たな生活をはじめた中での出来事であった。

ここで、共済会発足の背後にある日本の中国人労働者をめぐる社会状況について、簡単に整理したい。日米通商航海条約の調印(一八九四年一一月二二日)を皮切りに、欧米諸国と改正条約を結び、治外法権の撤廃にこぎつけた日本は、条約が発効した一八九九年七月に勅令第三五二号を公布した。この第三五二号の第一条は、外国人の居留地、雑居地以外での居住、移転、営業などを認める一方、「労働者は、特に行政官庁の許可を受くるに非ざれば、従前の居留地及雑居地以外に於て居住し、又は其の業務を行ふことを得ず」と制限をかけていた。ここでいう「労働者」とは、「農業、漁業、鉱業、土木、建築、製造、運搬、挽車、仲士業其の他雑役に関する労働に従事する者」を指している。治外法権撤廃で内地の開放を認めざるをえなくなった際に、大きな懸念となったのは、中国の低賃金労働者が大挙して来日するのではないかという点であった。勅令第三五二号は、この事態を未然に防ごうと発令されたのである。

勅令第三五二号の施行後、在日中国人の数はゆるやかに上昇していったが、一九一〇年代半ばまで、日本人社会、労働者との間にあつれきを生むような事態は、とくになかったようである。第一次大戦の軍需景気により人手が不足した一九一七年七月には、内相であった後藤新平が、勅令第三五二号の制限を一時的に解除し、中国人労働者をうけいれることも提案していた。これに応じるように、大戦中から戦後にかけ、おもに浙江省温州、処州(現在の麗水)の山村から、雑貨商として来日し、のちに工場で働く中国人が増加した。戦後三年足らずで、温州、処州出身の工場労働者は、六、七千人にのぼったといわれている。

このなしくずしに増えた中国人労働者は、戦後の反動不況で労働需要が落ち込むと、日本人の雇用と競合する存在となった。日本の労働者団体は、政府に中国人労働者の取締りを要求し、政府も条件を満たさない中国人商人の入国を禁止するなど、規制を強化していった。パリ講和会議で人種的差別の撤廃を提案し、アメリカの移民制限に反発していた日本にとって、自国の中国人労働者をどうあつかうかは、頭の痛い問題であったといえる。中国人労働者をむやみに排斥しては、アメリカの排日政策に口実を与えかねず、日本政府は難しい舵取りをせまられたのである。

さきに触れた一九二二年七月の夏季学校で、中国人労働者保護の必要性をうったえた王希天も、こうした事態をうけ、各中国人団体を糾合し、中国人労働者が集住した大島町の実情を視察した。王は、山室軍平から紹介された青木賢次郎とともに、警視庁や中国公使館、留学生団体と協議した上で、大島町に事務所を開設し、九月二一日に共済会設立大会を開いた。共済会の委員長(のちに会長)に王が、顧問の一人として青木がそれぞれ就任した。

共済会は、会員からの会費と寄付を基礎に運営し、「会員の道徳を向上させ、智力を啓発し、緊密に結びつき相互扶助を促進する」ことを目的に掲げていた。具体的には、退去命令の理由となっていた不潔な身なりや住居、賭博、阿片といった生活習慣の乱れを改善するために、衛生管理や罰則を定めた会の規約を制定し、これを遵守するよう指導をおこなった。また、言語不通による問題を解消するために、日本語を教える夜学校や診療所を運営した。死亡者の処理、弔いなども請け負ったようである。対外活動としては、入国禁止や労働禁止、帰国命令が出された際の日本側との折衝、賃金未払いといったトラブルの仲裁などにあたっていた。雇用をめぐる日中労働者間の対立は、しだいに激しさを増し、交渉役となった共済会の負担も大きくなった。王は一九二二年末、山手線の電車内で、日本人の親方から短刀をつきつけられ、脅迫をうけたことがあったという。

共済会は一九二三年初、東京および王兆澄がとりくんでいた名古屋以外に、中国人労働者の多い京都や大阪にも支部を開設した。会員は、おもに温州人と処州人で、五月までに大島町の一三〇〇人を筆頭として計三〇〇〇人あまりに達した。この頃、一段と強まった中国人労働者の取締りに対しては、渋沢栄一の日華実業協会も同情を寄せていた。

このように精力的に活動していた王希天が、関東大震災の混乱の中で殺害された真相については、これまで多くの先行研究により明らかにされてきた。それらをもとに、震災における王の足取りを追えば、以下の通りとなる。九月一日の地震発生時、王は神田にあった中国基督教青年会の寄宿舎二階に居り、危うく難をのがれた。その後、王は留学生仲間らとはかり、関係団体と通じて震災救済会を組織しようと奔走したという。

実のところ、王希天はアメリカへの留学が決まり、地震発生の前日にあたる八月三一日をもって、共済会の会長の座を王兆澄にゆずっていた。とはいえ、中国人労働者のことが気にかかった王は、地震から一週間経った九日朝に、大島町へ足を運んだ。戒厳が布かれ、朝鮮人関連の流言が飛び交う中、王の身を案じた山室軍平は、万一のために王が中国人であることを記した自らの名刺を渡していた。

地震発生後、大島町一帯の中国人労働者たちは、日本人から襲撃され、多くの死傷者を出していた(大島町事件)。王はその情報を得、実態を究明しようと調査にとりかかったであろう。だが、それもつかの間、王は九日の午後、軍隊に身柄を拘束された。亀戸警察署に移送された王は、一二日の早朝に表へ連れだされ、一陸軍兵士により殺害された。

大島町事件や王希天の殺害は、帝国内の問題として処理できた朝鮮人虐殺と異なり、表沙汰になれば重大な外交問題となりうるものであった。そのため、日本政府は、新聞記事の取締りを強化する通牒を発するなど、情報の統制をはかった。しかし、中国人が日本人より暴力をうけ、負傷、殺害されたというニュースは、九月半ばになると中国の新聞各紙で徐々に報じられるようになった。

大島町事件や王希天のことが大々的に報道されたのは、王兆澄が一〇月一二日に被害者らを乗せた山城丸で上海に戻り、告発してからであった。王兆澄は、山室軍平らとともに、その行方を捜索し、軍人により殺害された可能性が高いことをつきとめていた。この王希天失踪や、大島事件で一七三人が虐殺され、それ以外に三〇〇人以上の中国人が殺害されたとする内容の記事が、聞き取り調査で得た実名による被害状況とあわせ、『民国日報』や『時報』に数回にわたり掲載された。これにより、震災当初の日本への支援ムードは、冷水を浴びせられ、中国各地で抗議運動や事件の究明を求める動きがおこった。

こうした輿論に押され、北京政府は一二月、王正廷らを委員とする調査団を日本に派遣した。六日に下関へ到着後、調査団が首相の山本権兵衛や内相の後藤新平をはじめとした日本政府の要人と会談し、被害状況の解明と適切な措置を求めたのに対し、日本側は把握していた事実を示すことなく、さらなる調査を約束するにとどまった。その後も、調査の具体的な進展はなく、あいまいなまま事件の幕引きがはかられたのである。帰国前の一二月二〇日、王正廷は、山室軍平や陸奥広吉らが主催した王希天の追悼集会に参加し、得がたい人材を失ったことを悔やんでいた。

震災で中国人が殺害された背景には、朝鮮人に間違えられての誤殺、抗日的姿勢への反感など、さまざまな要因が考えられるが、日中両国の労働者における対立感情が大きかったことは否定できない。一九一〇年代以降、日中両国で人の往来がさかんとなる中、キリスト教団体などによる新たなアソシエーションが形成されていった。王希天の共済会もまた、こうした共助を目的としたアソシエーションの一つとみなすことができる。北京で旱害の支援にあたった清水安三が、孤児を東京に送り、王希天が彼らの面倒をみたように、それぞれの地で結成されたアソシエーションには、国際的な連携もみられたのである。

さきに論じたように、震災を機に日中両国間で共助の機運が高まった中で、王希天、および中国人労働者らの殺害は、それに水を差し、逆に敵対心を増長させる結果をもたらした。とくに、中国人労働者の権利を保護しつつ、日本人との融和につとめてきた王希天の死は、単なる一個人を超えたショックを、日中両社会にもたらしたのである。

外からみた二つの「災後」

今回の東日本大震災では、被災者の冷静な対応、社会秩序の維持、共助の姿勢など、日本の民度に中国メディアから高い評価があたえられた。たとえば、中国一の発行部数をほこる週刊紙『南方週末』二〇一一年三月一七日号は、「忍の国」と題した特集記事を組み、「大地は乱れても、心は乱れていない」と、地震と津波で家族や家を失った人々が、泣きさけぶことなく平静を保ち、避難所で過ごしている様子をたたえていた。理不尽といえる被害を運命としてうけいれ、「忍」んでいる日本人の姿は、記者の目に印象的に映ったようである。台湾の新聞『中国時報』(二〇一一年三月一八日付)も、「なぜ、日本で動乱がないのか」と題した記事で、その理由が日本社会にある「思いやり(omoiyari)」の精神にあると分析していた。

また、宮城県女川町で、さきに中国人の技能実習生たちを安全な高台へ避難させてから、家族をさがすために宿舎へ引き返し、津波で命を失った水産会社の日本人専務による行為が、美談として大きくとりあげられた。これ以外にも、今回の地震で日本人とわけへだてなく、さらには優遇してくれたとする中国人被災者の体験談がみられた。もちろん、表沙汰になっていないだけで、これに反するようなことがあった可能性も考慮する必要があろう。ただ、著しい人権侵害をこうむったといった報道は、管見の限りみあたらない。

地震による壊滅的な状況に直面し、混乱に陥らず落ちついて対処する日本人の姿勢は、関東大震災に関する証言からも確認することができる。当時、第八高等学校の学生で、のちに教育学者となった馬宗栄は、地震発生から一二日間、東京に居り、震災の状況を現場で観察した。馬は、被災地で印象に残った光景を、中国にこう書き送っていた。

一日に大火が起こった時、私は火を被った区域内をしばらく巡回していた。その夜、私はまた、靖国神社内で被災民とともに火を立ってながめ、その後彼らと野宿をした。当時、警察には干渉する能力がまったくなく、軍隊もまだ出動していなかったが、被災地の秩序は整然としていた。日本人の沈静な態度は、普段と何ら変わることなく、敬服するばかりである。それゆえ、教育力の偉大さを嘆じずにはいられない。

馬はほかにも、建物が全焼した中、学校の教員と学生が中国人学生を教えるために、瓦礫の中から教材をさがしだしたことに感銘をうけていた。ただ、彼は一方で、遺憾な出来事として、朝鮮人が放火しているなどの流言を信じた各地の青年団が武装し、朝鮮人に加え、台湾人、中国人、さらには日本人を死傷させたことにもふれていた。

一九二一年から二五年まで日本大学に留学した社会学者の李剣華も、関東大震災で鮮明に記憶していることの一つとして、次のような日本人の態度を挙げていた。

> 日本人の組織性、忍耐性はいずれも強い。震災下の秩序は整然とし、火事場泥棒を働いたり、商店を襲撃したり、互いに口論し、喧嘩するといったことは聞いたことがなかった。当時、どの家庭も、近親なり遠縁の親戚の生命財産を失ったといえるが、日本人は泣きわめくことなく、口をつぐんで涙を忍び、困難に耐え、ともに苦境を乗り越えようとしていた。

地震発生時、李は水道橋の宿舎にいたが、危うく難を逃れたという。李も、こうした日本人の冷静沈着な姿勢を指摘するとともに、朝鮮人や朝鮮人に間違われた中国人学生が撲殺された事実にも言及し、それが軍国主義教育の影響によるものだと分析していた。

他方で、中国人被災者の体験談からは、日本人から差別的な待遇をうけたという内容も散見される。横浜の中国領事館で働いていて、震災に遭ったある広東人女性は、被災地の状況をこう伝えていた。

> この日(震災から三日目)、日本の工兵、歩兵が続々と到着し、食糧を運搬してくれた。こ

れにより、日本の被災民は、やっと麦飯を一つ手にいれ、わずかに餓えをいやした。私もそれまでの二日間空腹で、宝物を得るように、麦飯を一つもらった。しかし、少数の兵卒は、華僑を虐待し、麦飯も施さなかった。われわれ華僑は、この痛苦に耐えた。その凄惨さは形容できないものであった。

彼女はさらに、山下橋の草地で寝泊まりした際、殺害されたと思われる首の切断された死体がそばに横たわっていたのに気づき、驚愕した経験を語っていた。

同様に、横浜の山下町で行商を営んでいた広東仏山出身の一家の妻も、日本人からうけた不当なふるまいを、次のように暴露していた。

日本人の中には、食品や水を持って助けに来た人が多くいたが、日本人だけにあげていた。ある時、私の隣に座っていた一人の日本人が水を飲んでいて、中国人の婦人が幼子に飲ませようと、その余滴を乞うた。すると日本人は、あえて地面にこぼし、それを与えなかった。また、中華街方面が大火となると、日本人たちはそれをながめ、みな拍手喝采し、いくばくか自己も難民者であるのを忘れたようであった。

この婦人は命からがら、息子とともに上海行きの船に乗り、故郷にもどったが、同乗した中国人から、日本人が朝鮮人や中国人を虐殺するのを目撃したことを聞き、船中でこみあげる怒りを押し殺していたという。

地震のような大規模で、破壊的な災害が発生した際、被災者、さらには被害情報をうけた人々の間に、お互いに助け合い、連帯を深めようとする「災害ユートピア」が形成されることが指摘されている。そこでは、日常生活に存在する人種や身分などの垣根をのりこえ、誰もがコミュニティの平等な一員である意識が芽生えるという。たしかに、関東大震災においても、「災害ユートピア」というべき現象が被災地にみられたことが、当時の記事などから確認できる。だが、上で引用した二人の中国人の証言からは、こうしたコミュニティが、ときに中国人をアウトサイダーとみなし、さらに中華街の火災をみて喜ぶなど、自らが陥った不幸な境遇の鬱積をはらすような反応を示したことが分かる。

　また、ここで紹介した震災体験記にも、朝鮮人とともに、中国人が殺害されたのを見聞した内容が綴られているように、中国人への襲撃は、王希天や大島町事件以外にも、広くみられたものであった。このような事態を引き起こした原因は、何に求められるのか。先行研究では、おもに内閣の戒厳令施行、朝鮮人が放火や投弾しているなどの流言にもとづく警察の警報、ならびに軍隊の出動といった国家権力による諸策の問題性がきびしく問われてきた。もちろん、王希天を殺害したのが陸軍兵士であったように、軍人や警官の中には虐殺へ関与、加担した者がおり、官の責任は重い。だが他方で、警察と軍人が震災直後の秩序回復に果たした役割を評価した中国人の意見も存在する。さきに引用した馬宗栄は、混乱した青年団との対比で、治安維持にあたった警察と軍隊をこう評していた。

> 数日後、内閣は大変が起きるのを恐れ、警察と軍隊をのぞき、何人も通行人を尋問してはならないという命令を下した。そのため、朝鮮人の生命はいくらか安全となった。我々の行動もやや自由となった。日本の警察、軍人の程度は、民衆よりも高いといえるであろう。実際、このような野蛮な醜態をさらしたのは、まったく日本の悪教育(自己宣伝)の結果である。

　この馬の見解に対し、警察や軍隊の実態を把握していなかったとの反論もあるかもしれない。しかし、被災地のただ中にいた中国人の馬が、警察と軍隊の統制下に置かれたことで、自由に行動できるようになった実感をいだいたことは、看過すべきでないだろう。

日本政府は、帰国を希望する中国人被災者を無料送還することを企画し、九月一五日に第一便となる千歳丸が芝浦から出航した。乗船した中国人六四六名には学生五〇円、商人と労働者に一〇円の一時手当がそれぞれ支給され、二二日に上海へ到着した。乗船者の中には、さきの李剣華もおり、彼は当時の思い出を、こうふりかえっていた。

乗船するときに、日本の三菱会社が派遣した者が、舷梯《げんてい》わきに立っていて、中国人学生一人ひとりに封筒を渡していた。その封筒ごとに五〇円が入っていた。これは、日本の資本家が我々に示してくれた同情と援助であり、一生忘れがたいものであった。

三菱が手当を支給したというのは、おそらく李の勘違いで、学生の給付金は対支文化事業の特別会計から支出されていた。ともあれ、恩義に感じた李は、上海に約三カ月滞在したのち、日本に再び戻り、留学を継続したのである。

中国人を対象とした無料帰還船は、その後計一五隻、乗客延べ四一〇五名におよび、日本郵船や近海郵船、東洋汽船などの船会社が、優先的に船舶を提供した。この送還事業については、虐殺の隠蔽を目的としたいわば厄介払いであったとする評価もある。しかし、李剣華をはじめ、中国人被災者に好評をもってうけいれられたように、決して無意義なものではなかった。関東大震災における政府、および企業のとりくみについては、否定的な解釈ばかりでなく、プラスの側面もふまえた複眼的な再検討が必要であろう。

おわりに

東日本大震災からちょうど一カ月たった二〇一一年四月一一日、当時の首相であった菅直人の署名入りで「紐帯（Kizuna）」と題した広告が、中国の『人民日報』に掲載された。この一面の約半分を使った広告の中で、菅は今回の震災に際し、海外からうけた支援物資、救援活動、励ましや祈りの声に感謝するとともに、これらに応えるためにも、復興に向けて全力を尽くすことをちかっていた。文面の最下段には、"A Friend In Need Is A Friend Indeed.(患難のときに真情がわかる)"という言葉が書きそえられていた。

残念ながら、日中関係はその後、順調であったとはいいがたい。とくに二〇一二年九月、日本が尖閣諸島を国有化した際には、中国各地で大規模な抗議デモ、暴動が発生した。安倍晋三と習近平が、日中両国で新しい政治指導者となってから今日まで、首脳会談は実現していない。ただ、「患難のときに真情がわかる」ではないが、大震災のような「患難」にこそ、こうした平時にはみえない両国の「真情」が浮かびあがる面もあったといえる。ここでは、「はじめに」で提起した問題にたち返りつつ、これまでの考察についての結論を述べたい。

まず、震災に対する中国人の反応について。関東大震災、東日本大震災ともに、その直前までの日中関係は、良好なものではなかった。しかし、震災の報をうけた中国人は、積極的に援助の手をさしのべた。ここで注目すべきは、日本から過去にうけた援助に報いようと、支援がよびかけられた点である。実際、日本はそれまでに、中国の自然災害への救援活動をおこなっており、とくに渋沢栄一のような実業家や企業が果たした役割は無視できない。

被災民の冷静で、整然とした態度も、両大震災で高い評価があたえられた。他方で、関東大震災でおこった王希天の虐殺、中国人への襲撃については、その社会的要因として、第一次大戦を機に増加した在日中国人労働者と、日本人労働者の間で生じたあつれきがあげられる。こうした日中間における労働の流動化を背景に、設立された共済会などのアソシエーションは、東日本大震災でも活躍したNGOの原型というべきものであった。

もちろん、中国人襲撃、虐殺の問題を考える際、警察や軍隊の責任を見逃すことはできない。だが、一中国人留学生が警察、軍隊の治安維持機能を評価したように、その功罪を分けて、改めて位置づけなおす必要があろう。何より、東日本大震災で流言こそ流れたものの、中国人襲撃のような事態がおこらなかったのは、関東大震災の教訓がいかされた成果といえる。

かつて、大正デモクラシーの旗手であった吉野作造は、一九一〇年代の険悪化した日中関係の中、「日支親善論」と題した文章で、こう述べていた。

二つの国民の間に一種の精神的関係が成立し、殊に高尚な人道的方面に相互の交通があると云ふことであれば、其国民相互の間には一種の精神的信任の感情と云ふものが発生して、茲に始めて国民の親善関係の精神的基礎と云ふものが出来上るのである。……国民的信任尊敬の関係があれば、時々個々の政治上経済上の問題に付て反目や誤解やがあつても、それは恰も風のまにくヽ起る大海の上の漣波の如きものであつて、其底を流るゝ所の親善の関係と云ふものには何等の動揺を見ないのである。

日中国民相互の精神的「信任」があれば、政治経済面で衝突しても親善関係はゆるがない。実際、吉野の日中問題に対するとりくみは、この信念に則ったものであったといえる。とくに関東大震災前、吉野は積極的に中国人留学生と交流をはかり、彼らの意見に耳を傾けるとともに、日本側の立場を理解してもらえるよう尽力した。王希天事件の調査で、王正廷が来日した際にも、吉野は自宅に迎えいれ、真相究明に協力していた。しかし結局、吉野が説いたような国民的信任は築けず、日中戦争へと至ったことは、その後の歴史が示す通りである。

この吉野の主張は、今日においてもそのままあてはまる。二〇一二年度の統計によれば、中国人の日本語学習者数が増加し、韓国を抜き初の国地域別首位となった。幸い、東日本大震災後も、若者を中心に中国人の日本に対する関心は衰えていない。被災した東北がどのような地域なのか、位置さえもおぼつかない一般の中国人に対し、メディアで解説し、日本の立場を代弁してくれたのは、いずれも日本へ留学した経験のある人たちであった。関東大震災後と同様、政治経済面で緊張した日中関係がつづく今日、過去と同じ轍を踏まないためにも、震災の中でみられた両国の「紐帯」、「信任」を、国民レベルで維持することが何より重要であると考える。

Satoshi Ikeuchi
池内　恵
東京大学先端科学技術研究センター准教授

二つのツナミの間で

二〇一一年三月一五日、ペルシア湾岸の小さな半島であるカタールから発信され、世界の注目を集めるアル＝ジャジーラ英語放送の看板番組「インサイド・ストーリー」は、冒頭から緊迫したナレーションで始まった。

世界の目が、日本の損傷した原発の上に広がる恐ろしい白い雲にくぎ付けになっている間に、大陸を隔てた場所でのもう一つの危機では、サウジ主導の部隊が、湾岸の隣国バハレーンとの国境を越えて侵入しています。これらの二つの、全く異なる出来事は融合し、稀に見る、グローバルな不安定と不確実さのパターンを形作っています。

イギリスから引き抜いた大物キャスターのマイク・ハンナーが、格調高い発音の英語で、日本の地震が壊滅的な津波を呼び覚まし、原子力発電所の爆発を引き起こした危機と、「アラブの春」がついにペルシア湾岸の産油国に及び、サウジアラビアによるバハレーンへの軍事介入に至った事態を、並列させて読み上げていく。画面には爆発する原発と立ち上るきのこ雲が映し出され、津波で壊滅した東北の風景を上空のヘリコプターのカメラがなめていく。それらと交互に、サウジアラビアとバハレーンをつなぐ海上の高速道路「コーズウェイ」を進む装甲車の車列の映像が映し出されていく。

カイロで迎えた東日本大震災

筆者はエジプトのカイロで「三・一一」を迎えた。この年一月から表面化していた「アラブの春」を現地で調査するべく渡航し、激動の中心地タハリール広場を見下ろすホテルに宿を取ったまさにその翌朝のことだった。早朝、NHKのカイロ支局にいる記者と電話でやり取りをしていた。電話の向こうの記者の声色が突然変わる。「池内さん……日本は大変なことになっているようですよ」。地震発生からさほど時間をおかずに押し寄せた津波に、東北地方各地が呑み込まれていく最初の映像が入ってきたのだ。ホテルのすぐそばのNHK支局に急いだ。無数のテレビ画面に、見たこともない風景が映し出される。

筆者はそれまでの二カ月余りを、日本で、チュニジア、そしてエジプトの急転回をテレビとインターネットの画面に釘づけになって見つめ続けてきた。現地に赴いて調査を開始したその瞬間に、今度は祖国を悲劇が襲い、それを遠い中東の動乱の地から見つめることになった。NHKの支局に詰めかけていたから映像は日本にいた多くの人々よりも多く見たかもしれない。しかし日本で体験を共有することはなかった。遠い日本を見つめる足元はといえば、革命に騒然となるエジプトで、文字通り人波と足踏みで小刻みに揺れてさえいた。激震の日本を、中東研究者が見つめるには、最適の場所だったと言えるかもしれない。日本に生まれながら、縁もゆかりもないアラブ世界を生涯のテーマと決めた筆者にとって、これも運命だったと思うしかない。そして、国内の議論で自足しがちな震災論に「外」の視点を取り入れ、相対化する役割をここでは果たしたい。

ペルシア湾岸の「三・一一」

言うまでもなく、アラブ諸国の政治変動と日本の震災・原発事故は全く異なる出来事である。それにもかかわらずアラブ世界で両者はなぜ同列に語られ、冒頭に挙げた番組では半ば混同されて論じられたのだろうか。そこには単に時期が一致したというだけではない背景がある。二つの事象をグローバル・メディア上で意図的に混同させることで、まさに押し寄せる政治的な「ツナミ」を逸らそうとする動きが存在していたのである。

二〇一一年は「アラブの春」の年として幕を開けた。前年暮れに発生し拡大していた大規模デモの圧力によって、一月一四日、チュニジアでベン・アリー政権が崩壊。触発されたエジプトで一月二五日に大規模デモが発生し、二月一一日にはムバーラク政権が崩壊した。これ以降、社会からの異議申し立ての伝播と政権の動揺の連鎖がアラブ世界全体を覆った。日本を含む経済的先進国にとって、また中国など成長著しい発展途上国にとっても、戦略・安全保障上の関心事は何よりも「反政府抗議行動の波が湾岸産油国、特にサウジアラビアに及ぶか」だった。

事態は深刻化していた。湾岸産油国の最も弱い鎖と言うべきバハレーンで「二月一四日革命」への呼びかけに答えたデモがまさに燎原の火のごとく広がり、「真珠広場」を埋め尽くした。隣国のサウジアラビアも、このデモの到来を避け得ないと徐々に感じられはじめていた。フェイスブック上で、エジプトに倣った「怒りの日」のデモを行おうという呼びかけが広まった。デモの期日は、奇しくも三月一一日と予定されていた。政権が崩壊の淵に追い込まれたバハレーンに続き、サウジアラビアでも、デモが生じるのか。生じるとすればどの都市のどの場所で生じるのか。どのような社会的亀裂において対立軸が顕在化するのか。世界が固唾をのんで見守った。三月一一日、サウジ政府は徹底的な警備でデモを封じ込めた。そして三月一四日から一五日にかけて、サウジアラビアとバハレーンを結ぶ海上の高速道路「コーズウェイ」を、装甲車の車列が続々と渡っていった。サウジアラビアの国家警備隊を中心に、アラブ首長国連邦（UAE）などが加わった、GCC（湾岸協力会議）共同の「砂漠の盾」部隊が、バハレーン政府を軍事的に支援したのである。

これを背景に、バハレーン政府はデモ隊への態度を一変させ、強硬な弾圧を行って真珠広場から排除した。一年後に振り返って、メディアと中東政治が専門のマーク・リンチ（ジョージ・ワシントン大学准教授）は、この時期の湾岸産油国の動きを「帝国の逆襲」と呼んだ。確かにこの時期にペルシア湾岸で、「アラブの春」に最初の転換点が訪れたことは間違いない。二〇一一年の三月一一日からの一週間、日本が東日本大震災に襲われ、原発事故の拡大への恐怖で凍りついていたその頃、ペルシア湾岸の産油国では、反政府抗議行動の波を抑え込むのに決定的に重要な瞬間を迎えていたのである。

冒頭に挙げたアル＝ジャジーラの番組「インサイド・ストーリー」に戻ろう。「自由な報道」を標榜するアル＝ジャジーラだが、あくまでもカタール王室お抱えのメディアである。湾岸産油国の政権が存立の危機に瀕すれば、突如として中立性をかなぐり捨てて、軍事介入を正当化する。ここで印象操作に大いに活用されたのが日本の震災であり、なによりも原発事故だった。キャスターは重々しく続ける。「介入の正当化の根拠は？　この激動の時期に、安定が必要なのです。グローバル経済が、日本の地震と、そしてその後に生じた核の脅威の影響を感じ続けている間、安定が、どこであれ可能であれば、それこそが多くの人たちが求めていることでしょう」。

日本の津波と原発事故は、アラブ諸国の政治変動と共に、世界を覆う「不安定性と不確実性」の証左とされた。アル＝ジャジーラはエジプトやリビアやイエメンでは反政府抗議行動を支持する報道を続けながら、湾岸産油国に変化が及ぶと、一転して、弾圧を「いま世界が最も必要とする安定性」を確保するものとして正当化したのである。

中東の「政治的ツナミ」

アラブ世界のイマジネーションの上で、「アラブの春」の激動と日本の地震・津波・原発事故は重ね合わせられ、つなぎ合わされた。「ツナミ」のイメージは、アラブ世界や中東が迎えた変化と激動の時代を象徴するものとして受け入れられた。例えばイスラエルの元首相で防衛相(当時)のエフード・バラクは、二〇一一年三月一三日にテルアビブでの講演で「われわれは政治的なツナミに直面するだろう」と、パレスチナ問題での国際的な圧力の高まりに警告を発するのにこのメタファーを使うと、アラブ諸国のメディアは一斉にこれを取り上げ、その後もイスラエルの存立の困難を論じる際にしばしばこの発言を引用する。

そして何よりも、独裁者が「政治的ツナミ」によって次々と押し流されるというイメージが定着した。津波よりは砂嵐に日々直面してきたアラブ世界だが、グローバル・メディア上の日本の震災映像からインスピレーションを得て、アラブ世界の政治社会の激動を表わす語彙として「ツナミ」の観念を受け入れたのである。

例えば一年後のアラブ連盟首脳会議の報道を見てみよう。「今週のバグダードでのアラブ・サミットは、二年前の前回とは大きく異なるものになるだろう。長期政権の独裁者たちの多くが、地域を襲った政治的ツナミによって一掃されたのである」。これはAFP電だが、それをサウジアラビア系資本の国際衛星放送局アル＝アラビーヤのウェブサイトも採用していることが重要である。アラブ世界で、そしてそれを越えたより広いグローバルな空間においても、日本の津波と原発事故は、「アラブの春」の激動と結び付いたものとして印象づけられたのである。

影響は意外なところにまで波及している。イエメンに拠点を置く「アラビア半島のアル＝カーイダ」

がインターネット上で発行する悪名高き宣伝雑誌『インスパイア』の二〇一一年春号の表紙には、この雑誌の主筆で米国生まれのイエメン系のカリスマ的説教師アンワル・アウラーキーの寄稿したカバーストーリーのタイトル「変化のツナミ」が大書され、地球を巨大な水滴が覆うコラージュ写真があしらわれている。「アラブの春」がグローバル・ジハードの格好の機会となると歓迎しているのだが、それがまさに「変化のツナミ」であるというのだ。二〇一二年五月、シリアの中部のホウラでの虐殺の責任を追及されたシリア政府報道官は「嘘のツナミ」だと叫んだ。それほどまでに日本の震災はアラブ世界のイマジネーションと語彙に影響を与えたのである。

「一・二五」と「三・一一」

ここで「アラブの春」の政治社会変動と、日本の東日本大震災をあえて比較してみよう。日本では東日本大震災を「三・一一」と呼ぶことが通用しているが、アラブ世界の場合、エジプトのタハリール広場で大規模デモが始まった「一・二五」が象徴的な日付として定着した。「一・二五」と「三・一一」の共通性と差異はどこにあるのだろうか。

言うまでもなく「一・二五」は人間社会によって引き起こされた政治変動であるのに対して、「三・一一」は自然災害である。そこに何らの共通性もないかのように見える。しかしそれが当事者に実際に及ぼす影響と、その後の政治的なインパクトという意味では、意外に様相は似てくる。エジプトの「一・二五」のように大規模で突発的な動員が、ほとんど目立った指導者や組織もなくなされ、急激に政治体制が動揺し崩壊していく「革命」の過程は、人間の営みという意味では人為的であっても、個々の人間の意図や行為が全体に及ぼしうる影響という意味では人智を超えたものである。革命の進行は、そのただ中にいる人間たちにとっては、不可抗力的な自然現象のように見えてくる。それによって地位を奪われ、生活の安定を奪われる人たちにとっては、

「天災」にも等しいだろう。

逆に、東日本大震災が引き起こした災害は、それが地震と津波という純然たる自然現象に起因するものとは言っても、原発事故に明らかなように、社会システムや政治的意思決定の深いところに関係して発生するという意味で、「人為」と不可分であり、しばしば「人災」としての側面も指摘される。

人間社会の急激な活性化である革命が進行することによって人為で統制の利かない「天災」のような状態を出現させる一方で、純然たる自然現象である地震は、実際に人間社会に影響を及ぼす段階では必ず「人災」の側面を含むことになる。「一・二五」と「三・一一」はどこかで交錯するのである。

両者が重なる地点はどこか。それは、それぞれの社会の通常の枠の中では想定されていなかった非常事態の出現によって、既存の「体制」が根本的に問われる機会となったその瞬間である。

体制が壊れる時

「一・二五」と「三・一一」のその瞬間まで、エジプトと日本は全く違う文脈と環境にありながら、いずれも既存の体制の存在と安定と長期的存続を疑っていなかったという点で共通している。そして安定と長期的な持続を疑わない心性が、それを桎梏と受け止める見方と奇妙に共存していたという点でも共通する。停滞と裏合わせの安定の中で永遠に続くかのような微睡は、未曾有の事態の出来によって両国で断ち切られた。

エジプトについては権威主義体制の頑健性・強靭性・持続性・安定性……とあらゆる形容詞を用いてその存続の見通しが語られてきた。それはムバーラク政権が構築した国家機構の制度の内側に、主要な勢力を取り込み、有力な反体制勢力を的確に分断・抑制する体制が強固かつ柔軟に構築されていたからだ。それは民主化の行き詰まりではあっても政権の安定性の礎と評価されてきた。しかし制度内の政治から変動要因を極力まで排除した結果、視野に入らない制度外の政治が急遽噴出し拡大する契機を、かえって見逃すことになった。予想外に出現した大規模デモに対して、動揺した政権は分裂し、軍部の離脱によってムバーラク政権は終焉を迎えた。

一方日本では、「想定外」の規模の天災によって、あるいはより正確には既存の政治的意思決定過程の都合から「想定しない」ことにしてきた規模の地震・津波に襲われたことで、事態の展開によっては国家・民族の存続に致命的な打撃が加わるのではないかとすら一時は多くが内心恐れるほどの規模の原発事故に至ってしまった。

両者とも、きわめて長期間忘れており近い将来に想定していなかった、「体制が壊れる」状況に、不意に投げ込まれたのである。「体制が壊れる」ことは、通常の意味においては肯定的なことではない。体制の崩壊は通常、破壊と損失を、流血と離散を、不安と不確実性をもたらす。そのような状態を避けることこそが、古来から「良き統治」の基本要件であったといえる。しかし同時に、体制が壊れなければ善が実現されているのかというと、そうとも限らない。少なくとも二つの社会で「体制が壊れる」瞬間に至るまで、「旧体制」は決して満足のいくものとは見られていなかったのである。永遠に続くかのように見えた安定の桎梏に不安と不満を抱えつつ、なすすべなく自足するしかなかった二つの社会を、「一・二五」と「三・一一」は揺り動かした。被害にあった人々への失礼を承知で記せば、それは一瞬の「解放」を双方の社会の一部にもたらした。エジプトは革命後のユーフォリア（多幸感）に満たされ、日本では「震災ユートピア」が語られた。体制はなければ災厄をもたらす。しかし一つの体制が永遠に続くことはないし、長く続きすぎれば問題を引き起こす。革命というあたかも「天災」にすら見える人間集団の激動と、地震という「人災」を引き起こす自然現象は、共に行き詰まった安定に深刻な打撃を与えた。

グローバルな現象としての「三・一一」

震災後、筆者は頻繁に日本と中東を行き来した。カイロ・タハリール広場の激動はイエメンに、リビアに、シリアに、そして湾岸諸国にも波及した。急速に広がり、目まぐるしく転回する中東情勢から目を離すわけにはいかない。それと同時に、震災後の日本の政治社会状況をもまた、離れずに見ておきたかった。その過程で、各国で多くの人々に出会った。そして、「一・二五」後のアラブ世界と、「三・一一」後の日本を同時に見続けて行こうとする私の視座が、日本においては例外的なものとされながら、国際的にはきわめて正当なものとみなされることに気付いた。それは、体制の安定が、革命や大災害によって破られ、そこからまた新たな体制の構築が試みられていくという、人類の社会と文明の進歩の最前線が今アラブと日本にある、という認識が、かなり広く共有されていたからである。東日本大震災は単なる悲劇ではなく、そこから立ち直る日本の質的な転換と飛躍に期待する視線が少なからずそこにはあった。

しかしそのことを、日本に帰国してしばらくするとまったくと言っていいほど感じられなくなることにも早晩気づかされた。日本国内の文脈ではなお、体制の安定が絶対要件であり、安定の一時的な動揺が早々に収拾され、旧体制にいち早く復帰することこそが復興だとする観念が、少なくとも公の言説の中では、支配的だったのである。

ここで「一・二五」と「三・一一」は決定的に歩みを分かつ。もちろん、基礎的条件として、三〇歳以下が人口の七割を占めるアラブ諸国と、高齢化が進み若者が逼塞する日本との違いがある。しかし単に若者の数の問題ではなく、破壊を越えて創造をもたらそうとする活力を公的言説から徹底的に排除しようとする旧体制の精神の部分が、日本では頑強に持続していることに気づかされるしかなかった。地震と津波と原発の爆発をすら凌ぎきろうとする頑強な旧体制の精神が、日本には根づいていたと考えるしかない。不安定と混乱が続くアラブ世界よりも、安定の装いを保ち続けた日本の方がはるかに良い、という考え方もあるかもしれない。しかしそれは、世界全体を視野に入れた場合、それほど支配的な考えでもないことは知っておいた方が良い。

「体制が壊れる」ことは、確かに一時的な不安定をもたらす。不安定性は、通常ならば、肯定的な現象とはみなされないだろう。確かに、不安定化が続く体制は体制の名に値しない。しかし安定し過ぎた体制もまた、弊害をもたらす。そこにおいて未曾有の革命や天災は、その過程での惨禍にもかかわらず、肯定的な現象ともみなされうるのである。言うまでもなく、そこから有意義な新展開をもたらす人間社会の側の力強く賢明な働きかけがあったならば、という条件の下でのことであるが。そして、「災後」の社会を世界が見る目は、災いを発展に転じる活力と知力が備わっているかに注がれる。そこには同情や憐憫や不安よりもなお、大きな期待がある。

再び「一・二五」との比較を試みよう。「アラブの春」で各国の政権が次々に揺らぐと、いや動揺が及ぶ前ですら、アラブ諸国や在外アラブ人の中には次々と「亡命暫定政権」の芽が吹いた。「体制が壊れる」瞬間がいざ訪れれば、そこに名乗りを上げて、新たな時代をリードして行こうとする人たちが多くいた。

それに対して「三・一一」が世界を驚かせたのは、日本の国民としての強靱な一体性だった。「体制が壊れる」危機を多くが感じながらそれをあたかもなかったかのようにやり過ごし、秩序は維持された。暴動や略奪を起こさずに整然と炊き出しに並び、過酷な状況に耐える市民の姿はそのような日本の象徴となった。しかしこのことは、震災を乗り越えるための大胆な変革が日本社会の側に起きにくいということも表している。復興が単なる「復旧」に終わるのであれば、日本は「鄙《ひな》の国」として、安定して過ごしやすいけれども、世界の流れから徐々に取り残されていく辺境となるほかない。

しかし日本における変革が大規模な混乱を含む革

命によって生じたことが歴史上稀であったことを考えれば、変革への期待を捨てる必要はないのかもしれない。日本人の一人一人の心の奥底には、実は、「亡命暫定政権」が宿っているのかもしれない。それがいつの日か社会と政治の空間に現れてくる日を期待して待つことにしよう。

Noriyuki Yanagawa
柳川範之
東京大学大学院経済学研究科・経済学部教授

企業が国家を選ぶ時代と震災体験

はじめに

東日本大震災は、日本社会に、とてつもなく大きな影響を与えた。多くの地域が今なお、震災の爪痕に苦しんでいるし、経済活動だけではなく、多くの社会活動が大きなダメージを受け、変化を余儀なくされている。人々の行動や心情にも大きな変化が出ているが、しかし、その中には大きなプラスと捉えるべきものも存在する。たとえば、絆という言葉が、さまざまな場面で取り上げられ、震災という体験を経た結果、人と人との結びつきの重要性を、多くの人々が認識することとなっている。

一方、世界経済は大きな変化のうねりの中にある。それはグローバル化の急速な進展であり、それに伴って生じている各国の経済・社会情勢の変化である。このようなグローバル化に対して、日本経済は場合によってはかなり内向きの対応がとられることも少なくない。またグローバル化をよしとしない論調も見られる。

しかし、日本社会は、グローバル化の良し悪しを論じていられる状況ではもはやない。既に世界経済と密接にかかわっている以上、良い悪いは別にして、世界全体とつきあっていかなければならないのが、今の日本社会であろう。門を閉ざす選択肢がないとすれば、より良い形で門を開いていくしか道はない。

その際に、震災体験を経て人々が認識を新たにした、結びつきの重要性は、グローバル化の中で、日本にとって大きな強みとなり得るものである。その点において、災後の日本は、ある意味では自分達の強みを獲得したともいえるのではないだろうか。本稿では、この点について、そもそも世界経済は今後どのように変貌していくのかという点を考察しながら、検討していくことにしよう。

国家と企業の関係の大きな変化

経済のグローバル化が叫ばれるようになって久しい。しかし、それが経済活動や市民生活にどのような影響を与えるのか、今後のグローバル化はどのような方向に向かって行くのかについては、十分な議論が必ずしも行われていない。

これからの世界経済は、今までとは異なった意味でのグローバル化が進んでいくことだろう。その大きな変化の重要な点は、生産要素の側が、自由に国を選択し始めていることだ。

今までのグローバル化では、経済活動が国境を越えて行われるという点が主なポイントであった。製品や中間製品が国を超えて移動することによって国際貿易の規模が拡大していった。そして、国境を越えて資金が移動することになり、国際的資本移動も拡大していった。また、生産拠点や販売拠点を海外に置く企業も増えていった。

しかし、今後生じるグローバル化は、そこから質的にも大きく変化するだろう。それは、企業という実態をともなった活動が、国を選択するようになっている点だ。この点は周りを海に囲まれている日本ではまだあまり大きな実感を伴っていないかもしれない。しかし、統合が進んでいるヨーロッパでは、かなり現実的な現象となっている。企業は、単なる工場の立地という観点だけではなく、本社も含めた経済活動を、必ずしも母国——この概念もそもそも企業にとっては曖昧ではあるが——にこだわることなく、自分達に適した国や場所で行うことが自然になってきている。

この点は日本でも、ソニー等の巨大多国籍企業を想定すれば、比較的容易に考えることができるだろう。どこにどのような拠点をつくるかは、日本という狭い範囲にとどまらず世界全体を対象として相対的に考えられている。実際、三菱商事は、鉄鉱石や銅など金属資源の貿易・販売部門を本体から切り離し、シンガポールに新会社を設立すると二〇一二年正式発表したし、パナソニックは二〇一二年四月から調達本部機能をシンガポールに移管し始めた。実は既に、日本の多くの企業が、かなりの程度本社機能を、海外に移しているのだ。このような動きは実は一部の多国籍企業にだけ起きている話ではない。中小企業のアジア進出も大きな動きになっている。同様のことは世界中で起きていて、世界中のさまざまな規模の企業が、生産拠点および販売拠点を、世界中の地域から選択するようになっている。

その結果、企業だけに限らず、ヒト、モノ、カネが急速な勢いで国境を相対化し始めている。企業が多国籍化すれば、その企業で働く人材は当然それにつれて海外に出ていくことになる。やがて、単に企業から派遣される人材だけではなく、職を求める人材も必ずしも母国に職を求めるとは限らなくなり、外国で働くことも含めて、世界的なレベルで職場を選択するようになっていくだろう。

資金面においては、今までも国際的な資金移動は活発に行われてきており、「カネに国籍はない」という状況ではあった。が、企業の海外展開が大きく進展していく中で、その動きはより大きなものになっていくし、モノの取引も国際間をより一層激しく動くことになる。特に多段階の分業体制が国際的に進んできた結果、生産工程ごとにつくられる国が違うことが多くなっているため、大量の中間製品が国境を跨いで移動することが増えてきている。

このようなグローバルな拠点選択の問題は、近年の国際貿易論や経済地理学の大きな研究対象であるが、この現象は、実は、世界の構造、特にガバナンス構造をかなり大きく変えつつある。

企業が活動拠点を選択し、人々が働く国を選択し、投資家が投資する国を選択する。このような時代におけるガバナンスのポイントは、国家と企業との関係が大きく変化する点である。これは、やや極論を言ってしまえば、国家のもつ意味が大きく変化することを意味しているかもしれない。

近代国家においては、国はある意味で国民に対して独占的な地位を有していた。それは、国民はその国でなければ生きていけないという実質的な制約があったからである。その結果、国家は国民に対して、その地位を利用して徴税を行い、公共財や公共サービスを供給してきた。それは独裁国家か民主国家かを問わず、あるいは国王が権力を持っているか官僚が実質的な権力を持っているかという権力の所有構造を問わず成立している、国家と国民との関係であった。政治体制の問題は、その独占的権力の行使をどのようなプロセスで誰にどのように与えるのかという問題に過ぎない。

しかし、企業がどの国を選ぶかという選択が普遍的になると、各国は、企業や投資家をいかに自国に引き付けるかを強く考えざるを得なくなる。やがては企業だけではなく、働く人、納税をしてくれる人をどうやって引き付けるかも考えて行かざるを得なくなるだろう。これは、独占的地位にあった国家が、その地位を失うということを意味する。

たとえば、今でも各地域による優良企業の工場誘致合戦などが行われたりする。業績のよい企業の工場が自分のところに来てくれれば、税収も増えるし雇用も増大する。そのため、出来るだけそんな工場を確保しようと、積極的な誘致競争が行われている。このような誘致競争は各地方自治体だけではなく、今や国家間の競争になりつつある。そしてそのために、税の減免や補助金等も含めた様々な恩典を、場合によっては出すことになる。

工場だけではなく企業ごと自国から移転してしまうと、税収も大幅に落ち込んでしまうため、その国にとって大きな痛手にもなりかねない。世界的に法人税の引き下げが行われている現状は、そのような企業による立地選択が行われている点と無縁ではない。日本企業も、税の負担を減らすために、海外に拠点を移すケースが増えている。海外に拠点を移したからといって、日本市場に製品を供給できなくなるわけではない。仮に製造拠点を移してしまったとしても、日本に製品を輸出すれば良いだけの話である。日本企業であれば、日本を拠点にする税支払いを行うと考えるのは、もはや時代遅れになりつつある。

同様のことは少しずつではあるが、人の移動に関しても起き始めている。日本でも最近は税負担の低さに魅力を感じて、例えばシンガポール等に生活拠点を移す人が増えてきている。ヨーロッパでも、最近著名人が自国の税金の高さに嫌気を感じて、他国に活動拠点を移したことが話題になった。人の場合は、まだ入国管理やビザの問題があるため、誰もがどの国で生活するかをまったく自由に選択できるわけではない。しかし、企業活動が国を跨ぎ、国を選択する時代になっていく以上、その企業で働く人も当然国を跨いでいくことになり、人が国家を選択するという時代がやってくるだろう。

このように独占的に供給する側から、選ばれるよう競争する側に国が回ると、国家と民間との関係は質的に大きく変化する。この点を企業と消費者との関係にたとえて少し整理しておこう。

独占企業が利用者に製品やサービスを提供する場合には、独占企業の側に立場の優位性が存在する。消費者はその独占企業からしか、製品やサービスを受け取ることができないので、高い価格を提示されたとしても受け入れざるをえない。それに対して、消費者に対して競争的に製品が供給されるようになると状況はまったく異なったものになる。企業はライバル企業よりも安い価格で提供しない限り、消費者に買ってもらえなくなるからだ。企業と消費者の関係は大きく変化し、むしろ消費者の側に権力が移ることになる。

同様の変化が、国家と国民、国家と企業との関係で生じているとすれば、国家の持つ権力は大きく企業や国民にシフトすることになる。ここでは国家論に詳細に立ち入る紙幅はないし、筆者にその能力もない。しかし、少なくとも、今までは国家は国民に対して権力を持つ存在として認識されていた。そして、それがどの程度暴力的なものかどうかはさておき、強制執行能力や法律がその源泉としては存在していた。しかし、それが大きく変わる。今までと同じように強制的な執行能力に変わりがなかったとしても、である。

たとえば、何等かの理由である国が高い法人税をある企業に課したとしよう。それを仮に不満だとしても、それが合法に設定されたものである限り、その企業はその定められた税金を払わざるを得ない。払わなければ、差し押さえられるか、場合によっては経営者が収監されるような事態が起きる。法治国家は、そのような強制執行をする権力を法的に有しているため、企業はたとえ不満があってもその税金を支払わざるを得ない。不満があるならば、投票等の政治的意思決定プロセスを通じて、国家の側の意思決定を覆すしかない。

これが今までの国家権力である。当然のことながら、法治国家でなければ、合法でなくても、強制執行する力を持っているかもしれない。が、いずれにしても強制力があることによって税金を払わせることができると考えられてきた。

しかし、たとえそのような強制執行権限があったとしても、他に移るという選択肢があると、状況は大きく変わってしまう。高い税金を課された企業は、強制執行力があるために、一度は支払をしなくてはならないかもしれない。しかし、その後は他のもっと税金の安い国に移ってしまうだろう。そうなれば、たとえ、どのような徴税権限があったとしても、どれだけ強制力があったとしても、その国から企業がいなくなってしまったら、それは実質的に無意味になってしまう。ちょうど高い価格をつけたとたんに消費者に逃げられてしまう企業のように。

もちろん、企業を強制的にその国に閉じ込める、あるいは国民や資金の海外への移転を禁止するようなことを国家権力を通じて行えば、このような行動をブロックすることができる。そのような選択肢を残しているという点では、今までと変わらない権力構造を国家は有しているといえよう。しかし、国外への移動を強制的に禁止することはできないという前提に立てば、企業が他に逃げてしまうと、国家の持っている権力は実質的にかなり無力化されてしまう。

今までは漠然と、人も企業も国外に出ることは不可能だということが前提とされていた。だから、国家が国民や企業に対して独占的権限を有すると考えられてきた。その権限が過剰にならないための防止策等も考えられてきた。しかし、他に簡単に移れるのであれば、その権力は国家間の競争によって実質的に空洞化してしまう。強い権力を行使することができても、その相手がそこからいなくなってしまえば、無意味なのだ。

企業の移動についてはそうかもしれないが、人の移動については国籍の問題などがあり、そう簡単ではないのではないか。人は母国に国籍を与えてもらえなければ、パスポートもなく国際社会で生きていけないのだから、やはり母国の権力というのは残るのではとも考えられるかもしれない。しかし、これはおそらく逆であろう。母国以外の国が国籍を付与すると勧誘することになれば、その国に移ることは可能だ。これからは高度人材の獲得競争が起きるために、そのような国籍付与競争が(たとえ国籍付与競争とまでいかなくても、永住権付与あるいは長期滞在権の付与競争が)起きてくるはずだ。国籍を与えることはむしろ国家の義務となる。

このような国家間競争の結果、国家はその優位性の一部を失い、むしろいかに企業を引き付けるか、いかに高度人材を引き付けるかに腐心する必要が生じる。

〝ショッピングモール〟としての国家

今まで述べてきたような方向性でグローバル化が進めば、やがて国家間の競争はショッピングモール間の競争に近い形に向かっていくだろう。それは以下のような二つの側面からである。ひとつは、ショッピングモールのように、厳しい「顧客」獲得競争をやがて国家も強いられるようになるという側面、それからもう一つは、ショッピングモールのように、複数のタイプの「顧客」を引き付ける必要が生じるという点からである。

しばしば見過ごされがちな点であるが、ショッピングモールにとって顧客とは、買い物にやってくる消費者だけではない。ショッピングモールに入店する各店舗も重要な顧客である。いや、むしろテナント料が入ってくることを考えれば、消費者以上に重要な顧客といえるかもしれない。

ショッピングモール間の競争は、このように複数の異なった顧客を相手にした競争だと考えることができる。このタイプの競争は、二つの異なった顧客を巡って競争をしているという意味で二面的市場あるいはより一般的には、多面的市場と呼ばれていて、フランス・トゥールーズ大学のロシェ教授らによって推進されてきた概念である。そこでは複数の種類の利用者（ショッピングモールであれば出店企業と消費者）をいかにうまく引き付けるかが重要となってくる。そして、ショッピングモールのような引き付ける主体は、プラットフォーム（基盤）と呼ばれている。国家も多様な種類の経済主体をいかに、自分のところに引き付けるかを考えなければならないという意味では大きなプラットフォームであり、まさに国家間の競争はプラットフォーム間競争の側面を持ってきている。

ただし、多少厳密なことを言えば、単純に複数タイプの顧客を相手にしているといえば、ほとんどすべての業種のすべての企業が当てはまってしまうだろう。例えば、どの製造業でも、様々な顧客を対象にして複数の製品を供給している場合がほとんどだ。実は、二面的市場モデルは、単に複数の市場で異なった顧客に対して競争しているだけではなく、それぞれの市場に相互に密接な関係がある点に特徴がある。

それはある市場でどの程度顧客を引き付けているプラットフォームかが、別の市場での競争に大きな影響を与える構造が存在しているからである。これをやや専門的な言葉を使って整理すれば、二つの市場相互にネットワーク外部効果が働いているという。このような関係にあるため、ショッピングモール間の競争は普通の競争と違って、やや特殊な形をとる。それはAという市場で沢山の顧客を集めることができれば、それが別のBという市場での競争を有利にしてB市場でも顧客を集めることができ、それがまたA市場での優位性を高める、という意味でプラスの相互作用が働くからである。言い換えれば、どこかで大きく顧客を失うと、それが複数の市場にまたがって悪循環を引き起こすことになる。

翻って、この点を国家間の競争という側面にあてはめてみよう。国家間の競争は上で述べたように、企業や人、資金といった多様な生産要素を自国に引き付けられるかどうかという競争になっている。

たとえば、企業の側がどこの国を選択するかという際には、大きく分けて二つの要素がポイントとなる。一つはそもそもその国のインフラや税制等の環境が良いかどうかという側面である。もう一つは、他の生産要素、たとえば良い人材がそこに揃っているかどうか、資金提供を受けるだけの市場が確保されているかどうか、あるいは関連する取引企業などがそこに揃っているかどうかという側面である。

この二番目の側面が、上で述べたようなプラットフォーム間競争としての特殊な競争要因が働く点である。良い人材や良い取引相手がそこに集まってくるならば、企業はその国に進出しようとする。一方、人材のほうも良い企業がそこに集まっているならば、その国で働こうというモチベーションが強くなる。そのため、良循環、悪循環が生じやすい環境が発生する。プラットフォームとしての国家は、悪循環が生じて、ほとんどが国の外に出ていってしまうということを避けるために、戦略的に一部の重要な企業、重要な生産要素を引き付けるための政策をとっていく必要がある。

また、一番目の側面も当然見逃すことができない。まずは、企業やヒト、カネにとって魅力的な環境を提供し、引き付ける力を強くすること、この点がこれからの政策のあり方として大きなポイントになってくることだろう。

その点からすれば二〇二〇年のオリンピック招致に成功したという経験は、日本にとって重要な意味を持っている。それは成功したという事実そのものよりも、オリンピック招致競争自体が、プラットフォーム間競争の典型例だからである。（厳密にいえば、建前上はオリンピック招致は国家ではなく都市が対象であるが。）

日本をいかに選んでもらうかが重要な競争であった。そこでは、独占力を国民や自国企業に対してもっていた際の今までの政策とは、まったく異なった発想に基づいた誘致活動が必要だった。今後の国家の政策運営は、基本的にはオリンピックの招致活動のような視点で行うことが必要になる。そのためにも、そのひな形を経験できかつ成功を収めたというのは、我が国の今後の政策にとって重要な経験だろう。

国家間のプラットフォーム間競争は、制度の優劣を国が競い、投資家や企業が国を選択するという形をとるが、この競争において、必ずしも一番望ましい（という判断をどのような基準でするかがそもそも問題ではあるが）制度が選択されるという保証はない。それは、上で述べたように、外部効果が働く結果、本来の制度はベストでなくても、皆が集まるからますますその国に集まるという形で、ある国が結果として選択されることがあるからである。しかし、たとえそうであったとしても、国家は自国が提供する様々な制度について他の国と競争していくという構造を避けることはできない。

その競争の際には、いかに他国に比べて魅力的な制度を提供するかが重要になる。その際、考えるべき競争の方向性は大きく分けて二つある。一つは法人税の引き下げのように、負担を他国より減らして優位性を高めるという方向性である。実際、このところ、各国で法人税の引き下げが行われてきた背景には、このような競争圧力が存在したからと考えるほうが妥当だろう。

しかし、このような負担の引き下げ競争を行っていくと、これは各国とも消耗戦になってしまう。企業の側からすれば短期的にはどんどん法人税が下がっていくのは悪いことではないが、それによって国家が破たんしたり、結果としてインフラが十分に整備されなくなったりしたら、経済活動を適切に行うのが難しくなってしまう。競争によってある程度税負担が引き下げられることは、企業にとってもプラスだし、行政側にとってもその結果無駄を省く努力をするなどすればプラスの面は多々ある。しかし、この側面で競争をし続けていくには限界がある。

そこで競争の方向性として、もう一つ差別化という方向性を考えていく必要がある。これは企業間の競争でも必要とされる戦略である。ライバルと同じ製品やサービスを提供していたのでは、上記のように厳しい価格競争に巻き込まれてしまって消耗してしまう。ならば、製品の差別化を図って、ライバルとは異なる製品を提供する、できればライバル企業には提供できない製品やサービスを提供する。そのような製品やサービスを提供することができれば、多少高くてもその製品を購入してくれるので、価格競争を避けることができる。

同様のことを国家も考えて行く必要がある。他国との消耗戦を避けるためには、自国で活動することに対して何等かの差別化を与え、他の国では得られないメリットや利便性等を提供していく必要がある。そうすれば、他国に対して優位性を確保することができ、多くの生産要素を有利に引き付けることができる。

しかし、今まで国が提供してきた政策はこのような視点が圧倒的に欠けている。それは今までは国内に対してだけ視線を向けていれば良い閉鎖型経済だったからでもある。しかし、今後本格的なプラットフォーム間競争を迎えた場合には、政治体制も含めて政策の発想を変えていく必要性が生じてくるに違いない。

それでは、他の国とどのように差別化をはかっていくのか。たとえば、インフラを整備し、より活動をしやすい環境を整えていくことも一つの方向性だろう。あるいは法制度を整備して、単に税率の多寡の問題でなく、制度インフラの優位性や活動の自由度の優位性で企業を引き付けることも考えられる。

ただし、優位性を構築するのは、狭い意味での制度、政策だけではない。国民の意識や慣習も重要な要素の一つである。最近、我が国ではアジアからの来訪者が増大している。たとえば、中国で製造された洋服が日本の小売店の店頭で売られ、それを中国人観光客が大量に購入していく。実は、この点にこそ、日本の優位性を理解する重要なカギが隠されていると筆者は考える。

このような現象が起きるのは、日本の会社のブランドそして日本という場所が、製造した洋服を取引するうえで便利で安心な場所を提供しているからである。ここでは、偽物をつかまされる可能性もほとんどなく、契約上のトラブルが発生することも少ない。取引参加者は誠実に契約を履行する。このように実は、我が国は世界的にみると極めて「誠実な市場経済」を実現させている。この信頼性のある市場の比較優位性を自覚し、この質を高めていくことこそが、日本というプラットフォームの価値を高めていく、大きなカギだと考えられる。

やや誤解されている面があるが、「市場経済」というのは一つのメカニズムではない。どのような仕組みがどのような制度の中で行われるかで、市場経済と一言で言ってもその内容は大きく異なる。そして、その仕組みの良し悪しの中で、実は大きな役割を果たすのは、信頼感やそれを支える社会的慣習である。

誠実性や信頼性を重視する姿勢は、競争概念と矛盾するものではなく、むしろ適切な競争を促進させる。それは、取引参加者が安心して取引に参加することができるからである。逆に、だまされたり嘘をつかれたりする可能性が高いと、嘘をつく可能性がないか絶えずチェックする必要が生じ、それは大きなコストとして跳ね返る。さらに、その心配が拭えなければ、取引は大きく縮小してしまう。競争をする以上嘘をついたり騙されたりする可能性があるのは当然だというのは競争概念に関する誤解に過ぎない。

ただし、誠実な市場経済は、明示的な法律だけで達成されるものではない。信頼性のある取引環境を実現させるためには、取引参加者の意識及び慣習も含めたインフォーマルなルールも大きな役割を果たす。プラットフォーム間競争での差別化を考えていく際には、この点も重要な要素となる。

また、労働サービスの質も「誠実な市場経済」を構築するうえで重要である。いまや労働者は国際的な労働市場競争に巻き込まれる形になっている。したがって、賃金水準を高めるうえで必要なのは、労働の質を高めて発展途上国の労働と差別化をはかっていくことである。そのためには、今までよりも、技能や能力の向上が必要なことは言うまでもない。

しかし、労働の質を構成するのは、実は技能や知識の水準だけではない。信頼性の高い労働供給も、質の高い労働となる。たとえば、全てを監視しなくても真面目に働くといった信頼性や、逐一指示しなくても行われる適切な顧客サービス等も、質の高い労働であり差別化が可能である。そしてこの点は、日本というプラットフォームの質を高める上でも大きなプラスだ。さらに、この点は我が国に優位性がある。よって今後は、誠実性や信頼感の高さという優位性をもっと認識し、それを伸ばしていくことが我が国にとって大きな意義を持ってくるだろう。

震災を経験した日本の強み

今まで述べてきたような、国際的な環境変化が生じている中で、不幸な東日本大震災は起こった。我が国としては、否応なしに、この震災が国家間のプラットフォーム間競争に与える影響を考えて行かざるを得ないこととなった。震災が生じたという点からすれば一見すると、それはプラットフォームとしての日本にとってマイナスのようにもみえる。しかし、震災を経験した日本という観点からすれば、この点は将来的にみて日本の大きな強みになりうるものである。ただし、その強みを我々自身で認識し、明確に強みにしていく姿勢が必要であろう。以下では、この点について詳しく説明していくことにしよう。

震災を経験したことによって、日本人の心象は大きく変化した。その一つは、将来のリスクに対する感覚的な変化であろう。震災以前、多くの日本人は、基本的な生活にかんする安全性や社会システムの安定性は、国がある程度保証してくれるものだと漠然と考えていたように思われる。当然、政府を全面的に信頼していた人はさほど多くはなかっただろうし、政権の政策に対しては、日々のマスコミ報道にも表れているように反対や不満を表明していた人も少なからずいた。しかし、究極的なところでは、国が何等かの面倒をみてくれるだろう。あるいは、ある程度きちんとチェックされているだろうという漠然とした安心感の度合いは高かったと思われる。

それが東日本大震災とそれに続く原発事故によって、大きく揺らぐことになる。ただし、念のために付け加えておくと、それは原発事故によって深刻な問題が生じたからというわけでは必ずしもない。筆者はその点の専門家ではないので、どの程度深刻な事態が生じたのか、その防止策はどこまで本当は可能だったのか等について、客観的に判断する知識と情報を持っていない。したがって、そのような客観的な問題点を指摘するのが、ここでの目的ではない。

問題であったのは、多くの国民が、何が正しい情報なのか、どの情報を信頼して良いのか判断できない事態に陥ったという点である。かなりの国民が、政府が発表した情報が信頼に足る情報なのかどうか、判断できなくなった。政府の発表やテレビやラジオで流される情報に満足せず、ネットでさまざまな情報が流され、その中から人々は情報の虚実や信頼性を自分で判断する必要性に迫られた。

これらの事態は、それ自体は不幸な出来事ではある。しかし、一方的な情報を鵜呑みにするのではなく、自分で情報を収集し自分で判断するしかない、そうしても何が本当に真実なのかはよくわからない場合があると、多くの国民が認識することになったのは、大きな転機であったといえよう。国が発表する情報を絶対視するのではなく、相対視したうえで判断する必要があると考える人が増えたことも、やはり大きな転機であった。

これらの事象は、一見すると日本人のマインドを大きく萎縮させる方向に働くようにみえる。しかし、自分から情報を収集し自分で判断する必要があるという認識が高まった点、あるいは政府に情報提供を頼るのではなく、自分から情報を収集する必要性を多くの人が感じた点は、むしろこれからの日本というプラットフォームを成熟させ、信頼性を高めていく上ではプラスになったと考えられる。それは、結局は人々の相互の信頼性を高め、取引や経済活動の安定性を高めていくことになるからである。

もうひとつ生じた重要な変化として、人々が相互の信頼関係や助け合いの重要さを認識するようになった点が挙げられる。この点は、震災後の日本の社会構造を考える際に、重要なポイントとなるだろう。

震災以降、多くの人がさまざまな形での寄付を行っている。また、金銭的な寄付だけでなく、ボランティア活動に従事する人も多く、その活動は今でも続いている。ある時期は日本の若者が他人に対して無関心すぎるといわれることもあったが、その若者が積極的にボランティア活動等に参加し、震災以降の様々な活動を支える姿がみられた。この点は、日本社会において、積極的なボランティア活動や社会貢献活動が根付いていることを示すとともに、震災を契機として、多くの人たちが相互に助け合うことの重要性を再認識したと考えることができるだろう。この点は、上記のような日本というプラットフォームが信頼性の高い社会システムを提供する上で重要な要素だろう。それは、単に政府が提供する制度の良さという点を超えて、意義のあることである。

さらに顕著だったのは、震災直後にとった人々の行動が海外からみても極めて安定性の高いものだったという点である。かなりの混乱が生じたにもかかわらず、暴動のようなものはほとんど起きず、避難所等で多くの人々が整然と行動する姿に、海外のメディア等が称賛をしたことは記憶に新しいところである。また、一時的に物流が滞り、商品が不足した店頭においても、便乗値上げのような行動はほとんどみられなかった。これらの危機時においても、安定性と信頼性が高い社会行動ができる点は、日本社会の大きな特徴であることを、諸外国だけではなく、日本社会自身が改めて認識したのが、震災後の経験であったといえる。

これらの震災後に人々が再認識することになった相互の信頼性や安定性の高さも、前節で述べたプラットフォーム間競争における日本の強みとして大いに力を発揮するものである。震災を経験することで、それらの重要性を再認識した日本は、この点を強みとして、より積極的に今後の経済活動に活かしていくことにより、震災後の危機を大きなプラスに変えることができる。

そのために必要なことは、まず各個人あるいは各企業がこの点を重要な強みとして認識し、その強みをより伸ばすような戦略をとっていくことだろう。また、政策面でも、より強みを生かせるような法制度整備をしていく必要がある。

もちろん、このような行動パターンが常に長所となって現れるとは限らない。安定した社会は、突出した行動をする人を減少させ、何かを大きく変えるイノベーションを生み出しにくくさせるという面に作用する場合もあるかもしれない。また、周りの状況を気にしながら行動するという傾向が、互いの足のひっぱり合いに結びつくようなケースも、場合によってはあるかもしれない。したがって、震災後の経験から見えてきた日本社会の特徴及び、それを改めて自己認識した日本社会が、常にそれによって世界的な優位性を発揮しうると主張できるものでもないだろう。

しかし、重要なことは、これらは間違いなく日本社会が抱える特徴の一つであり、また長所として活かせる可能性を持っているということである。そうであれば、それをどう活かすようにしていくかという観点が、これからの日本に求められている戦略である。

先に述べたように、国家間のプラットフォーム間競争を生き抜くためには、他の国にはない差別化された戦略が求められる。ただし、簡単に真似できる差別化では、たとえそれが優れたものであっても他の国に容易に実行されてしまって、優位性は急速に失われてしまう。そうであれば、出来るだけ他の国が容易には真似できないところで、優位性をつくっていく必要がある。

そして、国民がもつ文化的、慣習的側面は実は、他国が容易に真似できないという意味で、差別化を作り出す非常に重要なカギである。もちろん、人々の習慣や文化も、論理的には他国も真似できるはずである。しかし、習慣や文化はその国の国民の長年の経験や教育によって育まれてきたものであり、現段階では容易には他国が真似しにくい要素である。したがって、もしその点に他国とは違った要素があるのであれば、それを積極的に活かしていく必要がある。

もちろん、最初に述べたように、人々が国境を越えて活発に移動するようになると、生まれ育ってきた国と活動拠点あるいは労働拠点とする国が異なる人がほとんど、という事態が将来的には生じるかもしれない。そうなれば、極端に言えば、日本で働いている人のほとんどが日本で教育を受けたこともなく育ったわけでもないという事態が将来的には生じるかもしれない。その場合には、日本の文化的特性あるいは国民性というものが、日本で働いている人にはほとんど存在しないということも生じるかもしれない。

けれども、今現在はそこまでは人の流動化は進んでいない。人々の国境を跨いだ活動は急速に増えてきており、今後も増えていくことが予想されるが、そこまで極端な事態が生じるにはまだかなりの時間がかかるだろう。そうであれば、日本で活動している多くの日本国民が持っている文化的特性や、慣習的側面を積極的に活かしていくことがプラットフォームとしての日本にとって重要となる。

そして、震災以降の経験から日本人自身も認識した、上で述べたような特性は、世界的に見ても大きな信頼性を社会に与えるものとして、大いに活かしていく必要がある。ただし、それは手をこまねいていれば自然と実現できるというものでもないだろう。プラットフォーム間競争が今後激しくなっていく中で、この特性をいかに総合的な優位性に結び付けていくかが重要である。その際には、当然市場取引に関する法制度整備を充実させる必要があるし、外国企業や外国人に対する木目の細かい政策対応が必要になってくる場合もあるだろう。また、信頼性を損なうような活動に対する厳しい対応も必要になってくるかもしれない。いずれにしても、これは日本の将来のために、政府や企業が総力を挙げて知恵を絞るべき重要な課題であろう。

Ken Endo
遠藤　乾
北海道大学法学部教授

国内連帯とグローバル化

はじめに

かつてB・ディズレイリはのちに首相として率いる自国イギリスを指さし、二つの国民（ネイション）が存在するようだと嘆いた。彼の小説『シビル』（一八四五年）では、貧富の差に引き裂かれ、「その間には何ら交渉も親愛の情もなく、お互いの習慣、思想、感情に無知な二つの国民」が対立する様が描かれたのである。

TPP（環太平洋経済連携協定）論議を見ると、日本もまるで「二つの国民」に分裂したかのように映る。TPP賛成派は反対派を農業や地方の特殊利益に囚われた狭量な人たちとみなし、自らを消費者という「普遍的」な利益の代弁者と考え、相手への軽蔑を隠さなかった。逆に反対派は、賛成派を「グローバル」という名のアメリカ国益に身を売った売国奴となじったのである。

個人的な経験に引きつければ、この間私は非常に居心地の悪い思いをしていた。月に幾度となく東京と北海道を行き来する中で否応なく目につくのは、TPPを巡る大きな温度差であった。在京シンクタンクの研究会ではTPPは基本的に善とされ、政治的にも経済的にも望ましいものと前提される一方、そこで北海道の農業についてある程度の保護と振興の必要を説くと、冷やかな反応が返ってくることになる。逆に札幌に戻り、TPPについて少しでも肯定的な側面を語ると、大学の同僚からも、医師やジャーナリストの知り合いからも、多くの場合反発を招き、能天気なグローバル化論者として片づけられるのである。

この分岐は、東日本大震災前から見られたが、災後にはさらに激化した。それは不可避だったかもしれない。記録上世界第四番目に当たるメガ地震、約二万名ものおびただしい数の命を奪った巨大津波、そしてチェルノブイリ以来最も過酷で十数万の難民を生んだ原発事故を目の前にしたとき、持ちうる資源を国内の傷に集中投下するのは当たり前であり、その意味で「内向き」になるのはごく自然であったといえよう。「絆」が強調され、それが国内連帯と等置されたそのような時期に、グローバル化などというのは呑気で場違いな現象であるように思われ、しばしTPPについても「政治休戦」のようなかたちとなったが、まもなく国内／国際、内向き／外向きの二分法は、シスマ、つまり宗教上の分裂のようにこの国を引き裂いていった。

しかし、グローバル化は一向に収まる気配を見せない。かといって、国内における連帯への希求がなくなるとも思えない。このまま日本は「二つの国」に分かれたままなのであろうか。そこで災後日本のゆくえを占う一つのテーマとして、ここでは、ウチとソト、田舎と都市、農業と工業、ひいては国内連帯とグローバル化との間の相克及びその緩和の可能性について、ヨーロッパにおける具体的な地方・農業振興の事例なども交えながら考えてみたい。

戦後日本のウチとソト

(1)内外の調和が可能であった時代

いまや厳しく対立するものとイメージされる国内連帯と国際化・グローバル化とが本来的、必然的に矛盾するのかどうかはわからない。たしかに、国内における平等を志向する前者と海外との繋がりを重視する後者とではベクトルが逆で、両者の間には緊張関係があろう。しかし、国際環境と国内政策の組み合わせ次第では、それらの矛盾が相当程度緩和されるのもまた事実である。

その点、戦後日本は典型例である。第二次大戦で連合国の中でもとりわけアメリカとの戦争に負けた日本は同国との平和に力を注いだ。冷戦下においては、そのアメリカをはじめとする西側の市場と結びつくことで国富を膨らませてきた。当時はグローバル化という言葉はなく、国際化か、せいぜい相互依存という専門用語で括られる程度であったが、そうした海外との繋がりが増大する中で国全体の生活水準が引き上げられてきた点には留意が必要である。

その過程において国内の格差は当然に生じたが、それは是正可能なものであった。端的にいうと、貧富の格差の縮少は、出稼ぎや集団就職を伴う国内人口移動と、土建国家の建設を含めた富の再分配によって、成し遂げられたのである。

しかしながら、一九九〇年代に入ってバブル経済が崩壊し、国際化がグローバル化にとってかわった暁には、やがてそうした心地良い内外の連結は切断されることになる。GATTウルグアイ・ラウンドの際のコメ輸入をめぐる論争はその予兆だったと言えるかもしれない。バブル崩壊とアジア通貨危機が北海道拓殖銀行の破綻に行き着くころまでには、それは明瞭な傾向となっていた。以後二〇〇〇年代に入ってからは、グローバル化は地方や農業を切り捨て、貧富の格差を助長する疫病神となったのである。

これらが示すのは、国内連帯と国際化・グローバル化とが本来的に矛盾するというよりも、かなりの程度、国際環境や国内政策要因にかかっているということだが、いずれにしても、その矛盾は二一世紀に入り先鋭化し、のちに見るように東日本大震災後はいっそう前景に押し出されるのである。

(2)国際化からグローバル化へ

この過程で、いわゆるソトとの繋がりが「国際化」から「グローバル化」へと深化したが、この類似した二つのあいだには微妙な相違が横たわっている(部分的に重なる議論として、遠藤誠治『グローバリゼーションとは何か』シーエーピー出版、二〇〇三年参照)。

まず前者では、どちらかというと国が主体のまま、そのあいだの相互作用が深まるのに対し、後者では全面的な相互作用の深化の中で主体自体が拡散し、国は相対化されるようにイメージされる。

つぎに、「国際化」では、再びどちらかというと、国を起点として各国ごとの「差異」を前提に繋がりが説かれたのに対し、「グローバル化」では国々を貫く「普遍化」に傾く。もちろん、後者においても国が融けてなくなるわけではなく、各国間の差異化競争は時に熾烈に残るのであるが、その競争主体は都市や地方、あるいは個人のレベルにも降りてゆく。また、「グローバル化」ではどちらかというと普遍的な価値や原則が強調され、それに照らして多様な主体間の差異化が推し測られることになろう。

さらに、「国際化」は、一面では冷戦の時代に規定された言説でもあった。国際政治経済学でいう「相互依存」論は「国際化」と軌を一にするものであったが、その主題は基本的に西側諸国間の同盟内マネジメントであった。日本に即して言えば、「国際化」は「アメリカ化」に近似し、日本の国力が増大するに従って、最大にして最強の同盟国であるアメリカとどう歩調を合わせるかという問題群と地続きのものだったのである。それに対し、概ね西側の世界における「相互依存」から進化した「グローバル化」は、そのアリーナが同盟国を超えて旧ソ連圏や中国など後の新興国・地域に広がるもので、アメリカ一極集中が問題視された際に一時「アメリカ化」と同一視されたものの、構造的にはアメリカ自体をも包摂し、また相対化するものだったのだ(遠藤、二〇一〇年、二一三頁)。

もちろん、これらはソトとの繋がりを重視するという同じ傾きに生ずる微妙なニュアンスの違いに過ぎないが、後述するように、それを見逃すと方向性を誤りもするのである。

最後に、戦後日本の「国際化」がアメリカとの繋がりを重視し、その庇護や指示のもとで世界とかかわることになった分、繋がりの在り方が間接化・希薄化・片面化したことが挙げられる。遡って戦前戦中の日本は、言ってみれば世界を背負いすぎた。西洋列強に伍し、それを中心に作られた歴史を是正するという意気込みまでは、見方によっては無下にすべきではないかもしれない。しかしながら周知のように、その過程で内外に暴力や抑圧が充満し、日本は東アジア諸国をはじめ大きな爪痕を残した。それに対する反省の結果、日本の世界への関与は大きく削ぎ落とされ、概ねアメリカとの結合のなかに押し込められた(韓国や東南アジア諸国等への援助もまた、長らく冷戦の文脈で、アメリカの戦略を補完する役割を果たしてきた)。このことの拘束力は、冷戦後から二一世紀に入っても、思いのほか長らく日本を制約してきたのである。

(3)グローバルな厄病神と内向化

いずれにせよ、二一世紀に入ってから、日本におけるウチとソトの矛盾は先鋭化した。所得格差はグローバル化と軌を一にするように拡大し、小泉政権期の構造改革とも相まって、企業の内部留保ばかり拡大し、たとえ数値上で成長が続いていても賃金は上がらず、多くの労働者の実質所得は減っていった。いまや新興国と呼ばれる低所得国が世界市場で着実に地歩を固め、生活水準が相対的に地球規模で平準化する方向に進んでいった一方、日本はいわゆる「失われた一〇年」、ひいては「失われた二〇年」を過ごしていた。

ちまたでは、「グローバル・スタンダード」「国際標準」「世界基準」といった言葉が日常的に使われるようになっていった（日本の新聞紙上でこれらの言葉の使用がピークに達し、流通するようになったのは、アジア通貨危機後の一九九八年だった）。そうした「グローバルばやり」に対する倦怠感は明らかである。周知の事実だが、二〇〇四年以降、日本の若者の海外留学は減少傾向にある。

やがて政権を取ることになる民主党が「国民の生活が第一」を最初に掲げたのは二〇〇七年の参議院選挙の時だった。その後このキャッチフレーズは二〇〇九年衆議院選挙でさらに前面に押し出された。それは、小泉流構造改革に向けられたものであったのと同時に、ゆっくりと進んだ日本の内向化とグローバル化に対する忌避感の中で醸成されてきたのである。

TPP——災後における賛否両極化の一事例

（1）開国vs鎖国、自由貿易vs農業・地方

TPPについての議論は、そのような背景の下、しかし突如始まったといえる。TPP自体は、周知のように、P4（ブルネイ、ニュージーランド、シンガポール、チリ）が二〇〇五年に締結した高度な自由貿易協定に端を発し、オバマ政権が二〇〇九年秋からアジア太平洋の秩序形成に乗り出したのち、交渉が始まったものであった。

それに対し、東アジア共同体を標榜した鳩山由紀夫民主党政権が倒れ、それを引き継いだ菅直人政権が、二〇一〇年九月の代表選を乗り切った直後、唐突に一〇月の所信方針演説において、「国を開き未来を拓く主体的な外交の展開（「歴史の分水嶺」における外交）」と題したうえ、「環太平洋パートナーシップ協定交渉等への参加を検討」に触れたのである

(「第176回国会における菅内閣総理大臣所信表明演説」平成二二年一〇月一日)。この際、菅首相は「明治維新、第二次世界大戦での敗戦に次ぐ第三の開国だ」と側近に語ったと伝えられた(安藤毅「第3の開国「TPP」を決断せよ」『日経ビジネス』、二〇一〇年一一月一日)。こののち、政府・与党内の路線対立が先鋭化することになる。

それに油を注いだのが、菅首相自身が公的な場で開国イメージを語った翌月のAPEC横浜首脳会議での発言である。そこでは以下のように高らかに謳われていた。

> 日本では一七世紀から一九世紀にかけ、外国との往来を厳しく制限した、鎖国と呼ばれる時代がありました。様々な困難を乗り越えて開国に踏み切ったのは、今から一五〇年ほど前のことです。
>
> 我々が集う横浜は、当時開かれた港の一つで、今日では日本でも屈指の国際港に成長しました。その横浜の地で、皆さんを前に申し上げたいことがあります。
>
> 日本は、今また、国を開きます。
>
> 今日、世界の多くの国々が「国を開き」、次々と経済連携協定を結び、自由な貿易圏を形成しています。率直に言って、わが国はこの世界の潮流から取り残されつつあります。……
>
> 今月九日に閣議決定した「包括的経済連携に関する基本方針」の下、日本政府は、わが国に特に大きな利益をもたらすEPAや広域経済連携について、高いレベルの経済連携を目指していきます。……
>
> 自由貿易を進めるとともに、農業改革を推進します。
>
> 日本の農業は高齢化が進み、貿易自由化の如何にかかわらず、このままでは将来の展望が開けません。
>
> 多くの若者が農業に従事し、質の高い食品を海外に輸出することもできる、「競争力のある

農業」をめざします。

（ＡＰＥＣ　ＣＥＯサミットにおける総理挨拶、横浜、平成二二年一一月一三日、http://www.kantei.go.jp/jp/kan/statement/201011/13ceosummit.html）

この菅首相の開国レトリックは、反ＴＰＰ派を尊皇攘夷につらなる頑迷な鎖国派として想起させることにつながった。さらに留意すべきは、「国を開く」にあたり農業が障害とイメージされており、その（外向けの）改革が必要だと位置づけられていたことであろう。これらは、以下の前原演説においても同様であり、外向きの開明と内に蔓延する抵抗という挑発的な構図は、国論の分断に大いに寄与することになる。菅首相と歩調を合わせるように、前原外相はこういったのだった。

経済外交の柱となるべきポイントは、たった一つ、「国を開く」ことだと。……日本のＧＤＰにおける第一次産業の生産割合は……一・五％です。……一・五％を守るために、九八・五％という大部分のものが犠牲になっているのではないか。

（日本経済新聞社－ＣＳＩＳ共催シンポジウムにおける前原外務大臣講演、日経ホール、平成二二年一〇月一九日、http://www.mofa.go.jp/mofaj/press/enzetsu/22/emhr_1019.html）

ここでは、農業などの第一次産業や過疎の地方がほぼ全体の消費者の利益を害するものとして描かれている。このような二分法は、農家や地方を大いに刺激し、さらに国内の対立を煽ることになった。

（２）災後の対立の先鋭化

ＴＰＰをめぐる国内対立は、二〇一一年三月一一日に起きた東日本大震災を経て激化した。もともと菅政権は同年六月にＴＰＰ交渉入りを決定するつもりだったが、未曾有の震災・津波被害で東北の農漁村が壊滅的な被害を受け、また福島第一原子力発電所が過酷事故を引き起こし、その日々のマネジメントに注力せざるを得なかった。それゆえ、表面的にはしばしその対立は潜航した形になった。たとえば、ＴＰＰ問題をにらんで政府が立ち上げた「食と農林漁業の再生実現会議」は六月上旬、震災から三カ月たってようやく——しかもおそるおそる——再開されたのである。けれども、同年一一月に予定されるＡＰＥＣの首脳会議をにらんで、ＴＰＰは徐々に争点として再浮上していった。

災後一カ月も経たぬ四月、経済評論家の三橋貴明氏は現自民党政調会長の高市早苗衆院議員(当時野党議員)などと協働して「東日本大震災の復興を妨げるＴＰＰ推進に反対する請願」を回覧した。そこでは、

> 東日本大震災により、東北地方などの農業・漁業は大ダメージを受けました。この状況で、農産物などの自由化であるＴＰＰを推進することは、震災復興の大きな妨げとなってしまうでしょう。日本は今、震災からの復興と全国の防災に注力すべき時期であり、ＴＰＰなどの自由化を推進することは間違っています。
> (http://sns-freejapan.jp/date/seigan-TPP.pdf)

と、さっそく東日本大震災に明示的に言及し、震災復興とＴＰＰを対立的に扱っている。こののち、震災とそこからの復興は、反ＴＰＰ陣営の枕詞となってゆく。

そうした現状を捉え、『朝日新聞』の六月一九日付社説は、「農業関係者のＴＰＰへの反対姿勢は大震災後に強まった。「被災地の農家に配慮するべきだ」「国内対策の財源を確保できるのか」などが理由だ」と認める一方、「まずは交渉に加わろう」と提案し、反ＴＰＰ派から大いに批判されたのである。

さて、震災後の政治休戦が短かったのは、菅首相

にとってだけではなかった。党首選を経て九月に首相となった野田佳彦氏を待ち構えていたのは、容赦ない首脳外交の日程であった。なかでも、ＡＰＥＣのそれでは、ＴＰＰへの交渉入りが争点とならざるを得なかったのである。

ＴＰＰはそうして再び激しい対立を生んだ。ここでもまた、震災は反対ないし慎重派にとって、ほぼ必ず言及する起点となったのである。たとえば、『河北新報』(コルネット)は、二〇一一年一〇月一二日付の社説「ＴＰＰ参加問題／拙速な結論は避けねば」において、

　東日本大震災によって議論は中断し、立ち消え状態にあった。そして、今は震災からの復興が最優先課題だ。

　状況が大きく変化した中で仕切り直し、わずか1カ月で結論を得るというのは、あまりにも拙速ではないか。議論の対象はこの国の行方を大きく左右しかねない課題である。

　環太平洋連携協定(ＴＰＰ)の交渉参加問題だ。

(http://www.kahoku.co.jp/shasetsu/2011/10/20111012s01.htm)

とし、野田新政権の拙速を戒めている。

当時野にあった自民党の政調会、総合農政・貿易調査会もまた、同年一〇月二五日、「ＴＰＰ参加反対に関する決議」を採択し、以下のように宣言していた。

　農業は国の礎、食料の安定供給は政治の使命である。

　自民党は、その使命を果たすべく、担い手育成、農村社会の健全な発展に全力を挙げてきた。

　しかるに、民主党・野田政権が推し進めんとするＴＰＰは、関税という防波堤を自ら撤去し、食料自給率向上に矛盾するものである。国内農業を崩壊へ導くばかりか、農林漁業を基礎としている地域社会を根底から覆すもので、断じて

容認することはできない。

さらに、関税撤廃の他にも国民・消費者に大きな影響を与える食品安全基準の緩和や医療・公共調達・郵政・労働への参入など、わが国社会の在り様に深く関わっている。それ故、国民に開かれた議論がさらに必要であり、十一月八ワイAPECまでの短期間に拙速に結論を出すべきではない。ましてや本年は、未曾有の東日本大震災に襲われ、その復旧復興に全てを傾注しなければならない時である。

よって、我々は野田政権が行おうとしているTPP参加に断固反対するものである。

右決議する。

おりから、農業関連団体を中心に全国各地でTPP反対の署名が集められていた。二〇一一年一一月二六日に開かれた「TPP交渉参加反対!」全国決起集会では一一六六万人に及ぶ反対署名をバックに、主催者代表でJA全中の萬歳章会長が、

今やるべき最優先課題は東日本大震災からの復旧・復興と原発事故の終息。いまTPP参加を検討することは被災地の現状を無視し、わが国の誇る食料基地に追い打ちをかける暴論

(「「TPP交渉参加反対!」全国決起集会　東京・日比谷に三〇〇〇人が集結」『農業協同組合新聞』二〇一一年一〇月二六日 http://www.jacom.or.jp/news/2011/10/news111026-15262.php)

とのろしを上げていた。

こうして、震災後に新たに抱えた国内における復旧復興問題を前にして、国内連帯を優先すべきとするTPP反対の声は強まり、分断は深まった。そしてこの構図は、東日本大震災の二周年になってもまだ続いていた。JA北海道中央会の飛田稔章会長は、札幌市、JA北海道中央会、道商工会連合会、道医師会などによる「オール北海道」決起集会で、一四〇〇人の参加者を前に、「今、最優先されるべきは

ＴＰＰ参加ではなく、東日本大震災からの復旧・復興である」と宣言したのである（「交渉参加表明に反対　ＴＰＰ〝オール北海道〟集会　紙議員あいさつ」『しんぶん赤旗』二〇一三年三月一二日、http://www.jcp.or.jp/akahata/aik12/2013-03-12/2013031201_03_1.html）。それを政権に返り咲いた自民党の安倍内閣が無視し、ＴＰＰへの交渉入りを表明したのは、数日後の一五日のことであった。

（3）反米vs親米

災後に深まったこのＴＰＰをめぐる開国／鎖国、あるいは都市・消費者／農業・地方という対立図式には、アメリカというアクターをめぐる親米／反米という対立が覆いかぶさっていた。

たとえば、元外務次官の谷内正太郎氏は、ＴＰＰを東アジア共同体に対置し、アメリカを選ぶのかアジアを選ぶのかという対立図式の中で捉えている。彼曰く、

ＴＰＰを巡っては、市場開放による成長効果とか、衰退した日本農業への影響とか、経済面に焦点を当てた解説が多いが、その戦略的意義を見落としてはならない。それは、日本が、アジア太平洋という広い枠組みで21世紀を捉えるのか、或いは、東アジアという狭い枠組みで21世紀を捉えるのかという死活的な選択と不可分の問題である。（谷内正太郎「ＴＰＰ参加は「強い安保」「強い経済」への分水嶺」『ウェッジ』、二〇一一年一月号、八頁）

また、

これまで、日本外交は、米国を引き込んで、環太平洋やアジア太平洋という枠組みで戦略を立てた時に成功し、東アジアの覇権や米国の排除を考えたときに必ず失敗してきた。私たちは、この歴史の教訓を忘れるべきではない。環太平洋自由貿易構想を、戦略的観点から眺めれば、

日本が飛び乗るべきバスであることは自明であろう。徹底した自由貿易を標榜するTPPに加盟することは容易ではない。しかし、衰退した農業の問題などを克服するための国内政治の痛みは、新生日本を生み出すための痛みである。（前掲、一〇頁）

この見方によれば、「死活的」かつ「自明」な日本の「戦略的」選択は、TPPを通じてアメリカと一体化することであり、それに伴う痛みは、いわば生みの苦しみなのである。

これと真っ向から反対する立場は、経済産業省の行政官で京都大学に出向していた中野剛志助教（当時）の言説に典型的にみられる。彼は、同じTPPをアメリカの策略の中に位置づけ、こう述べた。

オバマ大統領が「環太平洋で連携しましょうよ、カモーン」と言って、差し出してきたTPPという贈り物は、実は、日本の農業市場の防壁を中から打ち破るための「トロイの木馬」なのです。（中野剛志『TPP亡国論』集英社、二〇一一年、八五頁）

アメリカを何よりも警戒すべきとする意見は、反TPPの急先鋒であった東京大学農学部の鈴木宣弘教授にもみられる。

米国は、これまで自身のことを棚に上げて日本に要求し、それに対して日本はノーと言えた試しはない。特にTPPは、すべて何でもやると宣言してホールドアップ状態で参加しなくてはならないのだから、そう言って日本が入った途端にもう交渉の余地はないに等しい。この交渉力格差を考えておかなければならない。米国は、輸出倍増・雇用倍増を目的にTPPに臨んでいるから、日本から徹底的に利益を得ようとする。そのためには、たとえばコメを例外にすることを米国が認める可能性は小さい。交渉の途中離脱も、理論的に可能であっても、実質的には、国際信義上も、力関係からも、不可能に近い。

（鈴木宣弘（東京大学教授）「ＴＰＰをめぐる議論の間違い」http://tpp.main.jp/home/wp-content/uploads/d58e252c5ea75e0feb1ae7c3d802d9f7.pdf）

以上振り返った相対立する見解は、親米／反米のスタンスにおいて正反対であるものの、ＴＰＰという奥行きのある立体的な争点をアメリカというプリズムで屈折させ、概ねそれとの関連でのみ語るという点で、じつは共通しているといえる。

（4）国内連帯とグローバル化

こうしてＴＰＰ論争は災後に深刻化した。これは、連帯とグローバル化、国内と国際との峻別をさらに刻印しただけでなく、国内連帯の主対象としての「周辺－地方－農業」とグローバル化に連なる「中心－都市－工業」とのあいだの国内分裂をもたらした。

このようなとき、グローバル化に背を向け、それをできるだけ避け、国内連帯を優先しようとするのは一つの態度であろう。ただし問題がいくつかある。

最初にして最大のそれは、背を向け罵声を浴びせても、グローバル化は進行するということであり、日本はそれを独力ではキャンセルできないということだ。リーマンショックによる一時的な停滞は見られたが、貿易量や資本移動などの拡大は再開している。経済・社会・政治面をカバーする「ＫＯＦグローバル化指標」によれば、一九七〇年代から現在までほぼ一貫して着実にその現象は進行している。

じつは、このグローバル化はまだ伸びしろのある現象である。それは、言われるほど深く広い世界をカバーしておらず、未熟なのである。『Ｗｏｒｌｄ ３・０』を著したパンカジ・ゲマワットによれば、全電話通話に占める国際電話の割合は二％程度でしかなく、閲覧者が目にするネット上のニュースのうち外国のものは一～二％に過ぎない。留学生が増えたといわれるが、大学教育を出生国以外で受ける割合は二%にとどまる。貿易は、世界ＧＤＰの三〇%を占めると言われるが、そのうち多くが二度三度カウントされたものである。たとえば、ｉＰａｄの部品は日本で作られ、中国で組み立てられ、最終物がアメリカに行くが、それはダブルに数えられている、といった具合である。その結果、実態は二〇%位なのではないかと見積もられるが、えてして誇張して伝えられる。

このことが意味するのは、単にレトリックとリアリティとが乖離しているという話というよりも、むしろグローバル化が今後も深化拡大しうる余地がまだまだ存在するということだ。すでに、多くのひとがグローバル化なる現象に飽き飽きとし、災後にそこから目を背けたくなる心情は理解できなくもないが、その現象はその傍らで粛々と浸透してゆく可能性が高い。

仮に、日本があらゆる資源を投入して、このグローバル化を食い止めることができるのなら、そのような試みに意味を見出す人もいるかもしれない。しかし、実際にはそれは不可能であり、たとえてみれば風車に突撃するドン・キホーテのようである。

さらに、グローバル化を批判するのは容易であるのに対して、そこから批判者自身が逃れるのはそう簡単なことではない。その糸口は、自身の消費行動を振り返るだけで見出せよう。日々使用している携帯やパソコンはどこで組み立てられているのか。着ている服はどこから来るのか。そして、カロリー計算で四〇%ほどという食料自給率が示すように、すでに食しているものの多くは外国産か、それを原料とするものである。

じつはいま享受しえている豊かさの相当部分は、戦後の日本それ自身が外国との貿易や投資を繰り返すなかで蓄積してきたものである。かつてバブル期には、土地投機から上がるマネーで世界中の物件を買いあさり、その富の蓄積のすべてがバブル崩壊とともに消え失せたわけではない。日本はいまだに世界中に資産を持ちつづけている大国である。現在、外国との貿易がＧＤＰに占める割合は一〇％ほどに過ぎないという議論があるが、少子高齢化で国内市場の伸びが頭打ちになるなか、諸外国との経済的つながりを抜きに、現在の富の水準を子や孫に渡してゆけるかはなはだ心もとない。それどころか、数は限定的であれ、老後の生活や健康を海外からの介護士や看護師に任せる局面すら出てきている。繰り返しになるが、グローバル化の浸透力は強く、すでに深く日本のなかに根ざしており、批判をしてもそれは容易には消えてなくならないのである。

だとすると、決して消え失せはしないグローバル化を前提に、国内連帯の維持や向上という命題とどう折り合いをつけられるのかという問題を立てなければならないはずである。しかしながら、国内の平等や連帯を志向するベクトルと、国を超えた場における平準化を志向するベクトルとが簡単に和解するわけもない。グローバルに広がる格差は、日本国内のそれとは比べものにならないくらい大きく、まだまだ平準化の余地があるのである。当然、魔法のような解はない。

じつのところ、グローバル化に伴う「平準化」には、いくつものレベルがある。それは、たしかに、賃金をはじめとする労働条件を劣悪な方に均す圧力ともなるだろう。あるいは、金融のように、制約のきわめて薄いなかでスムースに世界中でマネーを動かす要因にもなるだろう。しかし、その同じグローバル化は、たとえばフロンガスの世界的な規制にもなりうるのである。京都議定書もまた、それを二酸化炭素の排出について試みたものであった。すなわち、「平準化」は標準化にも、ルール化にも、普遍化にもなりうるのである。

その両面を見たとき、国内連帯とグローバル化の一定の共存可能性が浮かび上がってくるといえよう。より具体的に言えば、今後も続くであろうグローバル化時代にあっては、環境の保護や安全の確保などの分野において安易に劣悪な水準に合わせて規制緩和せず、平準化するのならば上質な規制を課す国の水準に合わせることとし（このいわゆる「ハーモナイズ・アップの原則」ついては、遠藤乾（二〇一三）参照）、その上で、どの国にも通用する環境・安全関連の普遍的なルールの下で日本の農業と地方を守り、結果的に国内連帯を確保するような方策を追求すべきなのではないだろうか。

以下では、そのための参考事例として、ヨーロッパを起源とする農法の管理手法・規範であるGAP（Good Agricultural Practice）を取り上げ、紹介したのち、日本の文脈に即して、グローバル化と農業、ひいては田舎との共存可能性を探りたい（本節に関しては、田上（二〇〇八）参照）。

グローバル化の下で田舎のマネジメントは可能か――JGAPの試み

(1)ヨーロッパにおけるGAP

GAPとは直訳すると「善き農業の実践」であるが、「適正農業規範」や「農業生産工程管理」などと訳される。それは、元来、一九七〇年代以降の環境意識の高まりを背景として、国際連合食糧農業機関（FAO）などにおいて使われ始めた概念である。FAOの定義によれば、「GAPとは、農業生産の環境的、経済的及び社会的な持続性に向けた取組みであり、結果として安全で品質の良い食用及び非食用の農産物をもたらすものである」（農林省仮訳「農業生産工程管理（GAP）について」生産局農産部技術普及課、平成二五年四月、http://www.maff.go.jp/j/seisan/gizyutu/gap/g_summary/pdf/gap_2504.pdf）。

それと軌を一にし、同様に一九七〇年代より、ヨーロッパ――とりわけドイツやイギリス――における農家（連合）が主体となって農地の管理や肥料の使用などについて「正しい農法」を心がけ、それにより持続可能な農業、安心・安全な農産品を目指す試みを始めた。言ってみれば、工業品におけるISO（国際標準化機構）規格が完成品のみならず工程を管理し、それによる環境・安全・持続可能性の保全に努めるように、GAPは農産品の生産過程を管理し、同様の帰結を導くよう促すのである。

この業界における部分的な自主規制の動きは、やがて当時の欧州共同体（EC）、のちの欧州連合（EU）における公的組織が主導する農業改革と連動し、顕著な動きとなっていく。一九九一年の硝酸指令と作物保護指令はそのはしりといえよう。当時GATTのウルグアイ・ラウンド交渉をにらみ、ドロールEC委員会ではマクシャーリー農業担当委員を責任者とする農政改革が行われていた（マクシャーリー改革という）。その一環として制定された硝酸指令は、家畜糞尿や化学肥料の窒素成分が地下水や湖沼・河川を汚すのを防ぐ一方、作物保護指令は、化学合成農薬の多用による農場汚染を防止するよう企図された。さらに、翌九二年には「環境保護・景観維持と両立する農業生産方法に関する規則」が制定され、その延長上で九九年に「営農指導補償基金による農村開発への助成規則」が作られたのだが、ここで農業技術指導員の給料の半額がEU負担となった結果、域内後進国でもGAPが促進されることになった。また同じ年、「直接支払い計画に関する共通規則」が制定され、農家の直接所得補償が始まるのだが、同規則ではその支払いにリンクした形でGAP基準が義務づけられた。これらを通じて、GAPはヨーロッパの農地にしだいに根づいていった。

現在では、GAPの普及がさらに進み、各国ごとにGAP規範を定め、それに準拠しない農家への直接所得補償はせず、いまやGAP以上に厳しい環境・安全規範への取り組みが求められるようになってきている。また、そうした適正な農法に即した農地や農産品への認証制度が広がっており、たとえばイギリスにおける比較的庶民的なスーパーチェーン「テスコ」の独自基準「ネーチャーズ・チョイス」はそうした食品を一種のブランドとして奨励し始めている。これらの一連の施策により、EU農業は一段高い基準に引き上げられたと言えよう。

(2)ヨーロッパのGAPと農業保護・振興

ここで留意すべきなのは、このヨーロッパのGAPの普及が、単なる遠方のエピソードで済まないことである。というのも、このGAPにより、それに合わせて作られたEU域内の農産品は認証やブランド化を通じて優遇され、また逆にGAPになじまない域外の農産品は差別化されうるからである。実際には、そのようにして、ヨーロッパは自前の農業と田舎を守っている。

ヨーロッパには、スーパーなどの小売業界を束ねたEUREP(欧州小売業農産物部会)という組織がある。そこに参加する小売業者は、みずからEUREPGAPという商業的な農場認証制度をもっており、それを通じて環境負荷が比較的少なく、安心・安全な食品を調達している。そのEUREPは、二〇〇五年から輸入農産物に対してEUREPGAP農場認証の取得を条件づけることにしたのである。背景には、その頃までにEU域内でGAPがほぼ普及したという事実がある。これにより、EU域内と域外の農家は事実上選別されよう。EU域外ではGAPがEUほど普及していないからである。より重要なことに、この流通業界の自主的な商品選別は、政府による貿易差別とは異なるゆえ、WTO(世界貿易機関)などの法令に明示的に違反するわけではない。他方でEUは、GAPに準拠しない農家には所得補償せず、それ以上の規範に基づき農業を営む農家に直接支払いをすることから、体系的にGAPの普及に努めてきたのもまた事実である。この官民の協働と微妙な使い分けが鍵となる。

かねてからEUは「環境」と「社会」、具体的には土壌水質保護、食品安全、消費者保護といった価値を大事にし、その普遍的な価値に沿うものとして欧州標準を定めることで、自地域の産業を守ってきた。その欧州標準がWTOやISOなどが設定する世界標準と矛盾する(可能性がある)ときには、欧州標準を世界標準化する戦略を持ち合わせていた(臼井二〇一二)。右で紹介した事例では、官民の努力によりGAPを自地域で普及させ、その基準をクリアした自地域の農産品をWTO違反にならずに優遇した挙句、さらにその基準を域外にも投射するわけである。加えて、このEUREPGAPをGLOBALGAPと二〇〇七年に改称し、より露骨に自地域の基準を世界標準化する方向に舵を切っている。

GAPの在り方を日本に精力的に紹介し、その普及に努めてきた一般社団法人「日本生産者GAP協会」理事長の田上隆一氏の言葉を借りれば、このヨーロッパの手法は「巧妙な国際戦略」といえるものであろう（田上隆一「《日本と欧州のGAP比較とGAPの意味》——連載第一五回——EUの農業政策であるGAP規範が民間GAP認証で農産物輸入の条件になる」『GAP普及ニュース』第二五号、一般社団法人日本生産者GAP協会、二〇一二年三月）。

(3)日本におけるGAP（JGAP）導入の動き

こうした動きを受け、日本で何も動きがなかったかといえばそうではない。わが国でも二〇〇二年ごろから次々にGAPの基準が作られ、肥料業者の団体などを中心として、全国各地の農家で実践が始まっている。

政府レベルでも、自民党政権時代の二〇〇五年より、農林水産省が「食品安全のためのGAP」を前面に打ち出し始めた。二〇〇七年以降は、GAPを「農業生産工程管理手法」と名付け、「食品安全」とともに「作業者の健康や環境保全」を目的に加えたほか、「二一世紀新農政二〇〇八」では、「平成二三年度までにおおむねすべての主要産地（二〇〇〇産地）において農業生産工程管理手法（GAP）の導入を目指す」との目標を掲げた。

民主党政権に代わったのちも、GAP導入を奨励する傾向は続いた。たとえば、二〇一〇年の「食料・農業・農村基本計画」（平成二二年三月、第3－1（1）②ア）では、

食品安全に加え、環境保全、労働安全のように幅広い分野を対象とする高度な取組内容を含

むGAPの推進は、消費者・生産者双方がメリットを享受できるものと考えられることから、その共通基盤づくりを進めるとともに、産地における更なる取組の拡大と取組内容の高度化を推進する。

とし、翌月には「GAPの共通基盤に関するガイドライン」を策定した。さらに、「我が国の食と農林漁業の再生のための基本方針・行動計画」に関する取組方針(平成二三年一二月、Ⅱ戦略2－3)でも、以下のように目標を定めたのである。

国産農産物の信頼の確保、選好度の向上に資するよう、「農業生産工程管理(GAP)の共通基盤に関するガイドライン」(平成二二年四月策定)に則した取組について産地への導入を推進するとともに、平成二七年度までに農業生産工程管理の導入産地を三〇〇〇(現在の主要産地数約四四〇〇)に拡大する。

こうした官民協働の努力により、二〇一二年三月現在、二四六二の産地がGAPを導入するにいたった。中には、調査事例中のGAP導入率が八割を超える県も、北は山形から南は高知まで、出てきている(詳しくは農水省HP「GAPの取組状況・導入事例」を参照：http://www.maff.go.jp/j/seisan/gizyutu/gap/g_zyokyo/index.html)。もちろん全体の数がまだ少なく、普及の余地は大いにあるが、GAPの求める農法が、農家にとって一定の負担になることを考えると、少しずつ成果を上げ始めているといえよう。

(4)日本版GAPと田舎・農業の保全

これらの動きは、TPPをはじめ、終わらないグローバル化の中でこそ意味を持ちうる。すでに日本の農業は、肥料の規制をはじめ相当な水準で食品安全や環境保護に配慮してきているが、官民協働によるGAP導入は、それをさらに高いレベルに押し上げ、二つの効果を生むと言える。

一つは、言うまでもなく、日本における食の安心・安全であり、土壌や水の保全など持続可能な農業の発展である。もともと、技術的な革新を経た現代農業は土地収奪的で、化学肥料など潜在的な有害物質を多用する傾向にある。それに対する歯止めは常に高度化していかねばならず、そうでないと農業自体が土や水を汚し、自ら首を絞めることになる。そればかりか、ひいては食の安心・安全を脅かすことにもなりうるのだ。GAPを導入し、それを高度化するたゆまぬ努力が求められるゆえんである。

もう一つは、そのようにしてすでに水準が高い日本の農業と農産品を環境・安全についての普遍的なルールの下で位置づけ、自由貿易のルールに背くことなくGAPを実践していない他国の農産品から差別化して推奨し、結果として守る効能である。これは、先に見たようにヨーロッパで実践されており、夢物語ではない。

こうして、貿易自由化（＝グローバル化）の傾向がそう簡単に止まないのなら、それを前提に、自国の農業、ひいては田舎を守る術を考えるべきである。ここで紹介したGAPの試みは、単なる一事例に過ぎないが、グローバル化に背を向けることなく、環境や安全といった広大な領域において自国の高度な基準や規制を守り、その下で発展してきた高度な産業を守るものなのである。

終わりに――内を守り、外に関わる

以上、終わりなきグローバル化に背を向けることなく、日本の高いレベルの環境・安全、ひいては田舎を守り、国内連帯とグローバル化の齟齬を緩和する可能性を考えてきた。

ただし、これが可能になるには一つの前提がある。日本人が自ら確信する普遍的価値を内外に説けるか、つまり戦前に過剰に意識し、戦後にほぼ放棄した技能を災後に取り戻すことができるかどうかが分かれ道になるのである。土壌・水質汚染などの環境破壊、食品をはじめとする農産品の安全、あるいはあまねく受診可能な医療や国民皆保険は、どの国民にとっても大事な価値である。そうした価値に従って生きる姿勢は、他国から批判されにくい。たとえ他の国の政府から（たとえば貿易差別だと）批判されることがあったとしても、その国にも必ず環境や安全といった価値を大切にする人たちがいるからである。要するに、価値が普遍的である分、共感が生まれやすいのだ。

その逆が、「聖域」を主張し「例外」を勝ち取るという、クリンチで逃れるようなやり方である。それが共感を得られないのは、日本がこれまで、グローバル化のなかで、先方の「聖域」かもしれないアメリカの自動車産業やオランダの電子企業を窮地に追いやり、そうすることで豊かになってきた国だからである。またそれは、享受しうる利益を失うことにもなる。コメなどで「聖域」を主張するのなら、とそれぞれが「聖域」とみなす産業を主張し、「例外」獲得競争になるのは不可避で、その中で日本の他の産業は売れるものも売れなくなるかもしれないのである。

そうではなく、環境や安全といった普遍的価値を掲げるなかで、相対的に質の高い日本農業（と田舎）を保全しながら、他方で環境負荷の少ない安全なハイブリッド車もまた、堂々と世界中に売ればよい。

災後の日本は、こうして普遍的価値を生きるべきなのだ。そうすることで、高次元の社会と産業を保全することができ、外に開かれたまま、内を大事にしうるはずである。このことは同時に、相対するものとして括られてきたグローバル化と国内連帯とが両立する可能性を示唆しており、地方・都市、農業・工業を問わず全国において、笑顔の一つ一つを守ることにつながるのである。

まとめ

現状の自覚と行動のための手がかり

飯尾 潤
Jun Iio
政策研究大学院大学教授

大震災は自然現象であって、社会現象ではないから、時代区分にはなり得ないという意見がある。確かに、大震災自体が社会構造を大きく変えたわけではなく、明治維新や第二次世界大戦ほど、明確な画期ではないかもしれない。震災直後はともかく、三年ほど経とうとしている現在では、東日本大震災も数多い出来事のなかに埋没してしまう傾向もある。早くも震災体験の風化が心配される状況である。

しかし「災後」という表現には、やはり意味がある。災後という言葉のよってきた経緯と意味についは、「序」に譲るとして、この研究会で災後について考えてきたことを振り返ると、日本の今を改めて考え直すという共同作業を可能にしたのが、東日本大震災だったということに気づく。

政治学者が多いとはいっても、経済学者や社会学者も含み、行政学から政治史や政治思想史、国際政治学から地域研究に至るさまざまな分野の研究者が集まった。この陣容で研究会を展開するというのは、刺激に満ちてはいるものの、焦点が定まらないという危険がある。まして、特定の問題を掘り下げるのではなく、関連する問題を幅広く掘り起こすことを目的にしている性格の研究会では、議論は楽しかったが、成果は出ないということになりかねない。しかし、最終的に研究会参加者の原稿がこうしてそろってみると、東日本大震災の経験が、それぞれの研究者の研究活動に大きな影響を与えていることが見て取れる。

各人の震災経験はさまざまである。避難所から仮設住宅に移るといった避難生活を経験した研究者こそいなかったが、東北での生活環境が激変した研究者もいれば、海外でメディアを通じて震災に接した研究者もいる。しかし、震災を契機に、我が身の将来だけではなく、日本の行く末を案じ、来し方を振り返るという経験は共通のものである。

研究会は二つのグループに分かれて発足した。統治研究部会には東日本の研究者が多く、多かれ少なかれ直接の震災経験があったこともあり、震災復興や震災の影響に関する議論から始めて、次第に話を世界に拡げていった。それに対して国民感情と復興政策の部会には西日本の研究者が多く、まずは関東大震災の話をじっくり検討してから、徐々に現代の問題に移ったという経緯がある。そこで、震災復興政策で頭がいっぱいになっていた筆者など、最初のころの国民感情部会に出席して、ちょっと迂遠だなという感覚を覚えたものである。しかし回を重ねて合宿などするうちに、双方の議論が次第にかみ合ってきて、合同で研究会を開くころには、部会を超えた共通認識もできてきた。この本が、部会別ではなく、両者入り交じった順序で構成されたのも、研究会が全体として一つになったことを反映している。議論するうちに、個別の震災経験は違っていても、誰もが震災を契機に、いろいろな問題に思いをめぐらせていたということが分かってきた。そこで本書は、それぞれの研究者が抱える問題を、震災体験という共通基盤の上で再検討し、討論を重ねてまとめた成果である。

もちろん、震災を契機に何かが変わったという経験は、この研究会に集った研究者だけの問題い。今なお不便な避難生活を送る被災者、身内を失った悲しみを抱え続ける被災者の方々はもちろんであるが、直接の被害を経験していなくても、震災の記憶は多くの日本人にとって、まだまだ新鮮である。原発事故を契機に日常生活が一変した人々も、日本全国で見られる。それどころか池内論文にあるように、ツナミの比喩が中東の人々に鮮やかな印象を与えているように、世界中で、この震災はしっかりとした記憶のなかにある。東日本大震災によって、日本社会が大きく変化したわけではないとしても、それによってこれまで積み重ねられてきた変化が自覚され、また今の日本の姿が顕わになったともいえよう。たとえば、何となく続いているように感じられてきた「戦後日本」が既に過去のものになっていることが、多くの人々に実感されたのである。それは、自衛隊に対する国民意識を扱った村井論文が示すことでもある。

このように、大震災の影響は、まず人々の意識の変化に出てくる。自明のように思われていた平穏な生活が、突然の地震により中断されるという経験は、さまざまな想念を浮かび上がらせる。また、親類縁者や知り合いの安否を案ずることは、改めて人々とのつながりの大切さを認識させる。あるいは、テレビなどで見る悲惨な被害の状況は、被災者への同情とともに、それをともに見ている人々との連帯感を呼び覚ます。そして、それは支援の輪を作りだし、世界に広がっていく。

ただ、これまで自分勝手に暮らしていたが、震災を契機に助け合いの大切さを学んだ、などと言うことは多いけれども、実際に物事はそれほど単純ではない。大竹論文を見ると、震災直後こそ、大きな変化があったものの、日本人の意識が全体として大きく動いているわけではないことが分かる。それは、堂目論文が指摘するように、人々の共感の範囲には限界があるからでもある。何の関わりもない人々が突然共感によってつながっていくというわけではないのである。まして、現代社会は情報流通の面において、大きな変容を経験しつつある。佐藤論文は、現在の状況を見て、快楽に従いやすい世論ではなく、あるべき議論としての輿論が教育的討論によって形成されるのかどうかは予断を許さないという。また、五野井論文は再魔術化によって人々が分断されるのか、人々のつながりが再び回復されるのか、さまざまなメディアの利用には二つの可能性があるとする。震災を契機に社会に眠っていた善き可能性が次々に実現するといった状況にはない。

震災の影響が単純ではないというのは、むしろ当然のことであろう。大きな自然災害によって、社会のつながりが失われてしまうといったことの方が、人類の長い歴史を振り返れば、普通に想定される事態だからである。その意味で、災害の悲惨さは厳然として存在するものの、被災者の救助や、災害からの復旧・復興が当然のように実施できる社会システムを持っていることについては、自覚的にその意義を認めざるを得ない。原発事故などを考えると、文明の否定的な側面がすぐに想起されるが、明治や昭和の三陸大津波の時と比べれば、現在の災害救助システムが格段に進歩しているところに、文明の積極的な意義を見いだすこともできる。しかしながら、恩恵の面から当然視されてきた文明の否定的な側面が表面化し、人々と文明との間に亀裂が生じたのも疑いをいれないところである。文明への不信感は、動かぬものと信じてきた大地が揺らぐ地震の恐怖と同様に、さまざまな活動に大きな影を落としている。そうした問題に正面から取り組むことなしに、新たな文明の見通しは立たない。

そうしたときに手がかりになるのは、過去に学ぶことである。高度成長期を懐かしむ風潮からすれば、逆の題でもよさそうな苅部論文も、戦後の恐怖を見つめ直すなかで、これからの希望を引き出そうとしている。そこでは人為によって状況を乗り越えようとする努力に可能性が見いだされる。そうした発想は、西洋政治思想の伝統でもある。川出論文が紹介する、リスボン大地震を契機に、文明についての態度が問い返された思索経路をたどり直すことは、安易な解決策ではなく、より深い解答を探すための手がかりとなるだろう。そして、そうした人々の営みは、政治への関心へとつながっていく。戦後日本において、非政治化されていた諸問題が、震災を契機に「政治的なもの」として再浮上したという梅田論文にも、取扱注意の問題に直面させられたという戸惑いとともに、押さえがたい関心が現れている。

国家の責任領域を狭めようとする一九八〇年代以降の流れに、最近の政治的混乱が輪をかけて、人々の政治や行政に対する見方は格段に厳しくなっていた。しかし、そこに生じた大震災は、いざというときの国家の必要性と能力を、改めて見せつけることになった。自衛隊などの能力が評価され、不要論ばかりが喧伝されていた国の出先機関の役割が見直されたのは、その一例に過ぎない。さまざまな行政サービスの提供が当然視され、空気のように感じられていたからこそ、その提供主体である政府などへの批判が無前提に行えたのだということもあるかもしれない。行政サービスの貴重さが認識されたことで、政府のあり方についての議論が地に着いたものになるのも、震災の隠れた機能である。それは政府の必要性と限界を確認する作業でもある。

ガヴァナンスに関しては、牧原論文が示すように、一九九〇年代以来の統治構造改革が屈曲点を迎え、この震災後に違った傾向が出てきた。それは、伊藤論文が示すように、行政における重複排除と行政主体の合併だけではなく、多重化や多機関連携が課題となってきたところにも現れている。そうした流れのなかで、飯尾論文も震災復興を例としつつ、政策課題の提示だけではなく、政策を実現する方法を検討することの重要性を指摘した。

大震災への危機管理や被災者支援、復興のあり方という具体的な課題をもとに、統治のあり方が問われるという事態は、抽象論としての改革論議ではなく、より具体的な成果を求める議論につながっていく。震災復興についてだけ考えていれば、他の問題も解決するというほど、事態は単純ではないにせよ、多方面にわたる震災復興の課題は、日本や世界の多くの課題につながっている。

たとえば、阪神淡路大震災後の「復興」をきっかけに、国の内外の復興が併走していたように、今回の震災においても内と外がつながってくるのは、牧原論文にあるとおりである。ともかく内向きになりがちだと指摘される現在の日本においても、世界とのつきあい方は不可避である。武藤論文が示すように、関東大震災後の日中関係と、現在の日中関係を重ね合わせると、興味深い符合とともに教訓を得ることができる。そして、グローバル化のなかで、日本がどのような立ち位置をとるのかということが問われざるをえない。柳川論文は、グローバル経済におけるプラットフォーム間競争を有利に展開する鍵が震災経験にあるという。遠藤論文は、農業強化の具体的な方法を通じて、前向きにグローバル化と向かい合う可能性と必要性を示している。

グローバル化や国家間競争といえば、ついつい大上段に構えた議論になりがちである。日本がGDPで中国に追い抜かれたとか、先進国の経済成長率が上向いたとか、軍事バランスが傾いたなど、総計に基づく議論も重要ではあるが、そうした全体状況を作り出しているのは、それぞれの現場における活動なのである。

震災後の日本をつくり、世界を変えようとするとき、思考と身構えについてのヒントを提供することが本書の狙いである。もとより課題は広範で、この一冊で網羅できるものでもないし、そうした百科全書的な役割を主張するものでもない。しかし、震災という体験を、将来を切り開く活動に転じるための手がかりは、十分にそろっているはずだ。自らの力で将来の見通しをつけたい、真剣に物事を考えたいという人々にとってこそ、本書の意義はある。災後の文明を花開かせるために、本書が活用されることを願っている。

震災後の日本に関する研究会開催一覧（役職は発表当時のもの）

国民感情と復興政策の部会

開催日	報告者	テーマ
2011 11.18	猪木武徳氏（国際日本文化研究センター所長）	関東大震災をめぐる問題点—現代の視点から
	苅部 直氏（東京大学教授）	震災と原子力—清水幾太郎再読
2012 2.8	鈴木 淳氏（東京大学教授）	関東大震災の教訓とその継承
	佐藤卓己氏（京都大学准教授）	関東大震災後のメディア再編と〝輿論の世論化〟
2012 3.30	小林 傳司氏（大阪大学教授）	議論のイノベーション—合理的な失敗のために
	大竹文雄氏（大阪大学教授）	震災後の日本の国民感情について
2012 5.24	平野剛一氏（陸上自衛隊研究本部先進部隊研究グループ長）	東日本大震災における自衛隊の救援活動について
	冨田晃生氏（防衛省統合幕僚監部人事室長）	
2012 7.25-26	寺島英弥氏（河北新報社編集局編集委員）	現場からの報告
	武者光明氏（宮城県震災復興政策課副参事）	宮城県における復興の現状と課題
	梅内 淳氏（仙台市震災復興事業局復興室長）	仙台市における復興の現状と課題
	今村文彦氏（東北大学教授）	津波工学の視点から—震災に際しての課題と取り組み
	堀内賢市氏・中村恒雄氏（石巻市震災復興部）	石巻市視察
2012 10.15	武藤 秀太郎氏（新潟大学准教授）	大震災にみえる連帯と反発—日中関係を事例に
2012 12.27	梅田百合香氏（桃山学院大学准教授）	東日本大震災における国民感情と憲法問題—政治思想研究の立場から
2013 3.1	五野井郁夫氏（高千穂大学准教授）	群れの政治学—震災後の国民感情をめぐって
2013 7.19	堂目卓生氏（大阪大学教授）	共感、愛着、および国民的偏見—アダム・スミスの視点からの考察

統治研究部会

開催日	報告者	テーマ
2011 11.22	御厨 貴氏(東京大学教授)	研究会の進め方について
2012 1.24	神里達博氏(東京大学特任准教授)	科学技術社会論から見た“3・11”—食品問題を題材に
	飯尾 潤氏(政策研究大学院大学教授)	東日本大震災における復興計画の特徴—「地域づくり」施策を中心として
2012 2.14	池田純一氏((株)FERMAT代表)	ウェブのイノベーションと政治への示唆
	村井良太氏(駒澤大学准教授)	災後の戦後(統治)再考—70年終焉仮説を手がかりに
2012 3.13	中山俊宏氏(青山学院大学教授)	2012年米国大統領選挙—歴史的転換点におけるアメリカの選択
	遠藤 乾氏(北海道大学教授)	ＴＰＰ、上方調和原則、日本外交—グローバル化の再規制に向けて
2012 4.14	湯浅 誠氏(自立生活サポートセンターもやい事務局長)	被災地の現状から社会的包摂を考える
	苅部 直氏(東京大学教授)	恐怖とのつきあい方—清水幾太郎と震災・原子力論をめぐって
2012 5.22	齊藤 誠氏(一橋大学教授)	原発危機の経済学—軽水炉発電の産業技術としての可能性
	開沼 博氏(福島大学特任研究員)	3・11の連続と断絶
2012 6.25	永松伸吾氏(関西大学准教授)	雇用復興を通じて考える震災後の日本
	小川有美氏(立教大学教授)	危機とアカウンタビリティ—ヨーロッパからの考察
2012 11.14	柳川範之氏(東京大学教授)	ガバナンスの構造変化を考える～震災を踏まえて
2013 1.30	大石 眞氏(京都大学教授)	統治機構論の現在と憲法論議の行方
2013 4.3	川出良枝氏(東京大学教授)	厄災をめぐる政治思想—ヴォルテール・ルソー・カントを中心に
2013 5.21	池内 恵氏(東京大学准教授)	二つのツナミのもたらしたもの—アラブと日本の『その後』を考える
2013 6.4	伊藤正次氏(首都大学東京教授)	震災後日本の自治と行政—地方制度改革・冗長行政・多機関連携

2部会合同研究会（2012.8.26-28）

報告者	コメンテーター	テーマ
猪木武徳氏 （青山学院大学 特任教授）	村井良太氏 （駒澤大学准教授）	関東大震災と経営者たち
牧原　出氏 （東北大学教授）	五野井郁夫氏 （立教大学助教）	アマチュアリズム再考 ―専門外とは何か？
苅部　直氏 （東京大学教授）	遠藤　乾氏 （北海道大学教授）	東日本大震災をめぐる意識 ―関東大震災との比較において
飯尾　潤氏 （政策研究大学院 大学教授）	梅田百合香氏 （桃山学院大学准教授）	震災復興政策の現状と仮題
御厨　貴氏 （東京大学名誉教授）	猪木武徳氏 （青山学院大学 特任教授）	災後社会の絶滅種 ―高度成長を支えた 日本人類型とはなにか

2部会合同研究会（2013.7.27-29）

テーマ
研究会総括に向けた打合せ

2部会合同研究会（2013.7.27-29）にて

年	月	社会の動きと地震などの災害
1994	6	村山富市内閣発足
1995	1	阪神・淡路大震災
	3	地下鉄サリン事件
	8	終戦50年、「村山談話」発表
	11	インターネット利用を前提とするWindows95日本発売
	12	高速増殖炉「もんじゅ」ナトリウム漏えい事故
		流行語 無党派、NOMO、がんばろうKOBE
1996	1	橋本龍太郎内閣発足
	3	薬害エイズ事件・東京HIV訴訟和解成立
	4	日米首脳会談・沖縄普天間基地返還合意
	6	住専処理法成立
	5	O157による集団食中毒発生
	10	新選挙制度による初の総選挙
	12	在ペルー日本大使公邸占拠事件発生
		流行語 自分で自分をほめたい、友愛／排除の論理、メークドラマ
1997	4	消費税率引き上げ(3%→5%)
	6	神戸連続児童殺傷事件少年逮捕
	7	香港返還
		タイバーツ変動相場制移行(アジア通貨危機発生)
	11	北海道拓殖銀行破綻、山一証券自主廃業
	12	新進党解党
		流行語 失楽園
1998	2	長野オリンピック開幕
	4	(新)民主党発足
	6	金融監督庁発足(財金分離)
	7	小渕恵三内閣発足
	8	ロシア財政危機始まる
		北朝鮮、ミサイル(テポドン1号)発射実験
	10	日本長期信用銀行国有化
	12	NPO法施行
		流行語 ハマの大魔神、だっちゅーの
1999	1	EU加盟11カ国でユーロ導入
	3	ユーゴ紛争NATO空爆開始
	8	国旗国歌法成立
		トルコ大地震
	9	東海村JCO臨界事故
	10	桶川ストーカー殺人事件
		流行語 ブッチホン、リベンジ、雑草魂
2000	3	有珠山噴火
	4	地方分権一括法、介護保険法施行
		森喜朗内閣発足
	6	雪印集団食中毒事件発覚
	9	三宅島噴火により全島避難
	10	鳥取県西部地震
		流行語 おっはー、IT革命
2001	1	中央省庁再編(1府22省庁→1府12省庁)
		インド西部地震
	2	実習船「えひめ丸」沈没事故
	3	芸予地震
	4	小泉純一郎内閣発足
	9	米国で同時多発テロ事件発生

2001	10	アフガニスタン戦争開戦
	12	中国、WTO加盟
		北朝鮮工作船事件
		流行語 小泉語録
2002	1	ユーロ紙幣・硬貨流通開始
	5	北朝鮮亡命者瀋陽の日本総領事館駆け込み
		日本経団連発足
		日韓共催2002年FIFA・ワールドカップ開幕
	9	小泉純一郎首相、北朝鮮訪問
		流行語 タマちゃん、W杯
2003	3	イラク戦争開戦
	4	SARSの新感染症取扱いを発表
		六本木ヒルズ、グランドオープン
	6	有事関連三法成立
	7	宮城県北部地震
	9	十勝沖地震
	10	欠陥隠しで三菱自動車家宅捜索
	11	イラク北部で日本人外交官2名が射殺される
	12	スマトラ島沖地震
	12	米国でBSE感染牛発見、牛肉輸入禁止措置
		自衛隊イラク派遣開始
		流行語 毒まんじゅう、なんでだろ〜、マニフェスト
2004	3	製造業への人材派遣解禁
		政治家の年金未納が相次いで発覚
	4	イラク日本人人質事件
	10	新潟県中越地震
2008	5	四川大地震
	6	秋葉原通り魔事件
		岩手・宮城内陸地震
	7	原油先物(WTI)で147・27ドルの史上最高値を記録
	9	米大手投資銀行リーマン・ブラザーズ経営破綻
	12	麻生太郎内閣発足
		中国の海洋調査船が尖閣諸島付近で海洋調査
		流行語 グ〜!、アラフォー
2009	3	海上自衛隊ソマリア沖派遣開始
	5	裁判員制度開始
	7	中国新疆ウイグルで大規模な暴動発生
	8	衆議院総選挙政権交代
	9	消費者庁発足
		鳩山由紀夫内閣発足
	11	行政刷新会議・事業仕分け開始
		流行語 政権交代
2010	1	社会保険庁廃止、日本年金機構発足
		ハイチ地震
		日本航空、会社更生法適用申請
	6	菅直人内閣発足
		小惑星探査機「はやぶさ」帰還
	9	尖閣諸島中国漁船衝突事件
	12	チュニジアで大規模な反政府デモが発生(「アラブの春」はじまる)
		流行語 ゲゲゲの〜
2011	2	大相撲八百長問題発覚

年	月	出来事
	11	日本国内で鳥インフルエンザへの感染を確認
		流行語 チョー気持ちいい
2005	3	「愛・地球博」(愛知万博)開幕
	4	北京で大規模な反日暴動
		JR福知山線脱線事故
	5	フランスの国民投票で欧州憲法条約批准否決
	8	郵政解散(9月総選挙)
		ハリケーン「カトリーナ」米フロリダ州上陸
		流行語 小泉劇場、想定内(外)
2006	1	ライブドア本社に家宅捜索
	3	ワールド・ベースボール・クラシック日本優勝
	4	耐震強度偽装事件(姉歯秀次元建築士ら逮捕)
	5	村上ファンド証券取引法違反容疑
	9	悠仁親王誕生
		安倍晋三内閣発足
		流行語 イナバウアー、品格
2007	1	防衛省設置
	3	北海道夕張市、財政再建団体に移行
		能登半島地震
	7	新潟県中越沖地震/柏崎刈羽原発運転停止
	9	福田康夫内閣発足
	10	郵政民営化
	12	リスボン条約調印
		流行語 どげんかせんといかん、ハニカミ王子
2008	1	中国製冷凍餃子による食中毒が発生
	2	イージス艦「あたご」衝突事件
	4	後期高齢者医療制度開始

年	月	出来事
	3	東日本大震災/福島第一原子力発電所事故
		東京電力管内で計画停電実施(~28日)
	6	復興構想会議「復興への提言」提出
	7	FIFA女子ワールドカップで日本代表優勝
		地上アナログテレビ放送終了
	9	野田佳彦内閣発足
		オキュパイ・ウォールストリート始まる
	11	第三次補正予算成立(復興政策関連)
	12	イラク駐留米軍撤退完了
		流行語 なでしこジャパン
2012	2	復興庁発足
	4	福島第一原子力発電所1-4号機の廃炉を正式決定
	5	東京スカイツリー開業
	7	福島復興再生基本方針閣議決定
	8	消費税法改正案成立(税率二段階引き上げ)
	9	尖閣諸島「国有化」
	10	オスプレイ、普天間基地配備開始
	12	衆議院総選挙自民圧勝
		第二次安倍晋三内閣発足
		流行語 ワイルドだろぉ
2013	1	大阪市立桜宮高校で体罰自殺事件発覚
	4	公職選挙法改正(インターネット選挙解禁)
	7	参議院選自民・公明圧勝
	10	安倍首相、2014年4月からの消費税率引き上げ決定(5→8%)
		流行語 今でしょ!、お・も・て・な・し、じぇじぇじぇ、倍返し

作成協力:白鳥潤一郎

太田哲男(2011)『清水安三と中国』花伝社
長春王希天研究会編(1996)『王希天研究文集』長春出版社
吉林省檔案館編(1996)『王希天檔案史料選編』長春出版社
温州市政協文史資料委員会・浙江省政協文史資料委員会編(1995)『東瀛沈冤——日本関東大地震惨殺華工案』浙江人民出版社

「二つのツナミの間で」 池内 恵

"Saudi Arabia's Intervention in Bahrain," Inside Story, AlJazeera.com, 16 March, 2011. Available from http://www.aljazeera.com/programmes/insidestory/2011/03/2011316105616297611.html
池内恵(2011)「『本丸』サウジアラビアは3・11デモ計画を食い止められるか——サウド家支配体制の正念場」《中東——危機の震源を読む 74》『フォーサイト』3月3日。http://www.fsight.jp/10290
Bahrain Independent Commission of Inquiry (2011), *Report of the Bahrain Independent Commission of Inquiry,* 23 November. Available from http://www.bici.org.bh/BICIreportEN.pdf
Marc Lynch (2012), "When the Empire Struck Back," *Foreign Policy* (Blog), March 12.
Shaykh Anwar al-Awlaki (2011), "The Tsunami of Change," *Inspire,* Issue 5, Spring.

「企業が国家を選ぶ時代と震災体験」 柳川範之

Rochet, Jean-Charles and Tirole, Jean (2003), "Platform Competition in Two-sided Markets," *Journal of the European Economic Association,* Vol.1: 990–1029.

「国内連帯とグローバル化」 遠藤 乾

遠藤乾(2013)「グローバル化2.0——TPP賛否両極論を排す」『中央公論』3月号。
遠藤乾編(2010)『グローバル・ガバナンスの歴史と思想』有斐閣
田上隆一(2008)『新版・GAP入門——食品安全と持続的農業生産のために』農文協
臼井陽一郎(2012)「EUの標準化戦略と規制力」遠藤乾・鈴木一人編『EUの規制力』日本経済評論社、第四章。
Disraeli, Benjamin (1926 [1845]), *Sybil, or, The two nations,* Oxford University Press.

Schmitt, Carl (1938) , *Der Leviathan in der Staatslehre des Thomas Hobbes: Sinn und Fehlschlag eines politischen Symbols*, Hohenheim Verlag, 1982.(長尾龍一訳『レヴィアタン――その意義と挫折』、『カール・シュミット著作集II 1936-1970』、慈学社、2007年)

第三部　災後の気分

「震災後の日本人の幸福度と助け合い精神」　大竹文雄

小野浩(2012)「日本ではなぜ震災後に暴動が起きないのか？――ネットワーク理論からの一考察」、『経済セミナー』2012年　2・3月号、75-79頁。
Kimball, Miles, Helen Levy, Fumio Ohtake and Yoshiro Tsutsui (2006) , *Unhappiness after Hurricane Katrina*, NBER Working Paper No. 12062.

「『災後』メディア文明論と『輿論2.0』」　佐藤卓己

佐藤卓己(2011)「電体主義のメディア史――電脳社会の系譜学に向けて」『メディア史研究』第30号。
佐藤卓己(2008)『輿論と世論――日本的民意の系譜学』新潮社
佐藤卓己(2002)『「キング」の時代――国民大衆雑誌の公共性』岩波書店
尾原宏之(2012)『大正大震災――忘却された断層』白水社
保田龍夫編(2013)『大震災・原発とメディアの役割――報道・論調の検証と展望』新聞通信調査会

「ソーシャル・ネットワークと群れの政治――再魔術化する日本」　五野井郁夫

総務省(2011)『平成23年版 情報通信白書』総務省
総務省(2012)『平成24年版 情報通信白書』総務省
総務省情報通信政策研究所・東京大学情報学環橋元研究室(2012)『東日本大震災を契機とした情報行動の変化に関する調査結果』総務省
東京大学大学院情報学環(2012)「東日本大震災における首都圏住民の震災時の情報行動」『情報学研究　調査研究編』No. 28.
内閣府(2011、2012)「社会意識に関する世論調査」内閣府

第四部　グローバル化と災後日本

「東日本大震災と関東大震災からみえる日中関係」　武藤秀太郎

渋沢栄一記念財団渋沢史料館編(2010)『渋沢栄一と関東大震災――復興へのまなざし』渋沢栄一記念財団渋沢史料館

瀧野隆浩(2012)『ドキュメント自衛隊と東日本大震災』ポプラ社

遠野市総務部沿岸被災地後方支援室編(2013)『3.11東日本大震災　遠野市後方支援活動検証記録誌』遠野市

防衛省・自衛隊ホームページ(2013年10月26日アクセス)。http://www.mod.go.jp/

Midford, Paul (2011), *Rethinking Japanese Public Opinion and Security: From Pacifism to Realism?* Stanford University Press.

第二部　恐怖と共感

「リスボン地震後の知の変容」　川出良枝

Braun, Theodore E.D., and John B. Radner, eds. (2005), *The Lisbon Earthquake of 1755 : Representations and Reactions*, Oxford: Voltaire Foundation.

Gouhier, Henri (1983), *Rousseau et Voltaire : portraits dans deux miroirs*, J. Vrin.

Poirier, Jean-Paul (2005), *Le Tremblement de terre de Lisbonne : 1755*, O. Jacob.

Maxwell, Kenneth (1995), *Pombal, Paradox of the Enlightenment*, Cambridge University Press.

レベッカ・ソルニット『災害ユートピア——なぜそのとき特別な共同体が立ち上るのか』高月園子訳(亜紀書房、2010年)

「共感、愛着、および国民的偏見——アダム・スミスの場合」　堂目卓生

Smith, A. (1759), *The Theory of Moral Sentiments.*(水田洋訳『道徳感情論』全2巻、岩波書店、2003年)

Smith, A. (1776), *An Inquiry into the Nature and Causes of the Wealth of Nations.*(水田洋監訳、杉山忠平訳『国富論』全四巻、岩波書店、2000年—2001年)

堂目卓生(2008)『アダム・スミス——「国富論」と「道徳感情論」の世界』、中央公論新社

「東日本大震災と『政治的なもの』」　梅田百合香

Hobbes, Thomas (1651), *Leviathan*, ed. Noel Malcolm, Oxford University Press, 2012. (水田洋訳『リヴァイアサン』岩波文庫、1954-1992年)

Schmitt, Carl (1921), *Die Diktatur: Von den Anfängen des modernen Souveränitätsgedankens bis zum proletarischen Klassenkampf*, 7. Aufl., Duncker & Humblot, 2006. (田中浩・原田武雄訳『独裁——近代主権論の起源からプロレタリア階級闘争まで』未來社、1991年)

Schmitt, Carl (1922), *Politische Theologie: Vier Kapitel zur Lehre von der Souveränität*, 9. Aufl., Duncker & Humblot, 2009(長尾龍一訳『政治神学——主権論四章』、『カール・シュミット著作集I 1922-1934』、慈学社、2007年)

Schmitt, Carl (1932), *Der Begriff des Politischen*, 8. Aufl., Duncker & Humblot, 2009. (田中浩・原田武雄訳『政治的なものの概念』未來社、1970年)

参考文献

第一部　政治の反転

「復興政策への期待と政府の能力」　飯尾 潤

飯尾潤(2013)「東日本大震災に対する復興政策」日本行政学会編『東日本大震災における行政の役割』ぎょうせい

村上芳夫(2003)「政策実施(執行)論」足立幸男・森脇俊雅編著『公共政策学』ミネルヴァ書房

Bressers, Hans Th. A. & Laurence J. O'Toole, Jr. (1998) "The Selection of Policy Instruments", *Journal of Public Policy*, Vol.18, No.3.

Hay, Colin (2007), *Why We Hate Politics*, Polity Press.(吉田徹訳『政治はなぜ嫌われるのか』岩波書店、2012年)

Hill, Heather C. (2003) "Understanding Implementation," *Journal of Public Administration Research and Theory*, Vol.13, No.3.

「二つの『災後』を貫く『統治《ガヴァナンス》』」　牧原 出

村上春樹(1999)「目じるしのない悪夢——私たちはどこに向かおうとしているのだろう？」『アンダーグラウンド』講談社

鶴見祐輔(2006)『正伝後藤新平　第八巻　「政治の倫理化」時代』藤原書店

御厨貴・牧原出・佐藤信(2013)『政権交代を超えて』岩波書店

エドウィージ・ダンティカ(2013)『地震以前の私たち、地震以後の私たち—それぞれの記憶よ、語れ』佐川愛子訳作品社

Bevir, Mark (2012), *Governance: A Very Short Introduction*, Oxford University Press.

「多重防御と多機関連携の可能性」　伊藤正次

西尾勝(2013)『自治・分権再考——地方自治を志す人たちへ』ぎょうせい

伊藤正次(2011)「行政における『冗長性』・再考——重複行政の実証分析に向けて」『季刊行政管理研究』第135号。

Landau, Martin (1969), "Redundancy, Rationality, and the Problem of Duplication and Overlap," *Public Administration Review*, Vol.29, No.4.

Perrow, Charles (1999), *Normal Accidents: Living with High-Risk Technologies, With a New Afterword and a Postscript on the Y2K Problem*, Princeton University Press.

髙岡昂太(2013)『子ども虐待へのアウトリーチ—多機関連携による困難事例の対応』東京大学出版会

「東日本大震災と国民の中の自衛隊」　村井良太

北澤俊美(2012)『日本に自衛隊が必要な理由』角川書店

武藤秀太郎

新潟大学現代社会文化研究科准教授

1974年生まれ。総合研究大学院大学文化科学研究科博士課程卒業。日本学術振興会特別研究員(PD)、復旦大学高級進修生を経て現職。博士(学術)。主要著作として、『近代日本の社会科学と東アジア』(藤原書店、2009年)など。

池内　恵

東京大学先端科学技術研究センター准教授

1973年生まれ。東京大学大学院総合文化研究科・地域文化研究専攻博士課程満期退学。日本貿易振興機構アジア経済研究所研究員、国際日本文化研究センター准教授を経て現職。著書に『現代アラブの社会思想——終末論とイスラーム主義』(講談社、大佛次郎論壇賞)、『イスラーム世界の論じ方』(中央公論新社、サントリー学芸賞)など。

柳川範之

東京大学大学院経済学研究科・経済学部教授

1963年生まれ。東京大学大学院経済学研究科博士課程修了。東京大学博士(経済学)。慶應義塾大学経済学部専任講師を経て、1996年に東京大学大学院経済学研究科助教授。同准教授を経て、2011年より現職。主な著書に『法と企業行動の経済分析』(日本経済新聞社)、『会社法の経済学』(共著、東京大学出版会)等。

遠藤 乾

北海道大学法学部教授

1966年生まれ。オックスフォード大学政治学博士。欧州大学院大学フェルナン・ブローデル上級研究員、パリ政治学院・台湾国立政治大学客員教授などを経て現職。著書に *The Presidency of the European Commission under Jacques Delors* (Macmillan)、『統合の終焉』(岩波書店)など。

梅田百合香

桃山学院大学経済学部准教授、
ケンブリッジ大学政治国際問題研究学科客員研究員

1968年生まれ。名古屋大学大学院法学研究科博士課程修了。博士（法学）。専門は政治思想史、社会思想史。著書に『ホッブズ　政治と宗教――『リヴァイアサン』再考』（名古屋大学出版会、2005年）、『甦るリヴァイアサン』（講談社、2010年）など。

大竹文雄

大阪大学社会経済研究所教授

1961年生まれ。大阪大学大学院経済学研究科博士前期課程修了。博士（経済学）。大阪大学経済学部助手などを経て現職。専門は労働経済学、行動経済学。著書に『日本の不平等』（日本経済新聞社、サントリー学芸賞）、『競争と公平感』（中央公論新社）など。

佐藤卓己

京都大学大学院教育学研究科准教授

1960年生まれ。京都大学大学院文学研究科西洋史学専攻博士課程満期退学。京都大学博士（文学）。東京大学新聞研究所助手、同志社大学助教授、国際日本文化研究センター助教授を経て現職。著書に『「キング」の時代』（岩波書店、サントリー学芸賞）、『言論統制』（中央公論新社、吉田茂賞）など。

五野井郁夫

高千穂大学経営学部准教授、国際基督教大学社会科学研究所研究員

1979年生まれ。東京大学大学院総合文化研究科・国際社会科学専攻博士課程修了。日本学術振興会特別研究員、立教大学法学部助教を経て現職。著書に『「デモ」とは何か』（NHK出版）、『国際政治哲学』（編著、ナカニシヤ出版）、共訳書にウィリアム・E・コノリー『プルーラリズム』（岩波書店）など。

村井良太

駒澤大学法学部教授

1972年生まれ。神戸大学大学院法学研究科博士課程修了。博士（政治学）。日本学術振興会特別研究員、駒澤大学法学部講師、准教授を経て現職。その間、ハーバード大学ライシャワー日本研究所客員研究員。専門は日本政治外交史。著書『政党内閣制の成立　一九一八～二七年』（有斐閣、サントリー学芸賞）など。

苅部 直

東京大学法学部教授

1965年生まれ。東京大学大学院法学政治学研究科博士課程修了。東京大学法学部助教授を経て現職。著書に『光の領国　和辻哲郎』（岩波現代文庫）、『丸山眞男――リベラリストの肖像』（岩波新書、サントリー学芸賞）、『移りゆく「教養」』（NTT出版）、『歴史という皮膚』（岩波書店）、『秩序の夢』（筑摩書房）など。

川出良枝

東京大学大学院法学政治学研究科教授

1959年生まれ。西洋政治思想史。東京大学大学院法学政治学研究科博士課程修了。博士（法学）。放送大学助教授、東京都立大学教授を経て現職。著書に『貴族の徳、商業の精神』（東京大学出版会、渋沢・クローデル賞）、『政治学』（共著、有斐閣）、『西洋政治思想史』（共著、岩波書店）など。

堂目卓生

大阪大学大学院経済学研究科教授

1959年生まれ。京都大学大学院経済学研究科修了。経済学博士。立命館大学経済学部助教授などを経て現職。専門は経済学史、経済思想。著書に、*The Political Economy of Public Finance in Britain, 1767-1873* (Routledge、日経・経済図書文化賞)、『アダム・スミス』（中央公論新社、サントリー学芸賞）など。

執筆者プロフィール

御厨 貴

東京大学先端科学技術研究センター客員教授、
放送大学教授、青山学院大学特別招聘教授

1951年生まれ。東京大学法学部卒業。専門は近代日本政治史、オーラル・ヒストリー。東京都立大学教授、政策研究大学院大学教授、東京大学先端科学技術研究センター教授などを歴任。内閣府公文書管理委員会委員長、TBS『時事放談』キャスター。近著に『権力の館を歩く』(ちくま文庫)、『政権交代を超えて』(岩波書店)、『知の格闘』(ちくま新書)。

飯尾 潤

政策研究大学院大学教授

1962年生まれ。東京大学大学院法学政治学研究科博士課程修了。博士(法学)。埼玉大学助教授、政策研究大学院大学助教授などを経て現職。専門は政治学・現代日本政治論。著書に『現代日本の政策体系』(筑摩書房)、『日本の統治構造』(中央公論新社、サントリー学芸賞および読売・吉野作造賞)、『政局から政策へ』(NTT出版)など。

牧原 出

東京大学先端科学技術研究センター教授

1967年生まれ。東京大学法学部卒業。同助手、東北大学法学部助教授、同教授を経て現職。博士(学術)。著書に『内閣政治と「大蔵省支配」』(中央公論新社、2003年、サントリー学芸賞)、『行政改革と調整のシステム』(東京大学出版会、2009年)、『権力移行』(NHK出版、2013年)。

伊藤正次

首都大学東京大学院社会科学研究科教授

1972年生まれ。東京大学大学院法学政治学研究科博士課程修了。博士(法学)。東京都立大学法学部助教授、首都大学東京大学院社会科学研究科准教授を経て現職。著書に『日本型行政委員会制度の形成』(東京大学出版会)、『ホーンブック地方自治[改訂版]』(共著、北樹出版)など。

Table of Contents

ブックデザイン　熊澤正人＋尾形 忍（POWERHOUSE）
カバー画　三嶋典東　wave w-v ; Mishima Tentou ©
ロゴ　荒田秀也

編集協力　阪急コミュニケーションズ書籍編集部
翻訳協力　ジャネット・アシュビー
校　閲　竹内輝夫、熊澤華栄
撮　影　アートフロンティア 斎藤功昌

別冊《べっさつ》アステイオン

「災後《さいご》」の文明《ぶんめい》

2014年3月4日　初版発行

編　者　サントリー文化財団
「震災後の日本に関する研究会」
責任編集　御厨 貴、飯尾 潤
発行者　五百井健至
発行所　株式会社阪急コミュニケーションズ
〒153-8541　東京都目黒区目黒1丁目24番12号
電話 販売（03）5436-5721
編集（03）5436-5735
振替 00110-4-131334
印刷・製本　大日本印刷株式会社

Printed in Japan
ISBN978-4-484-14203-6